U0097483

古典文獻研究輯刊

十八編

潘美月・杜潔祥 主編

第 21 冊

東晉南朝墓誌研究（上）

朱 智 武 著

國家圖書館出版品預行編目資料

東晉南朝墓誌研究（上）／朱智武　著 — 初版 — 新北市：花
木蘭文化出版社，2014〔民 103〕

序 4+ 目 6+204 面；19×26 公分

（古典文獻研究輯刊 十八編；第 21 冊）

ISBN：978-986-322-629-1（精裝）

1. 墓志銘　2. 魏晉南北朝

011.08　　　　　　　　　　　　　　　　103001315

ISBN-978-986-322-629-1

9 789863 226291

古典文獻研究輯刊

十八編　第二一冊　　　　　　　ISBN：978-986-322-629-1

東晉南朝墓誌研究（上）

作　　　者	朱智武
主　　　編	潘美月　杜潔祥
總 編 輯	杜潔祥
副總編輯	楊嘉樂
編　　　輯	許郁翎
企劃出版	北京大學文化資源研究中心
出　　　版	花木蘭文化出版社
社　　　長	高小娟
聯絡地址	235 新北市中和區中安街七二號十三樓
	電話：02-2923-1455 ／傳眞：02-2923-1452
網　　　址	http://www.huamulan.tw 信箱 hml 810518@gmail.com
印　　　刷	普羅文化出版廣告事業
初　　　版	2014 年 3 月
定　　　價	十八編 22 冊（精裝）新台幣 40,000 元

東晉南朝墓誌研究（上）

朱智武　著

作者簡介

朱智武，1978 年生，安徽望江人。南京曉莊學院教師教育學院副教授，歷史學博士，江蘇省六朝史研究會理事。2006 年畢業於南京大學歷史系，獲歷史學博士學位。先後任教於徐州師範大學、南京曉莊學院，主要從事六朝歷史與文化、中國歷史人文地理研究。截止目前，已在國內外學術期刊發表論文 40 餘篇，參與撰著出版學術著作 5 部，主持研究中國教育部社科基金青年項目、江蘇省社科基金項目、江蘇省高校哲社基金項目及參與各類橫項課題研究多項。

提　　要

作爲出土文物資料的一種，東晉南朝墓誌既是彼時歷史的實物見證，又是傳世文獻資料的補充，具有重大的資料價值和學術意義。本書選擇東晉南朝墓誌作爲專題研究對象，綜合傳世文獻著錄及新出土的墓誌材料，進行了全面系統的整體考察；且重新梳理了前人相關研究成果，並有所補正和深入。研究視角的新變，不僅是對既往研究的突破和深化，也有利於從整體上推進東晉南朝墓誌的研究。

在研究過程中，本書採用動態、分類以及比較研究的手段，從墓誌的形制、材質、書法、文字、文學等不同角度入手，闡述了東晉南朝墓誌的特點、價值和意義；並適當地將東晉南朝墓誌同十六國北朝墓誌作橫向比較，同魏晉、隋唐墓誌作縱向比較，概述東晉南朝墓誌的發展狀況，進而準確定位其地位與價值。運用多樣化研究手段所取得的成果，可以在一定程度上彌補既往研究中存在的缺憾與不足。

鑒於墓誌內容豐富異常，涉及社會科學的眾多領域，本書採用了歷史學、考古學、文字學、文學、書法、歷史地理學等相關學科的現代研究理論與方法，結合傳統金石學的考證方法與手段，致力於綜合性探討。同時，還注意定量分析與定性分析、個案研究與整體研究的綜合運用。多學科結合、現代研究理論與方法的運用，正是本書研究的重要特色之一。

中國教育部人文社會科學研究青年基金項目
（10YJC770131）資助成果

江蘇省社會科學基金指導項目
（10LSD012）研究成果

南京曉莊學院「曉莊文庫」出版計劃資助成果

序

　　自從一九八七年入職南京大學歷史學系，一晃都快半個甲子過去了，這會兒認真地想想，我不免頗多感慨。作為教書匠，韓文公昌黎先生《師說》所謂的傳道、授業、解惑，我是一直努力去做的，而如果說有些小小的成就感，那也主要是在一屆又一屆曾經教過的大學生、碩士生、博士生們的畢業成才，至少順利畢業。畢業的學生們，或者與我經常聯繫，或者偶爾問候我一聲、看望我一次，也或者從此杳無音信；但無論親疏遠近，起碼我指導過的碩士生、博士生，我都是記得清清楚楚的，他們與她們的成功與挫折、滋潤與艱難，也都或多或少地影響著我的情緒，這就是師生的緣分吧。

　　這三、四年來，為弟子的著作寫序的任務，似有越來越多的趨勢。只要能夠勉力而為，或者催得不是太急，這類任務，我一般並不推辭。一則，給甲生寫了，不給乙生寫，怕弟子不理解、不開心；二則，往大處說，弟子的著作，或者凝聚著我與弟子共同的美好記憶，或者有些我的影響，而果然有些我的影響的話，就可以進一步昇華到學術傳承的高度了，因為個人的學術精力畢竟有限，若是個人粗疏的思路、初步的設想，經過弟子的嘗試、實踐，得到了精細的呈現，那實在是件非常令人愉快的事情！

　　即如我的博士弟子朱智武的這部《東晉南朝墓誌研究》，應該就是我偶爾做做小文章但無精力去做大文章、朱智武做了大文章而且做出很好的大文章的一個例子。

　　先說說我的偶爾做做小文章。

　　在《推進六朝文化研究的若干思考》（《學海》2005 年第 2 期）中，我有這樣的發自內心的認識：

　　　　中國古代史的研究，尤其是隋唐以前歷史的研究，不結合新出
　　土的文物考古資料，難有重大的突破。百餘年來，商史研究之得益
　　於甲骨文資料，秦漢史研究之得益於簡牘資料，魏晉南北朝隋唐史

　　研究之得益於敦煌吐魯番文書資料，都切實地說明了這一點。另方面，從金石學、古器物學過渡到今日先進的考古學，也同樣離不開歷史學理論、方法與內容的進步。正是在互通與結合中，文物考古與歷史研究達致了合則兼美的理想境界。反之，則是離則俱傷。如在我的周圍，或有治六朝史者不知用六朝墓誌補正傳世文獻之缺誤，又或有從事文物考古的學者，不明文獻資料，脫離歷史背景，臆說南朝石辟邪、神道柱之與中外文化交流的關係，臆解出土六朝文物反映的思想觀念、文化象徵，臆斷一些遺址的年代與性質……研究六朝文化，應該養成關注、查找、利用文物考古資料的習慣，這是研究是否入流的一個衡量標準。

智武博士好像很是認可我這「研究是否入流」之「衡量標準」的「老生常談」，在他的多篇文章裏都有引用。再具體一步到智武致力研究的墓誌，我曾經歷的兩件事情，也頗能說明墓誌的重要與理解墓誌的不易。

　　一件事情是有關安陽西高穴大墓是否爲曹操高陵。我雖對此持基本肯定的態度，但仍存有一些疑問：

　　　　我的疑問，一個是關於魯潛墓誌的。魯潛墓誌的時間爲十六國後趙時期，345 年，距離曹操去世的時間並不太長，也可以說在時間段上比較靠近；墓誌銘文有關「魏武帝陵」的指位，則是異乎尋常的明確。在歷史文獻方面，我平時比較關心墓誌文獻；而在我的印象中，這塊墓誌相當特殊。東晉十六國時期的墓誌，說到墓地位置，一般直接說地名，或者加說裏距；魯潛墓誌卻不一樣，總是在說多少多少步，比如「一千四百廿步」，實際相當於四里兩百廿步，那麼爲什麼寫成「一千多步」，而不寫「四里多少步」？魯潛的身份是大僕卿駙馬都尉，而墓誌中涉及「魏武帝陵」的相對位置。開句玩笑，我感覺這個墓誌好像是爲找曹操墓準備的。總之，魯潛墓誌的行文方法、行文味道，比較奇怪。接下來，我想找找這方面的資料，看看魏晉南北朝時期有沒有其他墓誌也是這種寫法。就我的既往印象，這樣的寫法是比較少的。這是需要進一步思考的問題。（《感受安陽和曹操之間的因緣關係》，收入李憑主編《曹操高陵——中國秦漢史研究會、中國魏晉南北朝史學會會長聯席會議》，浙江文藝出版社 2010 年 10 月版）

再一個疑問，是有關畫像石的，這裡不贅。

另一件事情是有關揚州司徒村大墓是否為隋煬帝陵。面對社會大眾甚至部分學者的強烈質疑，我作出了完全肯定的表態，而肯定的依據，正是備受質疑的三點，即墓中出現了墓誌而未見玉冊，墓誌中出現了「大業十四年」紀年，墓誌中出現了與「隋」國號不符的「隨」字。我的考證結論如下：

> 進而論之，如果此墓誌中的「隨」字，按照一般社會大眾以及部分學者的理解，寫成了看似「正常」的「隋」字，那反而不符初唐時代起碼碑刻中「隋字作隨」的「慣例」了，換言之，那倒真有可能如某些學者所推測的，是作偽了。再進而論之，這個「隨」字，以及「大業十四年」紀年、無「玉冊」而有「墓誌」現象，既「反常」到了「匪夷所思」的地步，甚至迷惑了、糊弄了許多的學者，則若果然此墓誌為偽造，那麼作偽者的史學水準，也實在是高超到了「匪夷所思」的程度了。（《有關揚州隋煬帝陵「質疑」的質疑》，《南京曉莊學院學報》2013年第4期）

至於上述結論的考證過程，比較複雜，這裡同樣不贅。

需要稍贅幾句的是，以上這兩件在中國中古考古界與史學界引發爭論的大事，關鍵竟然都在墓誌的理解。被認作證明了西高穴大墓就是曹操高陵的魯潛墓誌，因為至今未得親見，我還是有所懷疑；被認作證明了司徒村大墓不是隋煬帝陵的出土墓誌，則儘管未得親見，我仍然堅信其為證明此墓就是隋煬帝陵的「鐵證」，而且針對社會特別是學者的質疑，我前不久在日本大阪的學術會議上，甚至發出了「甚矣，史學之不講也」的感歎！記得感歎之時，我的腦海中又浮現出「史學之不講也」的若干「經典」案例。比如美洲的印第安人為什麼叫「印第安」人？一位研究員先生發現了其中的「奧妙」，原來周滅商後，殷商人流亡到了美洲，他們思念故土，見面總是詢問「殷地安否」，這就得名「印第安」了；又如《詩經·漢廣》「漢有游女，不可求思。漢之廣矣，不可泳思」幾句，某位教授先生的譯注是：「漢水有位游泳女，我要追求沒希望。好比漢水寬又寬，不能游過登那方」，這樣出遊之女，即在特定節日或者季節外出遊奔、自由與男性交往的青年女性，竟然成了擅長游泳的「游女」！

再說朱智武的做了大文章而且做出很好的大文章。

上面「稍贅幾句」中所舉的幾例，「印第安」等同「殷地安」，屬於大膽

想像、歪批三國，「游女」等同「游泳女」，屬於別出心裁、瞎解亂說，把這樣的例子歸入「史學」，實在有些褻瀆了史學；但是圍繞魯潛墓誌與司徒村大墓墓誌的討論乃至爭論，還是屬於一本正經的史學中事的，魯潛墓誌是真是偽，我並無充分的把握，畢竟我不是此中的專家，司徒村大墓墓誌，我之所以非常肯定是真非假，緣於我十幾年前就做過專門的研究，而抱持著「理解的同情」，墓誌中出現「大業十四年」字樣，以及「隨故煬帝墓誌」的「隨」字的使用，確實不符合「常識」。凡此，其實又顯示了墓誌之為專門學問，以及墓誌研究的特別價值。也正是從這層意義上，我說朱智武博士的《東晉南朝墓誌研究》是篇大文章，而且是做得很好的一篇大文章。

何謂是篇大文章呢？《東晉南朝墓誌研究》是以傳世文獻著錄與歷代出土之全部東晉南朝墓誌為研究對象的，這既突破了近年相關學界僅就新出墓誌材料立論的褊狹，也從更為廣闊的視野彌補了相關傳世文獻研究不足的缺憾，從而真正達到了對於東晉南朝墓誌進行系統整理與全面研究的目的。

何謂是篇做得很好的大文章呢？這尤其體現在其研究體系的開放、包容學科的全面。具體來說，文章既從墓誌的形制、內容、文體、書法、文字等等眾多角度，系統而又深入地闡釋東晉南朝墓誌的特點、價值及意義，又就東晉南朝墓誌中所反映的諸多關鍵問題，比如士族聯姻、僑州郡縣、文體特點、書法演變等等，展開或者精審的考證或者獨到的論述；至於動態、分類、比較等等研究手段的嫺熟運用，多學科理論與方法的有機結合，既在相當程度上拓展了「墓誌學術」的探討空間，也十分客觀地顯示了作者朱智武博士心思的細密、學問的追求與涉獵學科的廣泛。

然則如《東晉南朝墓誌研究》這樣兼具了樸學考證功底與現代史學意識的大文章，是能夠歸入陽春白雪之學院派史學的，這也是作為教書匠的我，對於曾經的大弟子朱智武博士頗為看重、頗多期待的緣由所在。我期待著朱博士能在今後的學術道路上，前瞻後望，更加系統地鑽研東晉南朝時代之前之後的金石文獻，左顧右盼，更加全面地把握同時代的北方之十六國北朝的墓誌特點，乃至更事推擴，以其優秀的學術稟賦，致力於中國中古時代文史哲園地的探微闡宏。

是為序。

胡阿祥於南京龍江三樓四喜齋

二〇一三年十二月三十一日

目
次

緒　論

第一節　研究綜述與理論思考

一、學術史的總體回顧

　　東晉南朝墓誌研究，雖爲晚清以前傳統金石學研究的主要內容之一，然而眞正意義上科學研究的開展，則是伴隨現代考古學、歷史學的發展而出現的，是考古學、歷史學發展到一定階段的產物。東晉南朝墓誌研究的學術發展史，大致可分爲三個階段。

第一個階段始於北宋，迄於中華人民共和國建國

　　主要是傳世文獻的墓誌著錄及傳統金石學對墓誌的初步研究。

　　傳世文獻中，除相關史籍對東晉南朝墓誌有所引錄外，最早著錄東晉南朝墓誌的是《文選》、《藝文類聚》等文學作品集及類書，然皆爲墓誌誌文的節錄，並不完整，且無絲毫考證，還談不上是研究。自梁蕭統《文選》〔註1〕始，歷代談及墓誌文體的著作主要有梁劉勰《文心雕龍》〔註2〕、明王行《墓銘舉例》、吳訥《文章辨體序說》、徐師曾《文體明辨序說》等。就墓誌文體

〔註 1〕《文選》卷五十九《碑文下‧墓誌》著錄，「劉先生夫人墓誌」（（梁）蕭統編、
　　　　（唐）李善注：《文選》，上海古籍出版社，1986 年，第 2568～2569 頁）。本
　　　　書參考前人論著僅在首次引用時完整標注撰（編）著者姓名、書（論文）名、
　　　　出版社（期刊）名稱、出版年份及具體頁碼，復引時概不注明出版社及出版
　　　　年份。
〔註 2〕《文心雕龍‧誄碑》篇，主要談到「誄」與「碑」兩種文體，雖然對墓誌文
　　　　體沒有專門展開論述，卻也透露了一些信息。

-1-

言，上述著作雖有所及，卻多著眼於隋唐以降成熟墓誌的文體，對東晉南朝墓誌的文體論述不夠。

　　傳統金石學對東晉南朝墓誌的研究，最早可以追溯到北宋歐陽修所撰《集古錄》10卷，該書卷4對劉宋宗愨母劉夫人、蕭齊海陵王2方南朝墓誌進行疏證，補益史傳，可以說是東晉南朝墓誌研究的始創之作。歐陽修之後，石刻文獻開始爲歷代學者所重視，而作爲石刻史料的重要種類，墓誌自然是歷代石刻文獻要籍的主要內容之一。然而，由於傳統上重視碑刻，加上歷代出土墓誌較少，搜集不力，金石類著作中墓誌所佔比例不大。自宋至晚清，著錄東晉南朝墓誌的金石文獻主要有北宋陳思《寶刻叢編》〔註3〕、明陶宗儀《古刻叢鈔》〔註4〕、清陸心源《吳興金石記》〔註5〕、王昶《金石萃編》〔註6〕、方若《校碑隨筆》〔註7〕、黃本驥《古誌石華》〔註8〕等。上述金石著作對歷代出土東晉南朝墓誌雖不乏重複著錄者，然或僅有考證無錄文，或有錄文而無考證，或兼有考證與錄文，可相互補益、對照。其他金石著作對東晉南朝墓誌有所著錄者，就筆者所見，大致不出上述諸書所錄的範圍，或考補、疏證並無超邁之處，故而從略。

　　民國至20世紀50年代，受出土墓誌數量的限制，東晉南朝墓誌的研究處於低潮，研究成果十分有限。其中，楊殿珣《石刻題跋索引》〔註9〕將歷代金石學者著錄的題跋作索引，爲檢索前人對東晉南朝墓誌著錄、研究情況提供了極大便利。

　　深入爬梳上述著錄東晉南朝墓誌的金石文獻後，不難發現，它們多著眼於對墓誌的著錄，或就墓誌拓片做題跋，進行辨僞、疏證等初步研究，雖不乏涉及形制、尺寸、墓主、年代等相關問題的精彩論述，然多偏重於文字考

〔註3〕著錄東晉謝重、史府君、卞公、呂府君墓誌等4方，劉宋宗愨母劉夫人、謝濤、張氏墓誌等3方，蕭齊海陵王墓誌1方，蕭梁永陽昭王、永陽敬太妃、陸倕、鄱陽忠烈王、許府君、陶隱居、尼慧仙等7方。

〔註4〕著錄劉宋謝濤、劉襲、張氏墓誌3方，蕭梁永陽敬太妃墓誌1方。

〔註5〕著錄東晉中大夫劉造、周闡墓誌2方。

〔註6〕著錄東晉保母碑誌1方。

〔註7〕著錄陳朝衛和墓誌1方。

〔註8〕著錄東晉王獻之保母李氏墓誌1方、劉宋謝濤、劉襲墓誌2方、齊海陵王昭文墓誌1方、梁永陽敬太妃王氏墓誌1方。

〔註9〕商務印書館，1940年第1版，1990年影印再版。另，本書正文本部分在稱引前賢時彥及其論著時，概不加「先生」、「女士」等尊稱或「教授」、「研究員」等職銜。

釋，即便有以誌證史、以誌補史之論述，也或多或少存在一些問題。受時代及出土墓誌數量的限制，傳統金石學關於東晉南朝墓誌的研究，存在不足與局限非常明顯。而傳統金石學研究的這些缺憾，尚沒有引起學界的足夠重視。因此，重新審視傳統金石學關於東晉南朝墓誌研究的舊有成果，做進一步深入研究，很有必要。

第二個階段是建國以後，至 20 世紀 80 年代

建國以後，隨著考古學的發展，加上大規模經濟建設的進行，經過科學發掘的東晉南朝墓誌陸續出土。有關東晉南朝墓誌的介紹和研究成果是該時期文物考古工作的重要收穫之一。

文物考古工作者是出土墓誌的最早整理與研究者，他們的辛勤工作不僅涉及墓誌文字的校讀、考釋、出土情況介紹等，還從考古學出發，就墓誌與墓葬的關係、墓誌使用方式、墓葬年代判定、墓主確認等問題展開討論，並對諸如婚姻、郡望等其他相關問題進行探究〔註 10〕。文物考古工作者辛勤耕耘所獲的成果，爲其他領域做進一步的研究奠定了基礎。但由於墓誌內容異常豐富，涉及歷史、地理、文字、書法等各個方面，僅從考古學的角度展開論述，很難談得上全面。且多數發掘簡報將墓誌作爲墓葬隨葬品之一，僅作一般性介紹，或囿於單篇墓誌的疏理、考證。加上一些文物考古工作者或多或少受到自身專業知識的局限，研究往往不甚全面，甚至犯一些常識性錯誤，這不能不說是一種遺憾。

建國以後出土的這批墓誌，隨即引起相關領域學者的關注，尤其是書法研究者們的重視。1964 年謝鯤墓誌、1965 年王興之夫婦墓誌在南京的出土，更是直接引發了書法界對《蘭亭序》眞僞問題的大討論。這場激烈的大討論，持續時間前後將近 20 年，眾多書法研究者從不同方面著手，積極參與。大討論所獲成果的優劣、多寡，姑且不論。僅就書法學者們從文學、史學、書體等不同角度，利用各自領域的相關知識，進行廣泛研究，形成激烈的論辯氛圍與局面言，無疑是可喜的，在相當程度上也推進了東晉南朝墓誌的研究。

總的說來，該時段對東晉南朝墓誌的研究還主要停留在書法探討層面，且受當時政治氛圍及學術發展相對滯後的大環境的影響，研究還很淺顯。值

〔註10〕可參附錄「主要參考文獻目錄」之（三）「考古資料」部分。

得一提的是，50 年代初期，趙萬里編著《漢魏南北朝墓誌集釋》（下文簡稱《集釋》），可謂傳統金石學關於東晉南朝墓誌研究的集大成之作，是書廣泛搜羅前賢的著錄題跋、考疏補證，並附有較完善的墓誌拓片。令人遺憾的是，彼時東晉南朝墓誌出土仍舊有限，故《集釋》所收主要是北朝地域出土墓誌，於東晉南朝墓誌著錄較少。且從所收幾方東晉南朝墓誌來看，其研究一仍傳統金石學之舊，雖於考證、補史方面頗多可取之處，然局限性也甚是明顯，猶未脫離傳統金石學者的窠臼。

第三個階段是 20 世紀 80 年代至今

1980 年代初，隨著思想大解放，學術研究脫離了「文革」的陰影，重新走上正常軌道，社會科學各個領域的研究面貌煥然一新。就東晉南朝墓誌研究來說，開始有學者關注墓誌的綜合研究，從各個角度展開了討論。但由於出土墓誌實物資料有限，多數論說仍比較籠統、淺顯。90 年代以後，隨著學術研究的全面展開，科學理論的飛速發展，加上東晉南朝墓誌的更多出土，東晉南朝墓誌受到歷史、考古、文學、文字學、書法等不同領域學者們的高度重視。學者們從各自的角度展開不同層面的研究，使得彙集刊佈東晉南朝墓誌資料的論著相繼問世，相關出土墓誌研究的文章也不斷見諸報端。僅從研究領域上看，該時段對東晉南朝墓誌的研究已突破此前或書法，或歷史學，或考古學研究的單調局面，轉而走向層次不同、角度各異的新方向，呈現出真正意義上的盛況空前、百花齊放的景象。

二、國內主要研究成果

建國以來，尤其是近十餘年間，學術界在彙集刊佈歷代墓誌資料方面做了大量工作，陸續出版了大批歷代的墓誌圖錄、文字集錄，在墓誌的考證方面也取得了很大成就，發表了數量頗豐的研究論文。考古發掘中新出土的墓誌材料，也不斷被介紹出來。使得墓誌研究在今天比在以往任何時候都更為便利，湧現出的成果也十分喜人。國內學界關於東晉南朝墓誌的既往研究，大致說來主要有以下方面：

（一）考古發掘簡報的介紹與初步研究

基本限於相關墓誌的出土情況介紹、拓片或照片刊佈、文字內容的釋讀以及所涉問題的初步探討，雖然提供了大量的資料信息，為進一步研究奠定了基礎。但也或多或少存在一些問題，如釋文錯誤、文獻考補不夠等，有待

深入挖掘。

（二）相關墓誌資料彙編

　　建國以來，經過文物考古工作者的辛勤努力，彙集、刊佈的工作及相關成果令人矚目，主要或部分集錄東晉南朝墓誌的有以下 4 種。

　　1.《漢魏南北朝墓誌集釋》10 卷、《補遺》1 卷，趙萬里編著。該書收錄了當時所見漢魏至隋墓誌 609 通，均選用較好的拓本影印，並附有考釋，1956 年科學出版社出版線裝本。該書具有很高的學術水平和實用價值，可以說是隋以前墓誌拓本的集大成之作。不過，由於受出土墓誌數量的客觀限制，該書收錄東晉南朝墓誌甚少，僅收劉宋劉懷民墓誌、蕭齊呂超墓誌、蕭梁程虔墓誌等 3 方，首著序跋，介紹誌石的形制、尺寸、字數、出土情況，並作簡要疏證；然後廣羅《夢碧簃言》等金石著作所引諸家題跋考證，以資考補。

　　2.《漢魏南北朝墓誌彙編》（下文簡稱《彙編》），趙超編。自趙萬里《集釋》成書之後，至 80 年代末，由於科學考古發掘的不斷發展，魏晉南北朝墓誌大量出土，遠遠超出《集釋》所錄。且因是書出版時代較早，發行數量不多，加上歷經「文革」，存世有限，搜求不易。出於時代發展及學術研究的需要，趙超在《集釋》及北京圖書館、北京大學圖書館館藏墓誌拓片的基礎上，補充收集了 1949 年到 1986 年間全國各地出土的漢魏南北朝墓誌，纂成《彙編》，1990 年由天津古籍出版社出版。《彙編》收錄墓誌近 600 方，其中東晉南朝墓誌 25 方，均依據拓本及照片，以通行繁體字錄寫成文，並附列偽誌（包括疑偽）目錄。該書於各誌簡要介紹墓誌的形制（有無誌蓋，誌石為柩名或石榔題字），完整錄寫誌石原文，對墓誌資料作了系統全面的整理，為後續研究提供了極大方便。但也存在一些問題，如校勘不精，錯、脫、倒、誤之處不少。其後，陸續有學者從事該書的校理、勘誤工作，並取得了一定成果〔註11〕。趙超先生本人也對該書進行了修訂，改正了一些錯誤，於 2008

〔註11〕　如毛遠明：《〈漢魏南北朝墓誌彙編〉校理》，《漳州師範學院學報》（哲學社會科學版）2004 年第 3 期；魏平：《〈漢魏南北朝墓誌彙編〉標點辨誤》，《古籍整理研究學刊》2004 年第 1 期；魏平：《〈漢魏南北朝墓誌彙編〉文字校正》，《漳州師範學院學報》2008 年第 4 期；陳小青：《北魏墓誌校讀札記》，南京師範大學 2005 年碩士學位論文；袁步昌：《東魏墓誌校讀札記》，南京師範大學 2006 年碩士學位論文；趙陽陽：《洛陽出土北魏墓誌叢箚》，南京師範大學 2007 年碩士學位論文。

年由天津古籍出版社出版了《彙編》（修訂本）。

3. 《新出魏晉南北朝墓誌疏證》（下文簡稱《疏證》），羅新、葉煒著。90年代以後，又有不少魏晉南北朝墓誌陸續出土，並公開發表，羅新、葉煒廣泛搜集材料，著成《疏證》，2005年由中華書局出版。該書所收魏晉南北朝墓誌，起三國之始（220年），迄楊隋之末（618年），均繫《集釋》、《彙編》二書所未見。其中，收錄東晉南朝溫嶠墓誌等19方。該書依據見載於學術期刊與石刻彙編類書籍中的相關墓誌信息，參照拓片圖版，採用標準簡化字錄寫墓誌文，並附以「疏證」，介紹已有研究成果，並對墓誌所涉史事作簡單的考證和說明。《疏證》較之《集釋》、《彙編》二書，於東晉南朝墓誌研究有很大推進，然而令人遺憾的是，該書於東晉南朝墓誌仍有漏收者，且墓誌錄文對先前發掘簡報雖有訂證之處，然考辨甚少；所做「疏證」，相對淺顯，綜合傳世文獻的考察，尚嫌不夠；對學界最新研究成果的關注與運用，較為缺乏。如此種種，均有待完善。〔註12〕

4. 《漢魏六朝碑刻校注》（下文簡稱《校注》），毛遠明編著，2008年由線裝書局出版。該書通過全面總結，分析比較以往各種碑刻文獻整理研究著作的得失利弊，分時段收集了2008年以前歷代出土或著錄之漢魏六朝碑刻1417通，製作成拓片圖錄1500幅；根據圖錄重新釋文，並加上現代標點；然後廣集眾本，精心校勘，尤其著力於碑銘中的疑難詞語的注釋與考辨，並輔以提要。就東晉南朝墓誌言，《校注》收錄 70 方，其中包含有疑為偽誌與誤作墓誌者若干方〔註13〕。該書於語言文字學與文獻學研究方面頗具特色，在充分吸收學界已有研究成果的基礎上，多見創新，可以說是目前全面整理與系統研究漢魏六朝碑刻文獻的較高水平成果。當然，《校注》於錄文、校釋方面，

〔註12〕 可參陸揚：《從墓誌的史料分析走向墓誌的史學分析——以〈新出魏晉南北朝墓誌疏證〉為中心》，《中華文史論叢》2006年第4期；張繼海：《〈新出魏晉南北朝墓誌疏證〉出版》，《中國史研究動態》2005年第12期；江嵐：《〈新出魏晉南北朝墓誌疏證〉錄文勘誤六則》，《四川職業技術學院學報》2007年第2期；趙陽陽：《〈新出魏晉南北朝墓誌疏證〉校讀札記》，南京大學古典研究所編《古典文獻研究》（第十一輯），鳳凰出版社，2008年，第497～504頁；裴蘭婷：《隋代墓誌銘文點校獻疑——〈新出魏晉南北朝墓誌疏證〉校讀札記》，《傳奇·傳記文學選刊》（理論研究）2011年第3期；梁春勝：《〈新出魏晉南北朝墓誌疏證〉疏誤舉正》，《河北大學學報》（哲學社會科學版）2011年第3期。

〔註13〕 毛遠明：《漢魏六朝碑刻校注·總目提要》，線裝書局，2008年，第119～137頁。

也存在不少有待繼續討論之處。〔註14〕

（三）有關出土東晉南朝墓誌的編目及索引類著作

在編集、刊佈墓誌資料的同時，爲方便學者檢索相關墓誌出土及研究情況，部分學者曾編著過建國以來新出魏晉南北朝墓誌的目錄，主要有 2 種：榮麗華編集、王世民校訂的《1949～1989 四十年出土墓誌目錄》〔註15〕和汪小烜編《1990～1999 新出漢魏南北朝墓誌目錄》〔註16〕。這兩部著作，前後相繼，體例一致，編目基本涵蓋 1949 年至 1999 年各地出土且公開發表的墓誌，兼及個別新發表的早年出土墓誌。著錄內容包括蓋稱、首題、卒葬年月、誌石尺寸、誌文字數、撰書人、出土情況、資料來源，並注明曾否發表拓片（照片）和錄文，以及墓誌刊佈的論文出處，極大便利了廣大研究者檢索。此外，王壯弘、馬成名傚仿楊殿珣《石刻題跋索引》一書體例，編成《六朝墓誌檢要》〔註17〕，也有助於研究檢索。

（四）單篇考證

針對考古發掘簡報對相關墓誌介紹中存在的一些問題，部分學者曾作相應探討，主要是單篇墓誌的考證、補釋。相關研究論文有：羅宗眞《梁蕭敷墓誌的有關問題》〔註18〕，王素《陳黃法氍墓誌校證》〔註19〕，張敏《劉宋〈明曇憘墓誌銘〉考略》〔註20〕，朱國平、王奇志《南京西善橋「輔國將軍」

〔註14〕　可參何山：《一部特色鮮明的碑刻文獻著作——〈漢魏六朝碑刻校注〉評介》，
　　　　　《重慶教育學院學報》2010 年第 2 期；何山：《碑刻文獻的巨著，文史研究的
　　　　　寶藏——〈漢魏六朝碑刻校注〉評介》，《西華大學學報》（社會科學版）2010
　　　　　年第 3 期；李發：《獨闢蹊徑　洞察精微——評毛遠明〈漢魏六朝碑刻校注〉》，
　　　　　《西南大學學報》（社會科學版）2010 年第 6 期；張慧穎：《〈漢魏六朝碑刻校
　　　　　注〉訂補》，《瀋陽師範大學學報》（社會科學版）2012 年第 2 期；鄭邵琳：《〈漢
　　　　　魏六朝碑刻校注〉釋文校補》，《中國文字研究》第 16 輯，上海人民出版社，
　　　　　2012 年，第 111～115 頁；梁春勝：《〈漢魏六朝碑刻校注〉商榷》，《語言研究
　　　　　集刊》第 9 輯，上海辭書出版社，2012 年，第 300～311 頁；梁春勝：《〈漢魏
　　　　　六朝碑刻校注〉校讀舉正》，《長江學術》2012 年第 4 期；梁春勝：《〈漢魏六朝
　　　　　碑刻校注〉商兌》，《河北師範大學學報》（社會科學版）2011 年第 4 期；毛志
　　　　　剛：《〈漢魏六朝碑刻校注〉補正》，《古籍整理研究學刊》2012 年第 1 期。
〔註15〕　中華書局，1993 年。
〔註16〕　武漢大學《魏晉南北朝隋唐史資料》第 18 輯，武漢大學出版社，2001 年。
〔註17〕　上海書畫出版社，1985 年；上海書店出版社，2008 年「修訂本」。
〔註18〕　《考古》1986 年第 1 期。
〔註19〕　《文物》1993 年第 11 期。
〔註20〕　《東南文化》1993 年第 2 期。

墓誌考》〔註 21〕，王志高《溫嶠考略》〔註 22〕，楊映琳《南京出土的東晉溫嶠墓評析》〔註 23〕。

上述考證論文對最初發掘簡報中存在的問題，均進行了頗具針對性的深入辯證和疏理，這無疑使研究更進一層。然而，由於墓誌本身的文體限制以及墓主個人經歷的局限，單篇墓誌中的史料往往顯得零散、單薄，難以反映出歷史事件發展的全貌，甚至不足以反映出其中的某個側面。故而此類單篇墓誌的考證研究，所取得的成果就相對有限，多失之零碎而無法系統地應用於相關問題的考察。

（五）綜論探討

目前學界通論中國古代墓誌的著作尚不多見，僅趙超所著《中國古代石刻概論》〔註 24〕、《古代石刻》〔註 25〕、《古代墓誌通論》〔註 26〕等 3 部。其中以《古代墓誌通論》爲晚出，爲作者數十年來鑽研墓誌石刻的結晶之作。該書在綜括中國古代喪葬制度的演變之後，詳細介紹了有關墓誌的研究情況與基本常識，概要論述了古代墓誌的起源、發展、演變的總體情形，並探討了墓誌的文體、異體字等問題，是第一部相對完整論述古代墓誌的研究專著。然而，該書也存在一些不足和值得商榷之處。例如，在第三章「南北朝時期的墓誌概況」，著者立論大多是以北朝地域所出墓誌爲主，而東晉南朝墓誌所佔比重甚小，難見東晉南朝地域墓誌全貌；對相關問題的論述幾乎完全以北朝地域墓誌爲基準，難免失之偏頗；對南北地域所出墓誌對比考察不夠，所得出的結論有待商榷，如「北方官員大量使用墓誌，以及墓誌形制的定型，應該都是受到南方的文化影響」，等等〔註 27〕。

就東晉南朝墓誌研究來看，試做整體考察的著作有 6 種：羅宗眞《六朝考古》〔註 28〕，華人德主編《三國兩晉南北朝墓誌》〔註 29〕，李蔚然《南京

〔註 21〕 《東南文化》1996 年第 2 期。
〔註 22〕 殷憲主編《北朝史研究——中國魏晉南北朝史國際學術研討會論文集》，（北京）商務印書館，2004 年，第 32～44 頁。
〔註 23〕 《廣西社會科學》2003 年第 5 期。
〔註 24〕 文物出版社，1997 年。
〔註 25〕 文物出版社，2001 年，內有「出土墓誌部分」。
〔註 26〕 紫禁城出版社，2003 年，第三章「南北朝時期的墓誌概況」。
〔註 27〕 趙超：《古代墓誌通論》，（北京）紫禁城出版社，2003 年，第 67 頁。
〔註 28〕 南京大學出版社，1994 年，第七章第一節「墓誌」。
〔註 29〕 劉正成主編《中國書法全集》第 13 卷，北京榮寶齋，1995 年，內有「魏晉南

六朝墓葬的發現與研究》〔註 30〕，鄒厚本主編《江蘇考古五十年》〔註 31〕，
羅宗眞、王志高《六朝文物》〔註 32〕，邵磊《冶山存稿──南京文物考古論
叢》〔註 33〕。首先，各書均就當時所見東晉南朝墓誌作目錄、列表，標明墓
誌年代、出土時間、出土地點、墓主姓名、墓誌質地、大小、資料來源及收
藏單位，相關情況一目了然；其次，均不同程度地兼及墓誌起源、形制演變、
書法藝術，以及墓誌所反映出的諸如士族聯姻、僑州郡縣等相關問題的探討；
復次，在具體論述過程中，各書又自有創新與側重，特點鮮明，並非簡單地
重複研究，或側重墓誌問題的綜合考察，或側重僑置問題，或側重書法藝術，
或側重家族人口，或側重書體書人，等等。但由於各書當時所見墓誌資料不
同（墓誌數量多寡、刊佈研究限制），立論依據也存在差異，導致了部分觀點
的出入。且 6 部著作墓誌研究在全書中所佔比例不大，因此從嚴格意義上說，
都還談不上是對東晉南朝墓誌研究的專題論著。

　　相對而言，通論性的論文則比較多，主要有：金琦《墓誌史話》〔註 34〕，
徐自強《墓誌淺論》〔註 35〕，羅宗眞《略論江蘇地區出土六朝墓誌》〔註 36〕，
羅宗眞《南京新出土梁代墓誌評述》〔註 37〕，王去非、趙超《南京出土六朝
墓誌綜考》〔註 38〕，南京市博物館《南京市博物館藏六朝墓誌》〔註 39〕，華
國榮《六朝墓葬中的墓誌》〔註 40〕，袁道俊《六朝墓誌的若干特點》〔註 41〕，
華人德《論東晉墓誌兼及蘭亭論辨》〔註 42〕，朱智武《東晉南朝墓誌資料概

　　　　北朝墓誌概論」篇。
〔註 30〕　四川大學出版社，1998 年，第五章「墓誌與地券」。
〔註 31〕　南京出版社，2000 年，「三國兩晉南北朝」部分第六章第一小節「墓誌、買地
　　　　券、文字磚」，由王志高、顧蘇寧執筆。
〔註 32〕　南京出版社，2004 年，第七章第一節「墓誌」。
〔註 33〕　南京鳳凰出版社，2004 年，內有「六朝墓誌摭談」篇。
〔註 34〕　南京博物院《文博通訊》，1979 年 10 月，總 27 期。
〔註 35〕　《華夏考古》1988 年第 3 期。
〔註 36〕　《南京博物院集刊》1980 年第 2 期。
〔註 37〕　《文物》1981 年第 12 期。
〔註 38〕　《考古》1990 年第 10 期。
〔註 39〕　《東南文化》1992 年第 5 期。
〔註 40〕　《第五屆中國書法史論國際研討會論文集》，文物出版社，2002 年，第 111～
　　　　113 頁。
〔註 41〕　《第五屆中國書法史論國際研討會論文集》，第 137～145 頁。
〔註 42〕　初刊於（臺灣）《故宮學術季刊》1995 年第 1 期，復刊於《書法研究》1997
　　　　年第 6 期，後又相繼收入華人德、白謙慎主編《蘭亭論集》，蘇州大學出版

述》〔註43〕。上述研究有縱觀六朝墓誌者，有單論東晉、梁代墓誌者，對東晉南朝墓誌的整體論述比較深入，勾勒了墓誌發展的大致情形及其特點。然而，仔細研讀之後，不難發現各文立論受當時所見墓誌資料的限制，或著眼於某一地區而論，或僅就若干特點而談，無論是對墓誌地域特點的分析，還是墓誌時代特徵的探討，所論均存在有待深入的地方。

不難看出，當前已有的研究論著，在對東晉南朝墓誌做整體考察方面均付出了不少努力，也取得了較大成就，爲進一步研究奠定了基礎。但缺憾也是存在的，研究尚有提升的空間。從研究者所在的地域來看，試圖就東晉南朝墓誌做整體考察，且研究取得較大成就的學者，主要集中在南京地區。個中原因，也許與東晉南朝墓誌大量出土的地域主要是在南京及其周邊地區，該地域墓誌更受重視有關。從整體研究東晉南朝墓誌的時段來看，通論性著作及論文，主要是20世紀90年代中期以來，由此可見眞正意義上的墓誌研究，廣泛興起還只是近10餘年的事。從研究學者的專業背景來看，主要是考古學者與書法研究者，前者研究多從考古學上進行思考，關注墓誌與墓葬的關係，墓誌的使用方式與墓葬等級等；後者則側重從書法角度，對墓誌的書法藝術、書體演變進行闡述。鑒於學術研究的不斷進步與發展，有賴於研究領域的拓展、研究方法的創新、思維角度的變更以及學術發展趨勢的把握。筆者以爲，突破前人關於東晉南朝墓誌的整體研究，至少有三個方向可以嘗試：一，結合南京以外其他地區出土之東晉南朝墓誌，做地域性考察；二，分析90年代以來學術研究的發展趨勢，及東晉南朝墓誌研究的特點，結合當前學術研究的新方法、新思路，做系統研究；三，從歷史、考古、文學、書法、文字等各個層面入手，進行綜合研究。

（六）專題研究

1. 墓誌起源。討論東晉南朝墓誌的發展及其歷史地位，無法迴避墓誌起源問題。相關成果有：馬衡《石刻》〔註44〕，趙超《墓誌溯源》〔註45〕，汪慶正《南朝石刻文字概述》〔註46〕，劉鳳君《南北朝石刻墓誌形制探源》〔註47〕，

社，2000年；華人德《六朝書法》，上海書畫出版社，2003年。
〔註43〕《南京理工大學學報》（社會科學版）2010年第3期。
〔註44〕《考古通訊》1956年第1期。
〔註45〕《文史》第21輯，中華書局，1983年。
〔註46〕《文物》1985年第3期。
〔註47〕《中原文物》1988年第2期。

熊基權《墓誌起源新說》〔註48〕，鄭建芳《最早的墓誌——戰國刻銘墓磚》
〔註49〕，黃展岳《早期墓誌的一些問題》〔註50〕，馮時、金文馨《墓誌起源
芻議》〔註51〕，吳煒《墓誌銘起源初探》〔註52〕，程章燦《墓誌起源考——
兼對關於墓誌起源諸種說法的考察》〔註53〕，李永明《中國古代墓誌銘的源
流》〔註54〕，熊基權《魏晉以來墓誌流變》〔註55〕，邸永君《墓誌與墓誌銘》
〔註56〕、程章燦《墓誌文體起源新論》〔註57〕。以上諸家，從各白角度對墓
誌起源問題提出不同意見，主要形成 7 種觀點：「周漢說」、「戰國說」、「秦代
說」、「西漢說」、「東漢說」、「魏晉說」、「南朝說」。7 種說法，各執一端，莫
衷一是。對此，朱智武《中國古代墓誌起源新論——兼評諸種舊說》提出，
墓誌起源問題眾說紛起的原因，很大程度上在於學界對墓誌定義的模糊，使
得眾人論說的角度不同（或就墓誌形制論，或就墓誌文體言，或從誌墓觀念
談，或從誌墓形式說），所得結論自然各異，並認爲先秦時期僅爲誌墓觀念的
積累，誌墓形式相對較少，「誌人」的意識還不強；至秦漢時期，誌墓形式趨
於多樣化，誌墓的觀念與內容逐漸式微，墓誌開始萌芽〔註 58〕。孟國棟《墓
誌的起源與墓誌文體的成立》則進一步指出，要考察墓誌的起源，不僅要確
定「墓誌」一詞最早的用例，還要考察墓誌的基本功用，認爲作爲實物的墓
誌起源於東漢中後期，符合文體意義上的墓誌文出現在魏晉之際，而南北朝
時期墓誌文體得到了較快發展，從內容到形式都出現了許多新變化，行文方
式和文體形式漸臻完善並爲後世作者所接受與模仿〔註59〕。

2. 墓誌書法與書體。六朝書法上承漢代隸書，下啓隋唐楷書，總體上處
於由隸變楷的階段，隸書逐漸走向衰弱，楷書日趨成熟起來，但同時又是隸、

〔註48〕　《文物春秋》1994 年第 1 期。
〔註49〕　《中國文物報》1994 年 6 月 19 日。
〔註50〕　《文物》1995 年第 12 期。
〔註51〕　《中國文物報》1996 年 3 月 31 日。
〔註52〕　《東南文化》1999 年第 3 期。
〔註53〕　海峽兩岸古籍整理研究討會論文集，後收入氏著《石學論叢》，臺灣大安出版
　　　　　社，1999 年。
〔註54〕　《山東圖書館季刊》2003 年第 1 期。
〔註55〕　《文物春秋》2003 年第 5 期。
〔註56〕　《尋根》2003 年第 6 期。
〔註57〕　《學術研究》2005 年第 6 期。
〔註58〕　《安徽史學》2008 年第 3 期。
〔註59〕　《浙江大學學報》（人文社會科學版）2013 年第 3 期。

楷、行、草諸體並存的時期。對墓誌書法藝術、書體演變的研究，是學界研究東晉南朝墓誌的重要方面，成果也最多，大致可歸爲兩類。

（1）排比所見墓誌資料，通過觀摩不同時期典型墓誌的書法藝術，並將墓誌同買地券、神道碑等其他石刻書法作比較，進而總結該時期墓誌書法的總體特點、書體演變的特徵及其藝術價值。主要有：庾人俊《關於晉朝的書體問題》〔註60〕，張果詮《〈爨龍顏碑〉的書法藝術、書者及其影響》〔註61〕，阮國林《從新出土墓誌看南朝書法體勢》〔註62〕，王崗、蕭雲《六朝的書法美學思想》〔註63〕，盧海鳴《論六朝石刻的藝術成就》〔註64〕，羅宗眞《魏晉南北朝突破性發展的書法碑誌》〔註65〕，阮國林《從南京出土墓誌看東晉、南朝書體之特點》〔註66〕，王志高《六朝墓誌及買地券書法述略》〔註67〕，尹一梅《從建康出土的東晉墓誌看書體的地方風格》〔註68〕，謝光輝《南碑述論》〔註69〕，劉守堯《百花齊放　爭奇鬥豔──由南京出土的碑石看六朝時期金陵書風》〔註70〕，李海榮《試論六朝銘文石刻的書體演變》〔註71〕，吳詩影《建康地區已出土東晉墓誌書法研究》〔註72〕。

（2）結合對出土墓誌書法的分析，探討《蘭亭序》的眞偽，進而揭示出東晉墓誌書法的藝術價值。主要有：郭沫若《由王謝墓誌的出土論到蘭亭序的眞偽》〔註73〕，王元軍《從六朝士人不屑碑誌看「蘭亭論辯」的失誤》〔註74〕，叢文俊《關於魏晉書法史料的性質與學術意義的再認識──兼及「蘭亭論辯」》〔註75〕，劉濤《東晉銘刻書迹的體態及相關問題──兼談神龍本〈蘭

〔註60〕　《書法研究》1982 年第 1 期。
〔註61〕　《書法研究》1983 年第 1 期。
〔註62〕　《書學論集》，上海書畫出版社，1985 年，第 167～170 頁。
〔註63〕　《書法研究》1986 年第 4 期。
〔註64〕　《南京師範專科學校學報》2000 年第 2 期。
〔註65〕　《東南文化》2000 年第 8 期。
〔註66〕　《第五屆中國書法史論國際研討會論文集》，第 114～120 頁。
〔註67〕　《第五屆中國書法史論國際研討會論文集》，第 121～136 頁。
〔註68〕　《第五屆中國書法史論國際研討會論文集》，第 166～172 頁。
〔註69〕　《第五屆中國書法史論國際研討會論文集》，第 173～182 頁。
〔註70〕　《南京理工大學學報》（社會科學版）2003 年第 6 期。
〔註71〕　《南京社會科學》2007 年第 6 期。
〔註72〕　華東師範大學 2012 年碩士學位論文。
〔註73〕　《文物》1965 年第 6 期。
〔註74〕　《光明日報》1998 年 12 月 4 日。
〔註75〕　華人德、白謙慎主編：《蘭亭論集》，第 230～259 頁。

亭〉》〔註76〕，朱智武《「蘭亭論辨」與六朝墓誌書法研究綜述》〔註77〕。

　　此外，尚有零星的單篇墓誌書法研究，如虞衛毅：《虛佇神素　脫然畦封——略論〈程虔墓誌〉的書藝特徵》〔註78〕。值得一提的是，近年來，有學者開始對墓誌書人身份提出質疑並進行重新認定。邵磊《南朝墓誌書人身份辨析》〔註79〕，指出南朝墓誌的書者多爲身份較低的書吏，而非學界通常認爲的具有一定社會聲望的名書家；朱智武《六朝墓誌的撰者與書人身份辨析》〔註80〕則指出，東晉墓誌的撰者多爲親屬；南朝墓誌的撰者由親屬拓展至友人，其中皇室貴族的墓誌甚至由著名文人擔綱；六者墓誌的書人情況則較爲複雜，應區別對待。

　　綜上，學界從書法角度對東晉南朝墓誌探討較多，研究比較深入。不過，筆者認爲有些問題還需要重新認定和深入討論。例如，討論東晉南朝書法，應注意以《蘭亭序》爲代表的尺牘書法與以墓誌、買地券、墓銘磚爲代表的銘刻類書法的差異，以及當時士人對墓誌書法的參與程度；討論東晉南朝出土墓誌的書體，應注意到不同墓誌的墓主身份與家族勢力對書法的影響；通過墓誌書法與尺牘書法的比較，分析士人書風與民間書法的差異，以及當時社會對書法的關注程度與應用領域等歷史背景的考察，等等。

　　3. 墓誌文體。從文學、文獻學角度，對東晉南朝墓誌文體展開專門研究的學者目前還較少，成果相對貧乏，筆者所見，程章燦有幾篇論文：《讀任昉〈劉先生夫人墓誌〉並論南朝墓誌文體格——讀〈文選〉札記》〔註81〕、《關於墓誌文體的三個問題》〔註82〕、《墓誌文體起源新論——兼對諸種舊說的辯證》〔註83〕、《墓誌文體起源新論》〔註84〕，主要是從銘文體的演變來闡述南朝墓誌文體的特點：墓誌文體起源於傳統銘文，由銘文演化而來；銘文

〔註76〕　華人德、白謙愼主編：《蘭亭論集》，第 298～309 頁。
〔註77〕　《南京理工大學學報》（社會科學版）2012 年第 3 期。
〔註78〕　《書法賞評》1993 年第 3 期。
〔註79〕　《蘇州大學學報》（哲學社會科學版）1996 年第 2 期。
〔註80〕　《徐州師範大學學報》（哲學社會科學版）2010 年第 1 期。
〔註81〕　趙福海、劉琦、吳曉峰主編《〈昭明文選〉與中國傳統文化——第四屆文選學國際學術研討會論文集》，吉林文史出版社，2001 年。
〔註82〕　南開大學文學院中文系編《魏晉南北朝文學與文化論文集》，南開大學出版社，2002 年，第 133～143 頁。
〔註83〕　2004 年 11 月中山大學中文系主辦「中國古代文體史與文體學國際學術研討會」提交論文。
〔註84〕　《學術研究》2005 年第 6 期。

位置不定，序銘分別不明，敘事詳略不均。程文的研究特色在於傳世文獻的爬梳整理，通過整理六朝史籍與《藝文類聚》等類書所著錄的南朝墓誌，從墓誌稱名與錄文內容上論述南朝墓誌文體的形式及特點。條分縷析，論說細密，對南朝墓誌文體的研究頗具開創之功。然於東晉墓誌文體並無涉及，且就南朝墓誌文體言，程文也僅選擇傳世文獻著錄的典型墓誌作分析，並沒有將目前所見出土南朝墓誌逐個分析、總體論述，整個南朝墓誌文體的全貌仍難以窺見。另外，朱智武《東晉南朝墓誌文體演進及其文化意蘊》〔註85〕，結合東晉南朝出土墓誌及傳世文獻節錄墓誌資料，詳細分析東晉南朝墓誌文體的遷變歷程，並深入挖掘了其中所蘊含的文化意味。而李乃龍《墓誌的文體特徵與〈文選〉「墓誌」箋論》〔註86〕、黃蓓《魏晉南北朝墓誌銘流變及文體特徵研究》〔註87〕也部分討論了東晉南朝墓誌文體特徵與語言風格。

4. 墓誌語言文字。學界對墓誌詞語的研究主要集中在墓誌用詞與字體這兩個方面，然迄今未見東晉南朝墓誌詞語研究的專題論著，部分涉及東晉南朝墓誌的代表性著作則有 3 部：歐昌海、李海霞《六朝唐五代石刻俗字研究》〔註88〕，陸明君《魏晉南北朝碑別字研究》〔註89〕，毛遠明《漢魏六朝碑刻異體字研究》，從字形、構件等方面對漢魏六朝碑刻文字進行了較爲全面系統的整理與分析〔註90〕。

墓誌語言文字研究的代表性論文有：宋英《碑誌別體字淺析》〔註91〕，王小棟《六朝墓誌中用典來表未成年的詞語》〔註92〕，魏平《漢魏南北朝墓誌同根詞研究》〔註93〕，魏萍《南北朝墓誌銘簡體異體字研究》〔註94〕，劉盛舉《魏晉南北朝墓誌銘用韻初探》〔註95〕、郝晉陽《魏晉南北朝墓誌中的

〔註85〕　西安碑林博物館編《碑林集刊》第 18 輯，三秦出版社，2012 年，第 142～159頁。
〔註86〕　《廣西社會科學》2007 年第 2 期。
〔註87〕　華中師範大學 2009 年碩士學位論文。
〔註88〕　（成都）巴蜀書社，2004 年。
〔註89〕　（北京）文化藝術出版社，2009 年。
〔註90〕　商務印書館，2012 年。
〔註91〕　《人文雜誌》1989 年第 2 期。
〔註92〕　《樂山師範學院學報》2004 年第 6 期。
〔註93〕　西南師範大學 2004 年碩士學位論文。
〔註94〕　西南師範大學 2004 年碩士學位論文。
〔註95〕　西南師範大學 2004 年碩士學位論文。

假借字研究》〔註96〕、李發《漢魏六朝墓誌人物品評詞研究》〔註97〕、劉燕《魏晉南北朝墓誌高頻構詞語素研究》〔註98〕、劉志生《六朝墓誌詞語零釋》〔註99〕、劉志生《魏晉南北朝墓誌詞語小釋》〔註100〕、劉志生、黃友福《六朝墓誌詞語零劄》〔註101〕。考察對象雖冠之以「六朝墓誌」、「漢魏南北朝墓誌」、「南北朝墓誌銘」、「魏晉南北朝墓誌」，等等，然在實際研究中仍囿於漢魏北朝墓誌，所涉東晉南朝墓誌甚少。

　　5. 家族墓誌及其他。士族門閥制度是六朝史研究中一個經久不衰的課題。因此，出土士家大族的家族墓誌資料，往往受到學者們的更多關注。利用出土墓誌資料研究士家大族的聯姻、世系、門第興衰等的成果主要有：白英《從出土文物看魏晉南北朝士族門閥制度》〔註102〕，葉妙娜《東晉南朝僑姓世族之婚媾——陳郡謝氏個案研究》〔註103〕，羅宗眞《從南朝出土墓誌看南北士族關係》〔註104〕，王連儒《東晉陳郡謝氏婚姻考略》〔註105〕，羅宗眞《從考古資料看六朝謝氏家族的興衰》〔註106〕，王玉池《出土墓誌對王、謝大族傳世宗譜的補正》〔註107〕，秦冬梅《論東晉北方士族與南方社會的融合》〔註108〕。總體來說，以上論文還談不上是眞正意義上的家族墓誌的專題研究，仍停留在利用墓誌資料證史、補史、糾史的層面。

　　家族墓誌的專題研究，是近年來東晉南朝墓誌研究的一個新方向，參與學者不多，成果較少，僅見張學鋒《南京司家山出土謝氏墓誌研究》〔註109〕與《南京象山東晉王氏家族墓誌研究》〔註110〕，胡舜慶、姜林海《南京出土

〔註96〕 西南師範大學 2005 年碩士學位論文。
〔註97〕 西南大學 2006 年碩士學位論文。
〔註98〕 西南大學 2008 年碩士學位論文。
〔註99〕 《吉首大學學報》（社會科學版）2011 年第 5 期。
〔註100〕 《韶西大學學報》2012 年第 3 期。
〔註101〕 《韓山師範學院學報》2012 年第 4 期。
〔註102〕 《南京博物院集刊》1980 年第 2 期。
〔註103〕 《歷史研究》1986 年第 3 期。
〔註104〕 《東南文化》1989 年第 2 期。
〔註105〕 《中國史研究》1995 年第 4 期。
〔註106〕 《東南文化》1997 年第 4 期。
〔註107〕 《第五屆中國書法史論國際研討會論文集》，第 103～110 頁。
〔註108〕 《北京師範大學學報》（社會科學版）2003 年第 5 期。
〔註109〕 《南京曉莊學院學報》2004 年第 3 期。
〔註110〕 牟發松主編：《社會與國家關係視野下的漢唐歷史變遷》，（上海）華東師範大學出版社，2006 年，第 319～336 頁。

東晉王氏四方墓誌書法評析》〔註 111〕，王志高、胡舜慶《南京出土東晉李氏家族墓誌書法評析》〔註 112〕，朱智武《從墓誌地名看東晉南朝陳郡謝氏之浮沉》〔註 113〕等 5 篇論文。其中，張學鋒以六朝陳郡謝氏、琅邪王氏家族墓誌爲考察對象，深入探討了王、謝二大家族的世系、婚姻及政治得失等問題；胡舜慶、王志高則主要對王氏、李氏家族墓誌的書法展開評析；朱智武則通過對謝氏家族墓誌所記豐富歷史地名的系統整理，深入挖掘了其中所蘊含的社會歷史內涵。

其他相關東晉南朝墓誌研究的論文尚有：賀雲翱《南方六朝墓中出土文字雜識》〔註 114〕，王志高、邵磊《南京西善橋南朝墓誌質疑——兼述六朝買地券》〔註 115〕，劉濤《魏晉南朝的禁碑與立碑》〔註 116〕，劉宗意《東晉王氏墓誌之「白石」考》〔註 117〕，費伶伢《南朝女性墓誌的考釋與比較研究》〔註 118〕，王俊、邵磊《百濟武寧王墓誌與六朝墓誌的比較研究》〔註 119〕、王佳月《試論兩晉墓誌的演變和等級性》〔註 120〕。其中費伶伢文突破既往墓誌研究的俗套，將 3 方南朝女性墓誌進行重新考釋和仔細比較，從墓主出身、德行，墓誌用韻、用典等方面展開論述，頗具新意。

臺灣地區研究東晉南朝墓誌的成果有限，僅見相關論文 8 篇：沈國儀、陶冠群《高崧墓誌與〈蘭亭序〉》〔註 121〕，林宗閔《王閩之墓誌釋注》〔註 122〕、《漢魏南北朝墓誌釋注（二）：溫嶠墓誌》〔註 123〕，林楓鈺《漢魏南北朝墓誌釋注（三）：溫式之墓誌》〔註 124〕，吳修安《漢魏南北朝墓誌釋注（四）：高

〔註 111〕《書法叢刊》2000 年第 4 期。
〔註 112〕《書法叢刊》2000 年第 4 期。
〔註 113〕《南京農業大學學報》（社會科學版）2005 年第 3 期。
〔註 114〕《東南文化》（第三輯），江蘇古籍出版社，1988 年。
〔註 115〕《東南文化》1997 年第 1 期。
〔註 116〕《故宮博物院院刊》2001 年第 3 期。
〔註 117〕《江蘇地方志》2002 年第 2 期。
〔註 118〕《東南文化》2005 年第 2 期。
〔註 119〕《南方文物》2008 年第 3 期。
〔註 120〕《東南文化》2012 年第 5 期。
〔註 121〕《書友》總 145 期，1999 年 4 月。
〔註 122〕林宗閔：《漢魏南北朝墓誌釋注計劃簡介》，《臺大歷史系學術通訊》第 3 期，2009 年 5 月。
〔註 123〕《臺大歷史系學術通訊》第 4 期，2009 年 8 月。
〔註 124〕《臺大歷史系學術通訊》第 5 期，2009 年 11 月。

崧及其妻謝氏墓誌》〔註125〕，邱建智《漢魏南北朝墓誌釋注（六）：謝球墓誌》
〔註126〕，涂宗呈《漢魏南北朝墓誌釋注（七）：王仚之墓誌》〔註127〕，劉永
中、林宗閱《漢魏南北朝墓誌釋注（八）：謝溫墓誌》〔註128〕。其中，沈國儀、
陶冠群文主要從書法角度立論，簡略涉及《蘭亭序》眞偽問題的辨析，然而
多沿襲學界舊說。其餘 7 篇論文均係臺灣大學歷史系「漢魏南北朝墓誌釋注
計劃」的階段成果，側重單篇墓誌文的點校、釋讀及史實考論，對今後學界
合理使用相關墓誌史料頗有助益。

三、國際相關研究成果

　　國際學術界對東晉南朝墓誌的研究，以日本學者的研究最爲深入，相關
論著頗豐，其研究方法與思路可資借鑒之處甚多。

　　涉及東晉南朝墓誌研究的相關著作有 3 部：中村圭爾《六朝貴族制研究》
〔註129〕，中田勇次郎編《中國墓誌精華》〔註130〕與《中田勇次郎著作集・心
花室集》〔註131〕。中村圭爾主要利用出土墓誌資料，結合文獻著錄墓誌，通
過分析劉岱墓誌、明曇憘墓誌、謝濤墓誌等有關家族聯姻的記載，論述了六
朝貴族的婚姻問題；並就南京出土王氏墓誌、顏氏墓誌、謝氏墓誌、蕭氏墓
誌，對南朝相關僑州郡縣問題作了探討〔註132〕。中田勇次郎主要是梳理了中
國古代墓誌的發展狀況，簡要介紹漢魏至隋唐歷代墓誌，並著重分析了北朝
墓誌的文體與內容特徵，並首次對墓誌的撰者與書人問題提出質疑，可惜未
曾深入論述。需要指出的是，中村圭爾與中田勇次郎立論所據，仍是 20 世紀
80 年代中期以前出土或公佈的墓誌資料，而 90 年代以後又有一批東晉南朝出
土墓誌公佈，因此，有必要運用新資料，重新審視中村圭爾及中田勇次郎的
論斷。另外，中村圭爾、室山留美子在前揭趙超《彙編》與羅新、葉煒《疏

〔註125〕　《臺大歷史系學術通訊》第 6 期，2010 年 2 月。
〔註126〕　《臺大歷史系學術通訊》第 8 期，2010 年 8 月。
〔註127〕　《臺大歷史系學術通訊》第 9 期，2010 年 11 月。
〔註128〕　《臺大歷史系學術通訊》第 10 期，2011 年 4 月。
〔註129〕　（日）風間書房，1989 年，第三篇補章「墓誌銘よりみた南朝の婚姻關係」；
　　　　　第四篇第一章「南朝貴族の本貫と僑郡縣」。
〔註130〕　（日）中央公論社，1975 年，内有「中國の墓誌」涉及東晉南北朝墓誌。
〔註131〕　（日）二玄社，1984 年，再次收入「中國の墓誌」一文。
〔註132〕　中村圭爾利用出土墓誌對南朝相關僑州郡縣問題的探討，尚有《關於南朝貴
　　　　　族地緣性的考察——以對僑郡縣的探討爲中心》（《南京曉莊學院學報》2005
　　　　　年第 4 期）一文。

證》所錄墓誌資料基礎上，編成《魏晉南北朝墓誌人名地名索引》〔註133〕、《魏晉南北朝墓誌官職名索引》〔註134〕，相當精審，極具參考價值。

　　研究東晉南朝墓誌的論文，筆者所見，主要有 6 篇：

　　（1）中村圭爾《東晉南朝の碑・墓誌について》〔註135〕從史料學出發，對東晉南朝的碑刻資料與墓誌史料進行梳理，同時將出土墓誌同《藝文類聚》所著錄墓誌文作比較，辨明《藝文類聚》僅就誌文做節錄，所錄誌文並不完整，且有混淆錯訛之處，進而指出碑刻墓誌資料的重要價值，並就墓碑與墓誌的關係進行了論述。

　　（2）福原啓郎《西晉の墓誌の意義》〔註136〕雖非研究東晉南朝墓誌的論文，然作者在梳理墓誌起源問題的討論後，提出自己的觀點——中國古代墓誌起源於西晉時期；並將西晉墓誌從形狀、內容上進行分類，進而對各類別墓誌的特點進行深入分析，最後闡明西晉墓誌的意義和價值。這種將墓誌分類研究的方法與思路，對東晉南朝墓誌研究不無參考價值。

　　（3）佐藤利行、先坊幸子《「謝琰墓誌」について》〔註137〕詳細梳理、考補了謝琰墓誌，並於謝氏世系、聯姻家族有所論述。

　　（4）川合安《六朝〈謝氏家族墓誌〉について》〔註138〕對南京司家山出土 4 方謝氏墓誌釋文進行考釋，並結合文獻記載對墓誌內容做了疏證，探討謝氏婚姻、仕宦、興衰等問題。《東晉の墓誌》〔註139〕對琅邪王氏墓誌、陳郡謝氏墓誌及其他東晉墓誌進行整理補釋，將墓誌內容與正史記載相比較，並考辨不同墓誌內容格式，探討了東晉墓誌的史料特徵。日本學者對墓誌資料正確釋讀顯示出對史料準確性的重視。然而川合安的研究也存在一些問題，如以劉宋謝琰墓誌來討論東晉墓誌的內容格式，自然不妥；將張鎮墓誌判定爲「張鎮夫人郭氏墓誌」，顯然有誤，等等。

〔註133〕　（日）《平成 20 年度科學研究費補助金報告書》2008 年 9 月。

〔註134〕　（日）《平成 17 年度～21 年度文部科學省特定領域研究成果報告》2009 年 11 月。

〔註135〕　（日）《昭和 61・62 年度科學研究費補助金一般研究（A）成果報告書》，「比較史の觀點による史料學の綜合研究」，1989 年 3 月。

〔註136〕　（日）礪波護編：《中國中世の文物》，京都大學人文科學研究所，1993 年，第 315～369 頁；該文由王大建譯成中文，載於《文史哲》1993 年第 3 期。

〔註137〕　（日）《中國中世文學研究》第 35 號，1999 年 1 月。

〔註138〕　（日）《古代文化》2002 年第 2 號，總第 54 卷。

〔註139〕　（日）《平成 14 年度東北大學教育研究共同プロジェクト成果報告書》，東北大學大學院文學研究科，2003 年 3 月。

　　（5）洼添慶文《墓誌的起源及其定型化》〔註 140〕從東漢、西晉的墓碑、墓誌開始，以東晉、南朝、北魏的墓誌爲對象，於墓誌的形制、內容、書寫體例角度，系統考察了墓誌的起源及其定型化的過程。

　　綜觀日本學界對東晉南朝墓誌的研究，可以分爲兩個階段：20 世紀 90 年代以前，比較注重整體論述墓誌的發展概況、價值與意義，側重史料的研究價值，以中村圭爾、中田勇次郎、福原啓郎的相關論著爲代表；90 年代以後，更多注意對墓誌內容的考補，重視墓誌文字釋讀的準確性，頗類我國傳統金石學的研究特色〔註 141〕。其總體特點是研究細密，注重與文獻的結合。

　　與日本學界東晉南朝墓誌研究相對繁盛的局面相比，歐美學界則略顯沉寂，對東晉南朝墓誌關注甚少，相關研究成果鮮見〔註 142〕，筆者所見僅德國學者安然（Annette Kiescr）《魂返故土還是寄託異鄉——從墓葬和墓誌看東晉的流徙士族》〔註 143〕1 篇，從墓葬形制和墓誌兩方面考察了東晉貴族對死後的歸屬，是魂歸故土還是寄託異鄉的兩種心理。其研究雖有值得稱道之處，然而立論仍存在一些問題〔註 144〕。

四、分析與結論

　　悠久的學術發展史，已有的研究成果，無疑爲東晉南朝墓誌的進一步研究奠定了堅實的基礎。然而，通過對學術史的整體回顧及已有成果的概述，我們可以看出，東晉南朝墓誌的研究仍相對比較薄弱，前人研究中有待深入

〔註 140〕 中國魏晉南北朝史學會、武漢大學中國三至九世紀研究所編：《魏晉南北朝史研究：回顧與探索》（中國魏晉南北朝史學會第九屆年會論文集），湖北教育出版社，2009 年，第 674～694 頁。

〔註 141〕 傳統金石學注重墓誌文字釋讀、考補的研究方法，近年來似乎爲國內學界所忽視，更多偏愛於結合文獻記載來發掘墓誌的史料價值，似有本末倒置之嫌。

〔註 142〕 筆者曾查找英文期刊，僅找到墓誌相關墓誌研究的論文兩篇：Hua, Rende. "Eastern Jin epitaphic stones: withsome notes on the 'Lanting Xu' debate." [Early Medieval China 3（1997）]；Zhao Chao. "Stone inscriptions of the Wei-Jin Nanbeichao period". [translated by Victor Xiong. Early Medieval China 1（1994）]。

　　趙超的此篇英譯文爲《中國古代石刻》「魏晉南北朝」部分；華人德的英譯文是《論東晉墓誌兼及蘭亭論辨》，上文已作分析，此處略而不論。

〔註 143〕 《東南文化》2002 年第 9 期，後收入蔣贊初主編《南京大學歷史系考古專業成立三十週年論文集》，天津人民出版社，2002 年，第 290～295 頁。

〔註 144〕 詳參張學鋒：《南京象山東晉王氏家族墓誌研究》，牟發松主編《社會與國家關係視野下的漢唐歷史變遷》，第 319～336 頁。

的地方還不少。總的說來，主要有以下方面：

第一，明確以東晉南朝墓誌為專題研究對象，綜合傳世文獻所著錄的東晉南朝墓誌與新出土的墓誌材料，突破學界此前僅就新出土墓誌材料立論的做法，對東晉南朝墓誌作整體考察。

第二，從墓誌的形制、內容、文體、書體、文字等各個角度，全面而系統論述東晉南朝墓誌的特點、價值及意義。

第三，重新檢索長期以來為學界所忽視的傳統金石學的已有成果，結合新出土墓誌材料，對相關問題作更全面的論述。

第四，結合東晉南朝的歷史背景、地理環境，對墓誌、墓葬問題作更深層的探討，挖掘墓誌記載中所隱含的社會內涵。

另外，從不同專業出身的研究者來看，他們對東晉南朝墓誌的研究，也存在一定缺陷。例如，研究歷史、文學、書法的學者不一定通曉考古學，從事考古工作的研究者則對歷史、文學、書法往往有所忽略，因而在各自的研究中或多或少會出現一些錯誤，留下某種缺憾。因此，從某種意義上說，東晉南朝墓誌的系統全面研究，離不開相關學科知識的注入與輔助。當然，在學術分科日趨細密的今天，這種綜合性的研究由某單個人來實現，確實難度不小。然而，學術的發展重在前後相繼、薪火代傳，前賢時彥的辛勤耕耘與努力，不僅樹立了良好的榜樣，也同樣激勵著後學的前行。知難而進，迎難而上，這是筆者在通讀前人成果之後，獲得的最大感悟，也是對本書即將開展的研究不斷地鞭策，更是堅定支撐筆者嘗試全面系統研究東晉南朝墓誌的信念。

第二節　研究對象與範圍

一、墓誌釋名

關於墓誌的稱名及其釋義，學界多有討論〔註 145〕，歷來存有多種說法，

〔註 145〕熊基權：《墓誌起源新說》，《文物春秋》1994 年第 1 期；程章燦：《墓誌銘的結構與名目》，《古籍整理研究學刊》1997 年第 6 期；李永明：《中國古代墓誌銘的源流》，《山東圖書館季刊》2003 年第 1 期；邱永君：《墓碑與墓誌銘》，《尋根》2003 年第 6 期；程章燦：《墓誌文體起源新論》，《學術研究》2005 年第 6 期；劉秀梅、毛遠明：《墓誌異名考釋》，《廣西社會科學》2011 年第 9 期；孫小嫻：《略談墓誌銘的名目和異名》，《文學界》（理論版）2012 年第 9

迄今尚未形成統一的認知，這無疑會給相關材料的搜集與深入研究造成混亂與不便，以下筆者在研究起始即對墓誌這一概念略做檢討。

明吳訥《文章辨體序說・墓誌》云：「墓誌，則直述世系、歲月、名字、爵里，用防陵谷遷改。」〔註146〕說明了墓誌的文體與行文格式，即以記載墓主身份、生平等相關內容為主。而且可以看出古人埋銘的目的在於「誌墓」與「誌人」的結合，即標示墓葬的位置所在，以及表明墓主人的身份，「將以千載之後，陵谷遷變，欲後人有所聞知」〔註147〕，讓後世瞭解墓主人的德行，而不致毀壞其墓。

清梁玉繩《誌銘廣例》云：「凡刻石顯立墓前者曰碑、曰碣、曰表，惟納於壙中謂之誌銘。」〔註148〕從擺放位置方面指出墓誌與其他銘刻的區別。

近代學者馬衡在其《凡將齋金石叢稿》中說：「冢墓之文，有墓誌，有墓前。墓誌紀年月、姓名及生平事迹，繫之以銘，故又謂之墓誌銘。」〔註149〕對墓誌與墓誌銘也作了初步解釋。

另外，明代徐師曾《文體明辨・墓誌銘》及清代龔自珍《說碑》、趙翼《陔餘叢考・墓誌銘》等文中都有近似的說法。實際上，以上諸種說法均著眼於南北朝以降的成熟期的墓誌，或僅就墓誌的某個方面而言，難免有失偏頗。

趙超曾提出：「正式的墓誌，應該符合以下幾個條件：一、有固定的形制；二、有慣用的文體或行文格式；三、埋設在墓中，起到標誌墓主身份及家世的作用。」〔註150〕從形制、文體、埋藏地點及設置目的三個方面對墓誌予以界定。綜合文獻著錄與出土墓誌實物，可以發現趙氏的看法相對比較合

　　　　期；孟國棟：《墓誌的起源與墓誌文體的成立》，《浙江大學學報》（人文社會
　　　　科學版）2013 年第 3 期。

〔註146〕（明）吳訥著，于北山點校：《文章辨體序說》，郭紹虞主編《中國古典文學
　　　　理論批評專著選輯》，人民文學出版社，1962 年，第 53 頁。

〔註147〕（唐）封演撰，趙貞信校注：《封氏聞見記校注》卷六「石誌」，中華書局，
　　　　2005 年，第 56 頁。

〔註148〕（清）梁玉繩：《誌銘廣例》，王雲五主編《叢書集成初編》，（上海）商務印
　　　　書館，1936 年。

〔註149〕馬衡：《凡將齋金石叢稿》卷二「中國金石學概要下」，中華書局，1977 年，
　　　　第 89 頁。

〔註150〕趙超：《漢魏南北朝墓誌彙編・前言》，天津古籍出版社，1992 年，第 3 頁。
　　　　《古代墓誌通論》（紫禁城出版社，2003 年）一書中趙超對墓誌特徵的表述
　　　　與此同。

理，故爲學界大多數學者所認同。然而，成熟期之前的墓誌文體變化較大，形制不一，若完全衡之以趙氏「正式墓誌的三個標準」，則諸多學界習稱的墓誌恐怕就不成立了。

因此，筆者綜合文獻記載和出土實物墓誌資料，對趙氏之說作一定的擴充和修正，將墓誌（包括成熟期之前的墓誌）的涵義歸納爲三點：一，記有墓主姓氏、生平、籍貫、世系等內容，目的是誌墓主人；〔註151〕二，出自墓內，即最初埋於地下壙中；〔註152〕三，有一定形制且銘刻於石或磚上。〔註153〕如此，則對墓誌的界定相對更爲全面。

至此，我們可以初步給出墓誌的定義。墓誌，是置於「壙」（墓室）內刻有墓主傳記的石刻（或磚刻），通常記有墓主的姓名、籍貫和生平。成熟期的墓誌包括誌和銘兩部分，正如劉勰《文心雕龍·誄碑》所稱：「其序則『傳』，其文則『銘』。」〔註154〕所謂「序」即誌文，多用散文記墓主姓氏、籍貫、生平等；所謂「文」即銘文，則多用韻文概括全篇，是對死者的讚揚、悼念或安慰之詞。一般說來，「其人若無殊才異德者，但紀姓名、歷官、祖父、姻媾而已。若有德業，則爲銘文。」〔註155〕從出土實物來看，有的有志無銘，叫墓誌；有的有銘無誌，叫墓銘；大多數則是誌、銘兼有，合二爲一，稱「墓誌銘」。墓誌、墓銘或墓誌銘，習慣上我們統稱之爲「墓誌」，含義沒有大的差別。例如，《謝琰墓誌》〔註156〕，有誌無銘；《文選》卷五十九「墓誌」類

〔註151〕 誌文不以多寡爲了限，少者僅記姓名，多者記有姓名、籍貫、官職、爵位、生卒年月、家世，以及生平、德行、功勳等，長篇墓誌文數千字，不亞於墓碑。至於設置墓誌的目的，主要是從觀念上側重誌墓主，與買地券、墓銘磚、題榜等其他誌墓形式側重誌墓有所區別。

〔註152〕 偶有例外不埋在墓內的，如南京富貴山晉恭帝石碣。詳參李蔚然：《南京富貴山發現晉恭帝玄宮石碣》，《考古》1961 年第 5 期。對此，（元）潘昂霄《金石例·墓誌制度》曾提及「若墓在山側峻處，則於壙南數尺間掘地深四五尺，依此法埋之」，「此法」指「先佈磚一，重置石其上，又以磚四圍之，而覆其上」。

〔註153〕 對於墓誌的形制，尚有木誌、瓦誌之說，如（元）潘昂霄《金石例·墓誌之始》說：「石誌一作木誌」。

〔註154〕 （梁）劉勰著，周振甫譯注：《文心雕龍今譯》「誄碑第十二」，中華書局，1986 年，第 113 頁。劉勰雖未明確指出此爲墓誌之文體，就出土墓誌與墓碑的關係來看，墓誌在某種程度上可以看作是碑文的一種，故引劉勰之說，亦未嘗不可。

〔註155〕 （唐）封演撰，趙貞信校注：《封氏聞見記校注》卷六「石誌」，第 56 頁。

〔註156〕 南京市博物館、雨花區文化局：《南京南郊六朝謝琰墓》，《文物》1998 年第

所收《劉先生夫人墓誌》〔註157〕，全文有銘無誌；《明曇憙墓誌》〔註158〕，有誌有銘。

　　從文獻記載和出土實物資料來看，「墓誌」這一稱謂是到南北朝時期才出現的。史籍記載中最早提及「墓誌」的是劉宋大明二年（458），宋孝武帝親自爲建平宣簡王劉宏撰寫「墓誌銘並序」〔註159〕，銘序俱稱，同隋唐墓誌已無二致。再爬梳文獻，「墓誌」概念的產生也許更早。《宋書》卷五三《謝方明傳附子惠連傳》云：「元嘉七年（430），方爲司徒彭城王義康法曹參軍。是時義康治東府城，城塹中得古冢，爲之改葬，使惠連爲祭文，留信待成，其文甚美。」今本《文選》卷六十收有謝惠連所作的這篇祭文，即《祭古冢文並序》，序文有云：「銘誌不存，世代不可得而知也。」雖沒明確提出「墓誌」的說法，但「銘誌」無疑即指「墓誌」而言。可見，至劉宋元嘉七年（430）時，「墓誌」的概念已經產生並爲世人所接受〔註160〕。而1984～1987年間南京出土的南朝劉宋永初二年（421）《謝珫墓誌》〔註161〕，及1965年在遼寧朝陽市出土的北魏承平元年至和平六年（452～465）《劉賢墓誌》〔註162〕，則是目前發現較早的明確稱爲「墓誌」的實例〔註163〕，更是將「墓誌」這一概念

〔註157〕　（梁）蕭統編：《文選》，中華書局，1977年。

〔註158〕　南京市文物管理委員會：《南京太平門外劉宋明曇憙墓》，《考古》1976年第1期；張敏：《劉宋〈明曇憙墓誌銘〉考略》，《東南文化》1993年第2期。

〔註159〕　《宋書》卷七二《建平宣簡王宏傳》。孝武帝所作「故侍中司徒建平王宏墓誌」，《藝文類聚》卷四八收錄，然僅爲四言銘文，不及序（誌）文。

〔註160〕　清顧炎武《金石文字記》卷二「滎澤令常醜奴墓誌」云：「梁任昉撰《文章緣起》，謂誌墓始殷仲文。」四庫本《文章緣起》云：「墓誌，晉東陽太守殷仲文作從弟墓誌。」殷仲文，《晉書》卷九九有傳。梁任昉去晉世不遠，則殷仲文作從弟墓誌當實有其事。據《晉書》本傳，殷仲文於義熙三年（407）被劉裕誅殺，則此墓誌當撰成於此年之前。然任昉畢竟爲蕭梁時人，其所言殷仲文所作從弟「墓誌」，是否稱名「墓誌」，無從得知。

〔註161〕　南京市博物館、雨花區文化局：《南京南郊六朝謝珫墓》，《文物》1998年第5期。

〔註162〕　曹汛：《北魏劉賢墓誌》，《考古》1984年第7期。

〔註163〕　孟國棟《墓誌的起源與墓誌文體的成立》（《浙江大學學報》(人文社會科學版)2013年第3期）引黃士斌《漢魏洛陽城刑徒墳場調查記》（《考古通訊》1958年第6期），認爲「墓誌」一詞最早的用例是刻於漢和帝永元四年（92）的刑徒磚誌，該誌實物不存，係王祐所捐獻其祖藏拓片，誌云：「永元四年九月十四日無任陳留高安髡鉗朱敬墓誌。」參照同時出土之其他刑徒磚的內容及書寫體例，以及該墓磚出土於解放前，原磚已軼，出土地點不明，捐獻之拓版

的出現時間向前推進了。

自南北朝以降，墓誌稱名更是繁多，有「小碑」、「埋銘」、「埋記」、「壙記」、「壙誌」、「磚誌」、「神柩」、「柩誌」、「幡竿銘」、「葬石表」、「塔銘」（指埋在塔下的僧侶的墓誌）、「墓表」、「墓碣」、「墓記」、「墓版文」、「壙刻」、「陰堂文」、「玄堂誌」，等等。

二、研究對象

本書以東晉南朝墓誌爲研究對象，包括傳世文獻著錄與歷代出土的墓誌資料，其來源有三：

1. 傳世文獻資料。傳世文獻對東晉南朝墓誌的著錄，雖然數量談不上龐大，但亦不在少數。比較集中著錄東晉南朝墓誌的有《文選》、《藝文類聚》、《全上古三代秦漢三國六朝文》等。由於墓誌所載墓主相當一部分於史有傳，或者根據史傳記載能找到相印證的信息，故事涉東晉南朝的八部史書（《晉書》、《宋書》、《南齊書》、《梁書》、《陳書》、《南史》、《隋書》、《資治通鑒》），及《世說新語》等文獻，亦可資參考。傳世文獻的相關記載，爲本書研究提供了最基本的資料。

2. 傳統金石學的相關著作。從北宋歐陽修撰《集古錄》10卷以來，石刻文獻爲歷代學者所重視，以石證史、以石補史的作用不言而喻。作爲石刻史料的重要種類，墓誌是歷代石刻文獻要籍的主要內容。傳統金石學的發展，不但爲本書研究提供了大量的考證材料，也爲研究的開展提供了初步思考的平臺和可供借鑒的研究方法。而20世紀以來，尤其是建國以後，大型墓誌

亦未見公開發表，其「墓誌」一詞值得懷疑，故本書暫不取其說。另，孟氏又以曹魏景元三年（262）《陳蘊山墓誌》誌題「大魏故陳公墓誌」，來證明出土文獻中早於謝琰墓誌在標題中寫有「墓誌」的記載，進而認爲在三國末年已經出現「真正意義上形名一致的墓誌」。按：孟氏所據《陳蘊山墓誌》，據作者稱係依北京圖書館金石組編《北京圖書館藏中國歷代石刻拓本彙編》（中州古籍出版社，1989年）第2冊第19頁所載拓片過錄而來，並云：「《漢魏南北朝墓誌彙編》和《新出魏晉南北朝墓誌疏證》均未收錄該墓誌。」其實，詳察孟氏所依圖版，及參照趙超《漢魏南北朝墓誌彙編》之「前言」與所附「僞誌（包括疑僞）目錄」，《陳蘊山墓誌》當係趙氏所載之僞誌「景元三年九月六日」《陳璟墓誌》，故《彙編》未錄。此外，王壯弘、馬成名《六朝墓誌檢要》與毛遠明《漢魏六朝碑刻校注》亦均將《陳璟墓誌》（後者逕稱《陳蘊山墓誌》）列爲「僞刻」或「疑僞刻」，則《陳璟墓誌》（或稱《陳蘊山墓誌》）的真實性，向已爲學界所質疑，孟氏於此不察，其說失之。

資料的編集、刊佈爲課題研究創造了十分便利的條件；相關研究論文和著作也不斷出現，在許多方面的專題探討更是爲進一步的深入研究奠定了堅實的基礎。

3. 新出土墓誌材料。中華人民共和國建國以來出土的大量墓誌材料，爲深入研究提供了必備條件，避免了「巧婦難爲無米之炊」的尷尬。民國出土東晉南朝墓誌，目前所知僅呂超墓誌與程虔墓誌 2 方。而建國以後，隨著科學考古發掘的飛速發展，東晉南朝墓誌不斷出土，各種類型的墓誌有近 50 余方，主要集中在南京及其周邊地區。建國以來新出 50 余方墓誌，不僅擴大了研究的範圍，增強了論說的可信度，豐富的新出墓誌資料，也使得系統全面的研究成爲可能。

三、研究範圍

本書對東晉南朝墓誌資料的搜集、整理與研究，均有比較清晰的時空範圍。特定的時空框架，不僅便於資料的搜集，而且有益於採用區域思維進行綜合性探討。

1. 時間跨度斷限。本書在時間斷限上，起自東晉、止於南朝陳，上承西晉、下啓隋，與十六國、北朝相對應。在中國古代墓誌發展史上，漢魏西晉時墓誌開始產生，但尚未定型；而隋唐以降墓誌已定型，形制、格式、文體均程序化，且內容、形制漸趨繁瑣；故十六國東晉南北朝，爲墓誌趨於定型的時期，處於由產生到定型過渡的關鍵階段，有深入研究的必要。

2. 空間地域界定。本書所選擇的研究對象，以東晉、南朝疆域所出墓誌爲限（南北交界地區以墓誌所記爲準）〔註 164〕。鑒於十六國北朝墓誌出土數量眾多，做整體研究的難道較大，且多爲前輩學人所涉獵，創新不易；而東晉南朝墓誌相對來說數量不如北地繁多，墓誌材料較易於搜羅，做整體研究也相對易於駕馭。再加上東晉南朝墓誌數量雖遜於北朝，然內容豐富之程度，絲毫不亞於後者。而且，適當地將東晉、南朝墓誌與十六國、北朝墓誌進行比較，還可窺見南北地域歷史文化的差異與共性，乃至南北地域文化的交流與互動。故選擇東晉南朝墓誌作爲專題研究對象。

〔註 164〕 曾仕南北兩朝而終之北朝者的墓誌，雖於南朝史研究有一定的價值，然非出自南朝疆域，本書將不納入課題研究的範圍，如《齊故平南將軍太中大夫金鄉縣開國侯趙君墓誌銘序》（詳參賀雲翱《〈齊故平南將軍太中大夫金鄉縣開國侯趙君墓誌銘序〉及其考釋》，《南方文物》1999 年第 2 期）等。

第三節　研究旨趣與內容

一、研究宗旨

　　史料之於史學研究的重要性，前賢多有論及。傳世文獻史料之外，有待進一步發掘和利用的大量出土文物資料，對既往研究的發展和突破，有著莫大的價值和意義，學界對此有必要予以更多關注。綜觀二十世紀初至今的史學研究，對出土文物資料等新史料的利用和研究，可謂越來越廣泛、深入。在某種程度上可以說，正是有諸多出土文物資料等新史料的可資憑籍與利用，才有現今學術研究之繁榮局面的出現。誠如一代學術大師王國維所說，「古來新學問起，大都由於新發見。有孔子壁中書出，而後有漢以來古文字之學；有趙宋古器出，而後有宋以來古器物、古文字之學。」〔註 165〕

　　作為出土文字資料的一種，墓誌無疑可歸於新史料之列。一般來說，墓誌是置於「壙」（墓室）內刻有墓主傳記的石刻（或磚刻），往往包含大量的文字，記有墓主的姓名、籍貫和生平等內容，不僅是瞭解墓主生平、世系、卒葬等情況的重要遺物，也是補訂傳世文獻資料的重要實物資料。與傳世文獻資料相比，墓誌之於歷史、考古研究的意義與價值並不處劣勢。其一，墓誌記載可信度高，一般未經後世篡改，保持了文物的歷史原貌，其史料的真實性非傳世文獻所能比擬，可以充分保證研究結論的可靠性；其二，墓誌的時代、地點一般較為明確，便於進行斷代、分區的研究；其三，墓誌材料所記內容，有時為傳世文獻所不載，或所記有誤，故墓誌可以起到補充、核實、糾正文獻記載的作用。

　　墓誌除了可以作為新史料為史學研究所利用外，還不失為其他社會科學領域研究可資憑籍的新資料，甚或成為新的專題研究對象。就文體言，墓誌文體與史傳記事體格存在一定差異，有其自身的特殊性，從而具有一定的文學藝術價值。墓誌自其產生之時起，就與文學、文人聯繫在一起。考察墓誌文體的演變、發展，對研究古代文人與文學，瞭解中國古代文學發展史，拓寬古代文學研究的視野均不無裨益。從書體看，墓誌多姿多彩的書法，與傳世尺牘書法並存，在我國書法發展史上佔有很重要的地位。墓誌書體演變的軌迹，在一定程度上也凸顯出我國古代書法發展的歷程。因之，對墓誌書法

〔註 165〕王國維：《最近二三十年中中國新發見之學問》，傅傑編校《王國維論學集》
　　　　　（二十世紀國學名著），中國社會科學出版社，1997 年，第 207 頁。

展開細密而深入的探討，必將推進和拓展書法領域的研究。

　　此外，20世紀以來隨著中國考古學的形成與發展，在全國各地進行的科學考古發掘中，陸續出土了大量的古代墓誌。這些經過科學發掘出土的墓誌，與此前歷代所出墓誌相比，具有更完整、更豐富的歷史文化信息。它不僅是單純的歷史文字資料，而且包含了墓誌使用方式、墓誌與墓葬的關係等豐富的考古信息，對於墓葬年代判定、墓主身份定位、墓葬等級以及隨葬品的用意等諸多問題都具有決定性的價值和意義。因此，將墓誌定位為考古研究的一項新的專題研究對象，圍繞墓誌本身展開研究，就顯得十分必要。

　　要而言之，墓誌資料內容十分豐富，它所承載的歷史文化信息，涉及歷史、天文、地理、民俗、文學、書法藝術等諸多方面，是把握古代社會發展脈搏，瞭解古代歷史風貌的重要實物資料，因而越來越受到更多文史學者及金石、書法研究者的重視。就當前學術發展情況來看，從各個層面、多角度對歷代出土墓誌進行綜合研究，梳理其演變發展的脈絡，揭示其所蘊含豐富的歷史文化內涵，對於歷史、考古、文物、語言、文字等眾多社會科學領域研究的開展，均具有理論價值和現實意義。

　　就墓誌研究來說，前人多注目於出土數量較多的北朝墓誌及隋唐以後的歷代墓誌，而東晉南朝墓誌由於此前歷代出土數量較少，學界對其關注略嫌不夠。東晉南朝墓誌處於我國古代墓誌從產生到定型的關鍵階段。選擇這一階段墓誌作為研究對象，從形制、內容、特徵等各個方面解剖墓誌形成、發展的過程及其時代特點，有助於整體把握中國古代墓誌的發展脈絡。同時，就東晉南朝墓誌中所反映的問題，諸如當時士族聯姻、僑州郡縣、建置沿革、文體特點、書法演變等等，從歷史學、歷史地理學、考古學、文學、書學等不同角度，作更細密的探討和分析，對六朝社會歷史與文化研究的深入和拓展，無疑有著很大的推動作用。

　　從六朝史研究現狀來看，對新出土的文物考古資料的應用，正是目前六朝史研究的新方向，符合六朝史研究的新潮流。有學者指出，「研究六朝，應該養成關注、查找、利用文物考古資料的習慣，這是研究是否入流的一個衡量標準。」〔註166〕而作為銘刻文字的墓誌，大多無後人篡改的痕迹，具有較

〔註166〕胡阿祥、呂俏霞：《走向細化與立體的六朝歷史研究——「江淮地域與六朝歷
　　　　史學術研討會」綜述》（文章來源：www.6ch.com.cn）。

高的可信度，不失爲治六朝史可資憑籍的第一手資料，其價值不言而喻。綜上，對東晉南朝墓誌作全面系統地整理和研究，可以稱得上是六朝史研究的一個新課題。

二、內容安排

本書試圖在前人研究的基礎上，以傳世文獻著錄與歷代出土的東晉南朝墓誌爲專題研究對象，做整體考察，從墓誌的形制、內容、書體、文字等各個角度，系統論述東晉南朝墓誌的特點、價值及意義，並就墓誌中反映的諸多問題做相應考釋與闡述。

本書的研究擬解決以下問題：一，闡明東晉南朝墓誌在中國古代墓誌發展中的地位，並對墓誌起源問題作一定補充；二，介紹東晉南朝墓誌的出土、分佈情況，重新釋讀墓誌文字；三，分析東晉南朝墓誌的形制特徵、分佈特點及其等級性；四，分析東晉南朝墓誌書法的類型與特點，總結其發展演變的規律；五，從文字學角度研究東晉南朝墓誌文中的俗體字，分析其類型與特點，進而探討其產生的原因；六，詳細考察東晉南朝墓誌的內容結構、書寫體例及演變過程，並探討其中所包含的文化意蘊；七，考釋東晉南朝墓誌中的特殊用語與詞彙；八，深入挖掘墓誌中所包含的歷史地理資料，並從墓誌地名入手，解讀墓誌地名中的歷史文化內涵。

全書於「緒論」、「結語」外，分成八章。

第一章通過對墓誌起源、形成與發展概況的敘述，深入考察東晉南朝墓誌的歷史地位。其中，對學界關於墓誌起源問題的討論作了梳理和分析，進而提出一些新的觀點和看法，對該問題有所補充。當然，這些論述都將著眼於整體的思考。

第二章簡要介紹東晉南朝出土墓誌的發現、分佈等情況，參照墓誌圖版及相關文獻記載，對東晉南朝墓誌文字進行重新校讀、標點，從而對墓誌材料有較爲細緻的整理。在整理墓誌材料過程中，對諸多比較零散的問題有所補訂和考釋。

第三章探討了東晉南朝墓誌的地域分佈特點及其原因，並從形制上對東晉南朝出土墓誌進行分類、分期，綜合墓主的身份等級、墓誌的出土地域等因素作考察，通過定量分析與定性分析的結合，歸納出東晉南朝墓誌在不同歷史時期、不同地域的特徵及其內涵，進而揭示其發展過程與演變規律。

此外，還對其他相關問題，如東晉南朝墓誌的淵源，擺放位置，紀時格式，「一誌多方」現象等，作了比較深入的分析與考察，並對前人的某些觀點有所辯證。

第四章從書學角度，對東晉南朝墓誌的書法藝術展開討論。通過梳理前人的相關研究，釐清東晉南朝墓誌書法研究的學術發展脈絡，以及東晉南朝墓誌的書法藝術逐步受到重視和關注的過程，進而揭示其價值與地位；就墓誌書體呈現出的不同特點，對墓誌書法進行分類考察，闡明其發展演變的軌迹；並就墓誌書體的其他相關問題，如東晉南朝墓誌的撰者、書人與刻工，東晉家族墓誌書法的「類化」現象，「銘石書」與墓誌書法的關係，等等，作了進一步探討。

第五章從文字學角度，對東晉南朝墓誌文中的俗字作了比較系統的整理和深入研究。在全面梳理東晉南朝墓誌文中俗字的基礎上，考察了墓誌俗字及常見偏旁的典型異體寫法，歸納出其特點與常見變化，並從墓誌俗字的變化規律上分門別類地展開討論；同時還探討了墓誌俗字產生及其變化的原因，進而指出和糾正了前人對墓誌俗字的某些看法。

第六章從語言學角度，對東晉南朝墓誌詞語按其語義主題進行分類考察，並就其中頗具特色的詞語進行考釋，以揭示東晉南朝墓誌用語的特殊性。

第七章從文體與文學角度，對東晉南朝墓誌的內容結構、書寫體例、遷變歷程及其文化意蘊做動態考察與深入挖掘。結合東晉南朝出土墓誌及傳世文獻節錄墓誌資料，詳細分析東晉南朝墓誌文體的具體遷變歷程，並考察其所蘊含的文化意味，從而揭橥其所呈現出的時代特徵與社會文化內涵。同時，針對南朝墓誌特有的文學品格和審美特徵，以及墓誌作品日趨呈現出文學化的創作傾向，從南朝文學與文化的雙重背景下去思考，探討南朝墓誌文體的文學化傾向形成的內在歷史動向。

第八章對東晉南朝墓誌中所包含的歷史地理資料及其所反映的問題進行概括，在評述前人相關研究的基礎上，探討了有待深入和補充的地方；針對墓誌地名的特殊性，對東晉南朝墓誌地名，尤其是與傳世文獻記載有出入者，作系統考釋；在墓誌地名考索的基礎上，以陳郡謝氏家族出土墓誌為個案，解讀東晉南朝墓誌地名中的歷史文化內涵，進而對墓誌文中歷史地理問題的研究有所拓展。

第四節　研究思路與方法

一、研究思路

1. 通過對中國古代墓誌起源、形成、發展、演變過程的梳理，明瞭東晉南朝墓誌承上啓下的歷史地位。在宏觀把握和整體瞭解中國古代墓誌發展概況的前提下，明確以東晉南朝出土墓誌爲專題研究對象，作階段性分析和細化研究，如此既有靜態觀照，又不乏動態考察，無疑有利於從整體上推動東晉南朝墓誌的深入研究與客觀評價。

2. 全面搜集傳統金石文獻所著錄及中華人民共和國建國以來新出土的東晉南朝墓誌資料，參照拓片圖版和相關文獻記載，對東晉南朝出土墓誌文字重新加以隸定和校讀。系統而全面地整理東晉南朝墓誌資料，不僅是對前人相關研究的補充和完善，也爲今後學界合理利用相關材料提供了便利，更爲東晉南朝墓誌的進一步深入研究奠定了堅實的基礎，對突破學界此前僅就新出土墓誌材料立論的做法大有裨益。

3. 重新檢索前人相關研究成果，並加以分類考察、細緻分析，客觀評價前人研究已取得的成就，以及有待深入的方面，在釐清東晉南朝墓誌研究學術發展史的基礎上，準確把握進一步研究的方向與有待解決的問題。

4. 綜合運用歷史學、考古學、語言文字學、書學、歷史地理學等相關學科的現代研究理論與方法，從墓誌文學、文體、書法、書體演變、語言文字、歷史地理等各個角度，分別考察東晉南朝出土墓誌的特點及價值；並採用動態、分類以及比較研究的手段，將東晉南朝墓誌同十六國北朝墓誌作橫向比較，同漢魏、隋唐墓誌作縱向比較，進而細緻、深入地闡述其歷史地位及意義。

5. 結合東晉南朝的歷史背景、地理環境，對東晉南朝墓誌、喪葬文化等問題作更深層地探討，挖掘墓誌記載中所隱含的社會歷史問題。

二、理論方法

本書的研究在充分吸收前賢時彥研究成果的基礎上，於研究方法與理論方面力求有所創新，主要表現在：

1. 整體研究的新視角。以東晉南朝墓誌爲專題研究對象，綜合傳世文獻著錄及新出土的墓誌材料，做系統而全面的整體考察，重新檢索前人相關研究成果，並有所補正和深入。研究視角的新變，不僅是對既往研究的突破和

深化，也有利於從整體上推進東晉南朝墓誌的研究。

2.動態、分類及比較研究的手段。筆者選擇東晉南朝墓誌爲研究對象，用動態、分類以及比較研究的手段，從墓誌的形制、質地、書法、文字、文學等不同角度入手，闡述東晉南朝墓誌的特點、價值和意義；並適當地將東晉南朝墓誌同十六國北朝墓誌作橫向比較，同魏晉、隋唐墓誌作縱向比較，概述東晉南朝墓誌的發展狀況，進而準確定位其地位與價值。運用多樣化研究手段所取得的成果，可以在一定程度上彌補既往研究中存在的缺憾和不足。

3.多學科結合的研究理論與方法。考慮到墓誌內容豐富異常，涵蓋歷史學、考古學、歷史地理學、語言文字學等各個方面，涉及社會科學的眾多領域，本課題的研究，擬採用歷史學、考古學、文字學、文學、書法、歷史地理等相關學科的現代研究理論與方法，結合傳統金石學的考證方法與手段，做綜合性探討。在具體研究過程中，尚注意定量分析與定性分析、個案研究與綜合研究的綜合運用。多學科結合、現代研究理論與方法的運用，是本書研究的重要特色之一。

第一章　中國古代墓誌發展概況
——兼論東晉南朝墓誌的歷史地位

第一節　墓誌起源

　　墓誌，是漢魏以來我國古代墓葬中的一種重要衲葬品，爲喪葬風俗文化的重要組成部分。同時，作爲出土文物資料的一種，中國古代墓誌既是彼時歷史的實物見證，又是傳世文獻資料的補充，具有重大的資料價值和學術意義，歷來爲相關領域文史研究者所重視。關於墓誌的起源，無疑是墓誌研究過程中無法迴避的一個重要問題。然學界於此仍是岐見紛陳，莫衷一是。

一、諸種論說述評

　　關於墓誌的起源，歷來論述者頗多，大致有以下 7 種說法〔註1〕：

　　（一）周漢說。〔註2〕熊基權《墓誌起源新說》稱：「墓誌的起源期應該是從周到漢，周代的銘旌是源頭，秦代的刑徒瓦誌是初生，漢代的告地策、

〔註1〕趙超《墓誌溯源》（《文史》第 21 輯，中華書局，1983 年）一文曾將前人的觀點概括爲 4 種：始於西漢、始於東漢、始於魏晉、始於南朝。後在《古代石刻》（文物出版社，2001 年）與《古代墓誌通論》二書中，趙氏對前文作了修正，加上「秦代」一說，增補爲 5 種。然於趙氏所歸納的 5 種觀點外，仍有部分學者持其他不同意見。筆者現綜合近年來相關研究論文，對墓誌起源問題的諸種論說做重新梳理後，概括爲 7 種觀點，是爲趙氏的補充、修正。

〔註2〕與此相似的是「三代說」，如南宋葉紹翁《四朝聞見錄・戊集》云：「銘墓三代已有之。薛尚功《鍾鼎款識》卷十六載唐開元四年偃師耕者得比干墓銅槃，篆云：『右林左泉，後岡前道。萬世之寧，茲焉是寶。』」宋高承《事物紀原》卷九亦有相同記載，以比干銅槃爲最早墓誌。

磚誌、墓室榜題及畫像、玉杖和柩銘等是主要支源，石誌的出現標誌著墓誌的初步形成。」〔註3〕而華人德與李永明對熊基權這一說法作了修正。華人德明確提出墓誌起源於周代，「墓誌起源於『明旌』」，「類似墓誌的明旌，早在周代就產生了」，「因此也可以把明旌（銘）看作是墓誌的先導」〔註4〕。而李永明《中國古代墓誌銘的源流》一文，則以「墓誌由墓碑發展而來，自然，墓誌的起源也就不會早於東漢」，指出「東漢既已有墓碑墓誌之作，則其濫觴必可上推，或秦漢，或先秦」〔註5〕。

（二）戰國說。1987 年夏初，山東省鄒城市文物管理處工作人員在嶧山鎮征集到兩塊銘文磚，據當地村民告知，磚出土於張莊村西北約 500 米處的一座墓葬中，墓葬位於邾國故城內。兩塊墓磚大小略同，長 25 釐米，寬 12 釐米，厚 5 釐米。正背兩面皆刻有文字，內容大致相同，一面字迹漫漶不清，一面字迹較清晰，上刻 3 行 12 字，李學勤釋讀為「口口之母之口（僵）屍，兀（其）子才（在）兀（其）北。」大意為墓中埋的是某某的母親，某某本人埋在她的北邊。報導者根據史樹青的鑒定，認為此銘文磚為戰國早期，進而認為這是目前國內發現的最早墓誌。〔註6〕

（三）秦代說。1979 年 12 月，陝西省始皇陵秦俑坑考古發掘隊在秦始皇陵西側的臨潼縣趙背戶村發現秦刑徒墓地，初步探出墓葬 140 座，清理 42 座，出土刻在殘瓦上的秦代陶文 18 件。所刻文字內容，大致有 4 種類型：1、僅刻地名與人名，如：「東武羅」、「博昌去疾」等；2、刻寫地名與爵位、人名，如：「鄒上造姜」、「東武不更所貲」；3、刻寫地名、刑名、爵位與姓，如：「〔楊〕民居貲上造慶忌」、「闌陵居貲便里不更牙」。〔註7〕發掘簡報稱：

〔註3〕 《文物春秋》1994 年第 1 期。

〔註4〕 華人德主編：《三國兩晉南北朝墓誌》，劉正成主編《中國書法全集》第 13 卷，北京榮寶齋，1995 年，第 1～3 頁。

〔註5〕 秦漢與先秦是兩個不同的時間界定，墓誌的濫觴是秦漢還是先秦，恐怕李氏自己也無法定奪。詳參李永明：《中國古代墓誌銘的源流》，《山東圖書館季刊》2003 年第 1 期。

〔註6〕 黃展岳對此提出異議，認為鄒城刻字磚絕非戰國磚。詳參鄭建芳：《最早的墓誌──戰國刻銘墓磚》，《中國文物報》1994 年 6 月 19 日；李學勤：《也談鄒城張莊的磚文》，《中國文物報》1994 年 8 月 14 日；黃展岳：《早期墓誌的一些問題》，《文物》1995 年第 12 期。

〔註7〕 袁仲一、程學華：《秦始皇陵西側刑徒墓地出土的瓦文》，中國考古學會編《中國考古學會第二次年會論文集（1980 年）》，文物出版社，1982 年，第 186～195 頁。

「(秦代)刑徒墓的瓦文，截至目前，可以說是我國發現最早的墓誌。」〔註8〕持相同或相近觀點的尚有徐自強、馮時、金文馨、賴非、趙超等。徐自強《墓誌淺論》認爲墓誌的濫觴期「主要爲秦漢兩代」〔註9〕。馮時、金文馨《墓誌起源芻議》認爲「墓誌的完整形式包括首題、誌文及頌文三部分內容，現存的秦漢誌墓文字顯然不具備這種形式」，而「據文獻記載和出土實物的考訂，我國墓誌的起源可溯至秦代」〔註10〕。賴非認爲「墓誌受誌墓風氣的影響而生，起源較早，秦代刑徒瓦誌文就已經具備了後世墓誌必有的基本內容；而其內容、格式的完善，則在公元 2 世紀中葉。」〔註11〕趙超認爲秦代刑徒瓦文「證明當時確已存在著誌墓的風氣」〔註12〕，故「把存在著多種標誌墓葬形式的秦漢這個時期，特別是東漢時期，叫著墓誌發展史上的『濫觴期』」〔註13〕。

　　（四）西漢說。清代學者葉昌熾《語石》卷四云：「王氏萃編（指《金石萃編》）曰：《西京雜記》稱前漢杜子春，臨終作文刻石，埋於墓前。《博物志》載西京時，南宮寢殿有醇儒王史威長之葬銘，此實誌銘之始。」〔註14〕黃本

〔註 8〕　始皇陵秦俑坑考古發掘隊：《秦始皇陵西側趙背户村秦刑徒墓》，《文物》1982年第 3 期。

〔註 9〕　徐自強：《墓誌淺論》，《華夏考古》1988 年第 3 期。

〔註10〕　馮時、金文馨：《墓誌起源芻議》，《中國文物報》1996 年 3 月 31 日。

〔註11〕　賴非：《齊魯碑刻墓誌研究》，（濟南）齊魯書社，2004 年，第 201 頁。

〔註12〕　趙超：《墓誌溯源》，《文史》第 21 輯，中華書局，1983 年。

〔註13〕　趙超：《古代墓誌通論》，第 47 頁。實際上，趙氏對墓誌起源並未作明確說明，其所論可以看作是討論墓誌的發展階段問題。其《墓誌溯源》一文雖承認秦刑徒瓦文有誌墓的風氣，然以西漢早期的告地狀爲墓誌之濫觴，以兩漢時期爲墓誌的濫觴期。此後，趙氏《古代石刻》中在介紹 20 世紀有關墓誌起源的新發現，以及關於墓誌起源的研究成果後，認爲「以上綜合現在研究成果所得的關於墓誌形成過程的分析，比較全面，符合出土材料與古代文獻記載反映的實際情況，可以說已經解決了中國古代墓誌起源的問題。」（第 140 頁）然而，從趙氏所介紹的研究成果及新發現來看，並非其所言「已經解決了中國古代墓誌起源的問題」，反而是爭論依舊存在。在隨後的《古代墓誌通論》一書中，趙氏則又稱秦漢特別是東漢時期爲墓誌的濫觴期。墓誌的濫觴期是兩漢？秦漢？東漢？答案在趙氏的相關論著中比較模糊。因《古代墓誌通論》晚出，暫以之代表趙氏的晚近觀點，故列入「秦代說」。

〔註14〕　（清）葉昌熾撰、柯昌泗評：《語石・語石異同評》，中華書局，1994 年。按：晉葛洪集《西京雜記》（《四部叢刊初編・子部》）卷三云：「杜子夏葬長安北四里，臨終作文曰……及死，命刊石埋於墓側。」故此處之「杜子春」當爲「杜子夏」。

驥《古誌石華・序》亦稱：「然則墓誌實濫觴於兩漢，浸淫於六朝，而波靡於唐宋，不自劉宋始也。」〔註15〕持相同觀點的尚有羅宗眞與金琦。羅宗眞《略論江蘇地區出土六朝墓誌》提出「墓誌的起源應在西漢，而到東漢即發展較爲成熟，但同時存在具有簡略的、早期特徵的墓誌。」〔註16〕金琦《墓誌史話》認爲最早的墓誌實物資料是西漢河平元年（前28）左表的墓門，「可以說是墓誌的萌芽狀態」〔註17〕。

（五）東漢說。羅振玉《遼居稿》「延平元年賈武仲妻馬姜墓記跋」云：「漢人墓記前人所未見，此爲墓誌之濫觴。」〔註18〕馬衡《凡將齋金石叢稿》卷二「中國金石學概要下」稱墓誌之制「始於東漢，《隸釋》載『張賓公妻穿中文』（建初二年），即壙中之刻。」〔註19〕趙萬里《漢魏南北朝墓誌集釋》卷一「（晉太康三年）馮基石槨題字」按云：「近年陝北出土郭仲理石槨，亦皆有銘。或以磚，磚之有字者尤多……稍後以誌銘代槨銘，與前世風尙殊矣。」〔註20〕劉鳳君《南北朝石刻墓誌形制探源》提出：「我們可以把東漢魏晉時期看作是墓誌產生和探索的時期。」〔註21〕吳煒《墓誌銘起源初探》則將「馬姜墓記」逕稱爲墓誌，認爲「『馬姜墓誌』把墓誌提到了後漢中期」，在東漢至唐初將近600年的時間內，「墓誌經歷了孕育發展的漫長過程，到了唐代則是它的鼎盛期時。」〔註22〕日本學者水野清一持相同觀點〔註23〕。

（六）魏晉說。日本學者日比野丈夫《關於墓誌的起源》稱：「由於魏晉時代嚴禁在墓前立碑，迫不得已，在墓中埋下小型的石碑來代替墓碑，這被看作是墓誌的起源。」〔註24〕中田勇次郎、福原啓郎均持相同觀點〔註25〕。

〔註15〕（清）黃本驥輯：《古誌石華》，《三長物齋叢書》，道光中湘陰蔣氏刊本。
〔註16〕羅宗眞：《略論江蘇地區出土六朝墓誌》，《南京博物院集刊》1980年第2期。
〔註17〕金琦：《墓誌史話》，南京博物院《文博通訊》1979年10月，總27期。
〔註18〕羅振玉：《遼居稿》，《羅雪堂先生全集初編》，（臺灣）大通書局，1968年版，第3冊，第1326頁。另《河南日報》2005年1月27日「中國最早的墓誌」一文，稱《賈仲武妻馬姜墓誌》爲「中國墓誌的鼻祖」。
〔註19〕馬衡：《凡將齋金石叢稿》，第89頁。
〔註20〕趙萬里：《漢魏南北朝墓誌集釋》，（北京）中國科學院考古研究所，1956年。
〔註21〕劉鳳君：《南北朝石刻墓誌形制探源》，《中原文物》1988年第2期。
〔註22〕吳煒：《墓誌銘起源初探》，《東南文化》1999年第3期。
〔註23〕參見福原啓郎：《西晉の墓誌の意義》，礪波護編《中國中世の文物》，京都大學人文科學研究所，1993年，第317頁。
〔註24〕（日）日比野丈夫：《墓誌の起源》，《江上波夫教授古稀記念論集〈民族・文化篇〉》，山川出版社，1979年。轉引自福原啓郎：《西晉の墓誌の意義》，

孟國棟《墓誌的起源與墓誌文體的成立》則認爲作爲實物的墓誌起源於東漢中後期，而符合文體意義上的墓誌文出現在魏晉之際，此可視爲「東漢說」與「魏晉說」的綜合與發展〔註26〕。

　　（七）南朝說。唐封演《封氏聞見記》卷六「石誌」云：「古葬無石誌，近代貴賤通用之，齊太子穆妃將葬，立石誌。王儉曰：『石誌不出禮經，起元嘉中顏延之爲王球石誌，素族無名策，故以紀行迹耳，遂相祖習。』」〔註27〕清顧炎武《金石文字記》卷二「大業二年榮澤令常醜奴墓誌跋」云：「墓之誌，始自南朝。《南齊書》云：宋元嘉中顏延之作王球石誌。素族無碑策，故以紀德。自爾以來，王公已下，咸共遵用。」〔註28〕清端方《陶齋藏石記》卷五云：「劉懷民墓誌作於大明七年，適承元嘉之後，此誌銘文字導源之時代也。」〔註29〕程章燦小採用王儉的說法，認爲「顏延之的《王球墓誌》是最早的名副其實的墓誌」，並將王儉所謂「宋元嘉中」明確爲元嘉十八年（441）；程氏此後又據《謝珫墓誌》修正了這一看法，從喪葬制度與文體格式上判斷墓誌起源於晉宋之際〔註30〕。

　　上述 7 種關於墓誌起源的不同觀點，或依據文獻記載，或證之出土實物，均有其合理的部分。然而這些說法並未得到統一，學界關於墓誌起源問題，仍是岐見紛陳，莫衷一是。筆者以爲，個中原因，很大程度上在於學界對墓誌定義的模糊，使得眾人論說的角度不同（或就墓誌形制論，或就墓誌文體言，或從誌墓觀念談，或從誌墓形式說），所得結論自然各異。如果首先對墓誌定義予以準確的界定，再從形制、觀念、文體等各個層面分別論述，條分縷析，逐一索源，最後綜而論之，墓誌起源問題就顯得比較清楚

　　　　礪波護編《中國中世の文物》，京都大學人文科學研究所，1993 年，第 317頁。

〔註25〕　參見福原啓郎：《西晉の墓誌の意義》，礪波護編《中國中世の文物》，京都大學人文科學研究所，1993 年，第 317 頁；（日）中田勇次郎編：《中國墓誌精華》，中央公論社，1975 年；中田勇次郎：《中田勇次郎著作集·心花室集》第二卷「中國書道史論考·魏晉南北朝篇」，二玄社，1984 年。

〔註26〕　《浙江大學學報》（人文社會科學版）2013 年第 3 期。

〔註27〕　（唐）封演撰，趙貞信校注：《封氏聞見記校注》，第 56 頁。

〔註28〕　（清）顧炎武：《金石文字記》，文淵閣四庫全書本。

〔註29〕　（清）端方：《陶齋藏石記》，清宣統元年（1909）上海商務印書館石印本。

〔註30〕　程章燦：《墓誌起源考——兼對關於墓誌起源諸種說法的考察》，海峽兩岸古籍整理研討會論文，後收入氏著《石學論叢》，臺灣大安出版社，1999 年；《墓誌文體起源新論》，《學術研究》2005 年第 6 期。

了。〔註31〕

二、墓誌與誌墓

墓誌是古代墓葬中的一種重要祔葬器物,其功用可以說是「誌人」與「誌墓」的結合。設置墓誌的目的,除了標示墓葬位置所在外,更主要的恐怕還是爲了「誌人」,將死者的姓名、籍貫、生平、德行銘刻在石(或磚、瓦)上,追悼死者、慰藉生者及告慰地下神靈,並讓後世瞭解墓主人的德行,而不致毀壞其墓,「將以千載之後,陵谷遷變,欲後人有所聞知」〔註32〕。由此,墓誌的產生與誌墓的觀念、習俗有很大關係,當是不爭的事實。雖然「應該把誌墓這種喪葬習俗與成爲一種石刻形制的墓誌分開來研究」〔註33〕,但是如果弄清楚誌墓觀念的產生、誌墓習俗的形成、誌墓形式的發展,無疑有助於墓誌起源問題的探討。

在一定程度上,墓誌可以說是誌墓這種喪葬習俗發展的產物,而誌墓習俗的形成,必先有誌墓觀念的產生。誌墓觀念的產生,據現有研究成果表明可以追溯到新石器時代早期,「遠在數千年前的裴李崗時代,人類的墓葬就已排列有序,秩序井然」,「那麼,史前的人又是靠什麼標誌,使得相隔多年的墓葬,彼此排列有序互不相擾的呢?我猜想除了用石頭等堅固的物體樹立在墓坑的四角之外,最大的可能是在墓上搭建起簡易的木棚或竹棚,既爲墓標,也可做祭祀或其他宗教方面的運用。」〔註34〕在「墓而不墳」〔註35〕的遠古時代,人們能把延續上百年的氏族墓地排列得秩序井然,說明他們在下葬時對墓葬位置所在曾有意識地作過標示,只是當時沒有文字,未能將這一過程

〔註31〕 前人在對墓誌起源問題諸種說法的進行辨析後,從誌墓的風氣與墓誌的形制、文體角度談墓誌起源,比較深入的則有趙超、賴非、程章燦。詳參趙超《墓誌溯源》、《古代石刻》(第二部分「出土墓誌」之「有關墓誌起源的新發現與研究」)、《古代墓誌通論》(第二章「墓誌的前身及影響墓誌形成的幾種古代銘刻」)、賴非《齊魯碑刻墓誌研究》(「漢—唐墓誌」部分第一章「關於墓誌的起源」)、程章燦《關於墓誌文體的三個問題》。筆者擬從墓誌釋名及誌墓的觀念與形式兩個方面展開論述,冀對墓誌起源問題的討論有所補充。因「墓誌釋名」部分已見本書「緒論」之「第二節 研究對象與範圍」,故此處僅就誌墓的觀念與形式作相應闡釋。
〔註32〕 (唐)封演撰,趙貞信校注:《封氏聞見記校注》卷六「石誌」,第56頁。
〔註33〕 趙超:《墓誌溯源》。
〔註34〕 陳星燦:《墓上建築始於何時》,《中國文物報》1998年第39期。
〔註35〕 《禮記·檀弓上》,《十三經注疏》,中華書局,1980年影印。

和內容記錄下來而已。這也表明誌墓的觀念在當時人們的頭腦中已經產生，誌墓的習俗業已形成。

　　隨著人類文明的不斷演進，「誌墓」的觀念與習俗也在不斷發展，表現在誌墓形式的漸趨多樣化。上古三代，「事死如事生」〔註36〕，對死者的埋葬比較講究，誌墓也開始有一套比以前更加成熟的程序和內容。據現代科學考古發掘成果，商周時期的一些貴族墓葬開始建享堂（用於祭祀的房屋）、立墓表、在墓中放入標誌墓主身份的器物，等等，以標示墓葬。〔註37〕更爲重要的是，被一些學者認爲是墓誌雛形的銘旌開始出現。

　　銘旌，也稱「明旌」、「旌幡」，屬旌旗制度中的一種，爲喪具之一。《禮記・檀弓下》云：「銘，明旌也，以死者爲不可別已，故以其旗識之。」又《儀禮・士喪禮》云：「爲銘，各以其物，亡，則以緇長半幅，赬末，長終幅，廣三寸，書銘於末，曰：某氏某之柩。」鄭玄注云：「銘，明旌也，雜帛爲物，大夫之所建也，以死者爲不可別，故以其旗幟識之。」賈公彥疏曰：「天子之旗九刃，諸侯七刃，大夫五刃，士三刃。」「死者不可別，故以其旗識之」，「某氏某之柩」均表明銘旌確爲誌墓之用，是誌墓的一種形式。《禮記・喪服小記》云：「復與書銘，自天子達於士，其辭一也。男子稱名，婦人書姓與伯仲，如不知姓則書氏。」表明在周代自天子到士這一階層都使用銘旌這一誌墓形式，且有嚴格的等級差別。而銘旌上書有死者的姓名，可以說含有一定「誌人」的思想觀念。然而使用銘旌與設立墓誌的用意仍有一定差別，最顯著者莫過於前者傾向「誌墓」（或尚含有招魂之意），後者側重「誌人」。

　　兩漢沿用周代喪禮，銘旌的使用依然較爲普遍。20 世紀 50 年代末，在甘肅武威磨嘴子漢墓群中相繼發現了 3 件西漢時的銘旌，上書死者的籍貫姓名，偶有其他語句，分別用朱或墨書寫在絲、麻質材料上。如 23 號墓所出銘旌，長 2 米，寬 40 釐米，上有墨書篆文兩行，作「平陵敬事里張伯升之柩，

〔註36〕 楊伯峻：《春秋左傳注》哀公十五年，中華書局，1990 年，第 1692 頁。
〔註37〕 據中國社會科學院考古研究所《殷墟婦好墓》（文物出版社，1985 年），考古工作者曾在殷墟小屯的商代重要墓葬婦好墓的墓口上發掘出一座房屋基址，並認爲它是婦好的享堂，起著標示墓葬的作用。此外，商周時期各類貴族墓葬中出土的有銘青銅器，其銘文也起到了標示墓主身份的作用。雖然這些青銅器，通常是作爲日用器具或禮儀用品埋入墓中，供墓主帶入陰間使用，並沒有特意用它們來標誌墓葬的作用，但也不可否認與誌墓的觀念有關，筆者以爲如此亦可以看作是誌墓的一種形式。

過所毋留」。〔註38〕據趙超推測，東漢時期盛行磚室墓、畫像石墓，石棺槨可能也有所採用，在棺上覆以銘旌的做法逐漸被在棺槨上刻寫銘文的做法代替。〔註39〕

此外，先秦時期的墓葬中也開始發現有隨葬簡帛文書的情形，這可能也是一種誌墓形式。

至秦漢時期，誌墓形式多樣化更加明顯，除銘旌以外，尚有刑徒磚文或瓦文、告地狀、鎮墓券、買地券、柩銘、墓銘磚、墓闕、神道、墓碑、墓表、墓門、墓記（或稱封記）、畫像石，等等。這些銘刻與墓誌的關係，前人已有詳細論述，此不贅言。筆者需要說明的是，上述種種銘刻類材料（除墓記外），無疑都可算是誌墓形式，它們對墓誌的產生或多或少有一定的關聯，然而其與墓誌也存在本質的差別，即在於誌墓觀念和設置意圖的不同。例如，買地券雖有涉及墓主身份、家世的內容，然重在陰宅「購買」〔註40〕；墓闕、神道柱基本上是爲標示墓地所在而設；墓碑、墓表多爲頌揚、表彰之用。如此種種，同墓誌將「誌人」與「誌墓」結合而重在「誌人」的觀念明顯不同。

綜上所述，墓誌是誌墓這一喪葬習俗發展的產物，是誌墓的多種形式中的一種，只不過觀念上更側重於「誌人」而已。討論墓誌起源問題，筆者主張將誌墓觀念、誌墓習俗與誌墓形式綜合起來考慮。結合墓誌的定義，筆者以爲先秦時期僅爲誌墓觀念的積累，誌墓形式相對較少，「誌人」的意識還不強；至秦漢時期，隨著社會思想和人們價值觀念的變更，特別是追求名利風氣的影響，誌墓形式趨於多樣化，誌墓的觀念與內容逐漸式微，開始從「誌墓」偏向「誌人」，加上受墓碑等其他銘刻的影響和啓發，墓誌開始萌芽，表現在內容、埋設目的與墓誌毫無差別的墓記在東漢時期已經出現。所以，趙超將秦漢定爲墓誌發展的「濫觴期」，甚是合理。

〔註38〕 甘肅省博物館：《甘肅武威磨嘴子漢墓發掘》，《考古》1960 年第 9 期。
〔註39〕 趙超：《墓誌溯源》。
〔註40〕 如南京西善橋「輔國將軍買地券」，詳參朱國平、王奇志：《南京西善橋「輔國將軍」墓誌考》，《東南文化》1996 年第 2 期；王志高、邵磊：《南京西善橋南朝墓誌質疑——兼述六朝買地券》，《東南文化》1997 年第 1 期。

第二節　墓誌的形成與發展

一、東漢時期

　　墓記，又稱封記，是與墓誌比較相近的一種石刻，從其內容、體例及埋設目的來看，可以稱得上是早期的墓誌，或墓誌的前身。傳統金石著作中記載的東漢墓記傳世品有兩件，其中年代較早的一件是延平元年（106）九月十日《賈武仲妻馬姜墓記》，墓記黃腸石質，長 0.46 米、寬 0.585 米、厚 0.66米，1929 年洛陽北郊王窯村出土。刻石銘文共 15 行，每行字數不等，多者19 字，少者 2 字，共約 190 餘字，散文，所記內容的形式類似同時期的墓碑文。〔註41〕全文爲：

> 惟永平七年七月廿一日，漢左將軍特進膠東侯第五子賈武仲
> 卒，時年廿九。夫人馬姜，伏波將軍新息忠成侯之女，明德皇后之
> 姊也。生四女，年廿三而賈君卒。夫人深守高節，劬勞歷載，育成
> 幼媛，光口祖先。遂升二女爲顯節園貴人，其次適茐侯朱氏，其次
> 適陽泉侯劉氏。朱紫繽紛，寵祿盈門，皆猶夫人。夫人以母儀之德，
> 爲宗族之覆。春秋七十三，延平元年七月四日薨。皇上潤悼，兩宮
> 賻贈，賜秘器，以禮殯，以九月十日葬於芒門舊塋。口口子孫，懼
> 不能章明，故刻石紀雷（下殘）

從內容上看，《賈武仲妻馬姜墓記》首先記載死者丈夫的卒年，然後敘述死者的出身家世與子女情況，其中還有四言讚美之辭，最後記載馬姜的卒年、葬地；從設置的目的來看，刻石最後特別說明是子孫害怕後世不知道這是馬姜的墓，不瞭解其德行，所以刻石紀德，無疑含有「誌墓」與「誌人」的雙重用意，這與魏晉以降的墓誌甚是相似。由此，前人將《馬姜墓記》稱之爲墓誌還是很有道理的。

　　另一件是延熹六年（163）二月卅日《口通作封記》，長 0.53 米、寬 0.49米，1908 年山東嶧縣馬槽村出土。刻石銘文泐滅嚴重，幾不可釋讀，共約 400字。然據部分銘文，如「故口石立碑」，「進念父恩，不可稱陳，作口丘封。曰存祖夫，適口口祠，蒸嘗魂靈」，「口爲父作封口口口度博望口口時工憲工口，功夫費凡並直口萬七千。」〔註 42〕可知此刻石含四字韻文，而「進念父

〔註41〕詳參趙萬里：《漢魏南北朝墓誌集釋》第 3 冊圖版 19；高文：《漢碑集釋》，河南大學出版社，1985 年第 1 版，1997 年第 2 版，第 20～24 頁。

〔註42〕詳參趙萬里：《漢魏南北朝墓誌集釋》第 3 冊圖版 2。

恩」、「爲父作封」，標示墓主人的意圖甚爲明顯。

與上述兩件墓記內容體例相近的東漢墓內刻石，尚有元嘉元年（151）《繆宇墓題記》〔註43〕、延熹八年（165）《口紅夫婦墓題記》〔註44〕、建寧二年（169）《肥致碑》〔註45〕、建寧三年（170）《許阿瞿畫像石題記》〔註46〕，只是所刻寫的位置有所不同〔註47〕。黃展岳認爲除《口通作封記》與《許阿瞿畫像石題記》外，均可稱「墓記」，並認爲是東漢的墓誌。〔註48〕

值得一提的是，東漢時期還出現了熹平四年（175）青石質圭首的《孫仲隱墓誌》〔註49〕，與西晉《賈充妻郭槐柩銘》及《劉韜墓誌》相同。《孫仲隱墓誌》，1973 年山東高密市田莊鄉住王村出土，現歸山東高密市博物館收藏。誌文分6行，滿行9字，共51字，內容如下：

> 青州從事，北海高密孫仲隱，故主簿，督郵，五官掾，功曹，守長。年卅，以熹平三年七月十二日被病卒，其四年二月廿一日戊午，葬於此。

全文記載了墓主職官、籍貫、卒年、葬期，與西晉墓誌內容基本一致。據發表該墓誌的文章作者稱，「此石平置於石門內約一米半許，圭首對向墓門，石後置半高的絳色陶馬三隻」，表明其時對墓誌的擺放位置開始有所講究。

東漢盛行厚葬，樹碑立表已然成風，石獸畫像燦若繁星，然可以稱得上是墓誌的卻所見寥寥，且形式各不相同，分佈地域比較集中（上述幾方墓誌主要集中分佈於都城洛陽及青、徐地區）。這說明當時普遍設立墓誌的社會風氣尙未形成，偶有爲之而已，無怪乎南齊王儉說「石誌不出禮經」了。

二、曹魏與西晉時期

東漢時期，厚葬之風盛行，府主守令死後，門生故吏要爲其守喪立碑；

〔註43〕 南京博物院、邳縣文化館：《東漢彭城相繆宇墓》，《文物》1984 年第 8 期。

〔註44〕 李銀德、陳永清：《東漢永壽元年徐州從事墓誌》，《文物》1994 年第 8 期。

〔註45〕 河南省偃師縣文物管理委員會：《偃師南蔡莊鄉漢肥致墓發掘簡報》，《文物》1992 年第 9 期。

〔註46〕 南陽市博物館：《南陽發現東漢許阿瞿畫像石》，《文物》1974 年第 8 期。

〔註47〕 《繆宇墓題記》刻寫在墓後室石門上方畫像石的畫像旁邊；《口紅夫婦墓題記》刻寫在墓後室石門的門楣上；《肥致碑》爲單獨刻石，出土於墓內的南側室；《許阿瞿畫像石題記》，刻寫於畫像石左方。

〔註48〕 詳參黃展岳：《早期墓誌的一些問題》。

〔註49〕 詳參李儲森、張曉光、孫建華：《山東發現東漢墓誌一方》，《文物》1998 年第 6 期。

父兄死後，子弟破家厚葬，營造石室石闕，以此競相誇耀。《後漢書》卷一《光武帝紀下》載建武七年（31）詔云：「世以厚葬爲德，薄終爲鄙，至於富者奢僭，貧者單財，法令不能禁，禮義不能止，倉卒乃知其咎。其布告天下，令知忠臣、孝子、慈兄、悌弟薄葬送終之義。」現代考古發掘中耗資巨大的東漢磚室墓、石室墓、畫像石墓屢有發現，豐碑巨碣也並不鮮見，從而證實了東漢流行厚葬的社會風氣。

　　黃巾起義以後，戰亂頻仍，民生凋敝，先前那種在墓葬方面大肆鋪張、糜財浮華的風氣自然受到嚴重打擊。至曹魏時期，統治者爲恢復社會經濟，杜絕奢糜浮華之風，廢除厚葬，嚴禁立碑，倡行薄葬。《宋書》卷十五《禮志二》云：「漢以後，天下送死奢靡，多作石室石獸碑銘等物。建安十年，魏武帝以天下凋敝，下令不得厚葬，又禁立碑。」而後，魏文帝曹丕效其父而行，率身薄葬，黃初三年（222），自作終制曰：「封樹之制，非上古也，吾無取焉。壽陵因山爲體，無爲封樹，無立寢殿、造園邑、通神道。……」至魏高貴鄉公時「碑禁尙嚴」〔註50〕。在曹魏統治者的禁令下，東漢盛行一時的墓碑在地面上基本消失，後世所見曹魏私人墓碑極少〔註51〕。也許因爲曹魏統治者倡行薄葬，不僅墓碑少見，墓誌亦是寥寥。傳世品中筆者所知與墓誌類似的僅鮑捐、鮑寄兩個神座〔註52〕，且形制、刊刻均比較簡單，僅書墓主職官、籍貫、姓名。而在同時期的蜀漢、孫吳地區，無論金石著作中，還是現代考古發掘亦未見墓誌。

　　西晉開國君王武帝司馬炎在葬事方面沿襲曹魏舊制，力求儉薄。咸寧四年（278），晉武帝下詔曰：「此石獸碑表，既私褒美，興長虛僞，傷財害人，莫大於此，一禁斷之。其犯者雖會赦令，皆當毀壞。」〔註53〕禁碑之令不可

〔註50〕　《宋書》卷十五《禮志二》云：「魏高貴鄉公甘露二年，大將軍參軍太原王倫卒，倫兄俊作《表德論》，以述倫遺美，云：『只畏王典，不得爲銘，乃撰錄行事，就刊於墓之陰云爾』。此則碑禁尙嚴也。此後復弛替。」

〔註51〕　儘管禁碑很嚴，但曹魏官員死後得立碑刻石之事依然存在，見於記載的有將作大匠毌丘興（《三國志》卷二九《魏書·方技傳》筮士管輅事中記鎮東將軍毌丘儉墓上有碑，《水經注》卷七《穀水條》記碑屬儉父毌丘興）、太中大夫田豫（《三國志》卷二六《魏書·田豫傳》注引《魏略》）、豫州刺史賈逵（《三國志》卷十五《魏書·賈逵傳》）等人，只是數量極少。

〔註52〕　可參趙萬里：《漢魏南北朝墓誌集釋》，第1冊第3～4頁，第3冊圖版3、4。

〔註53〕　《宋書》卷十五《禮志二》。另，《文選》卷三八《表下》任彥升「爲范始興作求立太宰碑表」云：「昔晉氏初禁立碑。」亦可證晉初有禁碑之令。

謂不嚴，然而立碑之事，仍未根絕，如扶風王司馬駿和尚書郎束晳死後，百姓或門生故吏即爲之立碑〔註 54〕。總的看來，禁碑的效果還是比較明顯，西晉如同曹魏時期墓碑甚是少見。墓碑劇減，墓誌卻較曹魏時期大大增加。筆者所知金石著作中記載及考古發掘出土實物，西晉墓誌有 30 方（參見表 1），形制不一，有碑形（方首、圭首、圓首）、長方形、方形，材質則有石有磚（其中，石質所佔比例遠甚磚質〔註 55〕），然以碑形居多〔註 56〕；稱名各異，有「墓」、「碑」、「墓碑」、「柩」、「神柩」、「銘」、「銘表」等。

表 1：《西晉墓誌一覽表》〔註 57〕

年代	出土地點	墓主	形狀、材質	可識字數	題首	資料來源	備注
泰始元年（265）		張光	長方形磚質	11		《彙編》	
太康三年（282）	河北唐山	馮恭	長條形	38		《集釋》	
太康三年（282）	河南洛陽	張圭妻	長方形磚質	7		《檢要》	
太康五年（284）	河北磁縣	和國仁	方首碑形石質	30	墓	《檢要》	有樺
太康八年（287）	河南洛陽	王文伯	圭首碑形石質	19		《古報》1957／1	額有穿
永平元年（291）	河南洛陽	菅洛	圓首碑形石質	244	墓碑	《集釋》	額有暈螭首

〔註54〕 事見《晉書》卷三八《宣武五王傳》、卷五一《束晳傳》。

〔註55〕 在 30 方西晉墓誌中可知材質者 22 方，其中石質 14 方，近三分之二。

〔註56〕 羅振玉《石交錄》卷二云：「晉人墓誌皆爲小碑，直立壙中，與後世墓誌平放者不同，故無蓋而有額。若徐君夫人管氏、若處士成君、若晉沛國張朗三石，額並徑署某某之碑，其狀圓首，與漢碑形制正同，惟大小異耳。」（《羅雪堂先生全集續編》，臺灣大通書局，1968 年，第 3 冊，第 960 頁）從現代考古發掘出土實物來看，羅氏所言甚是。

〔註57〕 日本學者福原啓郎對西晉墓誌研究比較深入，其《西晉の墓誌の意義》一文從形制、內容等方面對西晉墓誌進行分類，進而深入分析各類別墓誌的特點，最後闡明西晉墓誌的意義和價值。此外，作者尚將其所見西晉墓誌作分類列表，然對某些銘刻材料未加甄別，即以「墓誌」列入，值得商榷。詳參福原啓郎：《西晉の墓誌の意義》，（日）礪波護編：《中國中世の文物》，京都大學人文科學研究所，1993 年，第 315～369 頁。筆者所製《西晉墓誌一覽表》，是對福原啓郎所作西晉墓誌列表的修訂和補充。

元康元年 （291）	安徽壽縣	蔣口	方形磚質	13	神柩	《文物》 1963／7	
元康元年 （291）	河南孟津	成晃	圓首碑形石質	172	碑	《集釋》	額有暈螭首
元康三年 （293）	河南洛陽	樂生	方形石質	18		《集釋》	墓記
			長方形磚質	6	柩	《集釋》	柩銘
元康三年 （293）	河南洛陽	裴祗	方首碑形石質	93		《文物》 1982／1	有榫方趺
元康五年 （295） 永安元年 （304）	河南偃師	荀岳及 岳妻劉 簡訓	圭首碑形石質	627	墓	《集釋》	
元康六年 （296）	河南洛陽	王口 君侯	圓首碑形磚質	182	碑	《時地記》	
元康六年 （296）	河南洛陽	郭槐	圭首碑形石質	171	柩	《集釋》	方趺
元康七年 （297）		鄧元女	方形磚質			《檢要》、《藏 石記》卷四	
元康八年 （298）	河南洛陽	魏雛	圓首碑形磚質	152	柩	《集釋》	
元康八年 （298）		徐文口		60		《彙編》	
元康九年 （299）	河南洛陽	徐美人	圭首碑形	1,001	銘	《古報》 1957／1	方趺
永康元年 （300）	河南偃師	左棻	長方形石質	89		《集釋》	螭首
永康元年 （300）	河南洛陽	張朗	圓首碑形石質	418	碑	《集釋》	額有暈螭首
永康二年 （301）	山東鄒城	劉寶	圓首碑形石質	46	銘表	《文物》 2005／1	有榫，方趺， 額題篆書「晉 故」二字。
永寧二年 （302）	河南洛陽	士孫 松女	方形	139		《古報》 1957／1	
永嘉元年 （307）		張纂	碑形		碑	《檢要》	
永嘉元年 （307）	北京	華芳	長方形石質	1,630	銘	《文物》 1965／12	正面、背面及 左右兩側均有 刻文

永嘉二年（308）	河南洛陽	石尠	長方形石質	481		《集釋》	
永嘉二年（308）	河南洛陽	石定	長方形石質	185		《集釋》	
	河南偃師	劉韜	圭首碑形	47	墓	《集釋》	
	河南偃師	杏園34號墓主	碑形殘缺	90		《考古》1985／8	
	河南洛陽	虎牙將軍王口	方形	18	表	《檢要》	兩塊，塊9字
	河南偃師	鄭舒夫人劉氏	圭首殘缺	55		《集釋》	

表中資料來源簡稱：《集釋》＝《漢魏南北朝墓誌集釋》；《彙編》＝《漢魏南北朝墓誌彙編》；《檢要》＝《六朝墓誌檢要》；《古報》＝《考古學報》；《時地記》＝《洛陽出土石刻時地記》；《藏石記》＝《陶齋藏石記》。

　　從上表所列西晉墓誌的出土地點來看，雖然其分佈地域仍是主要集中在都城洛陽一帶，然而分佈面積已較東漢大爲拓展，於洛陽及青、徐地區外，尚有幽、冀、兗州，甚至時屬揚州淮南郡的壽春。可見，西晉時期設置墓誌的風氣已開始形成。

　　若將西晉墓誌與漢碑的形制、內容進行比較，不難發現二者十分近似。因此，對於西晉墓誌的勃興，學界一般認爲主要原因在於魏晉碑禁森嚴，促使先前樹立在地面上的墓碑向地下墓誌的轉化。對此，筆者存有疑問：同樣倡行薄葬、禁行立碑，爲什麼曹魏墓誌寥若晨星，而西晉尤其是武帝太康（太康元年，280）以後墓誌卻並不鮮見呢？我們不妨換個思維，從曹魏、西晉不同社會環境的角度出發，也許能找到比較合理的答案。

　　220年，魏文帝曹丕代漢立國，是爲曹魏黃初元年。265年，魏元帝咸熙二年，權臣司馬炎代魏而立，魏亡。曹魏政權前後存在的時間僅46年，而三國鼎立，戰亂時有發生的局面是伴其始終的，社會動盪不安，當是事實。在經歷東漢後期黃巾起義、群雄割據混戰的打擊後，中原社會經濟衰退，人口急劇下降，民生凋敝的局面在曹魏這短短的 40 餘年裏要得到全面改觀，應該比較困難。如此社會大環境下，是很難形成東漢時期那種大肆厚葬的風氣〔註58〕。而 40 餘年裏，曹魏統治者一再詔令薄葬，禁止立碑，在客觀上也限

〔註58〕 此在同時期的蜀漢和孫吳政權也有所反映。蜀漢享國43年，孫吳享國59年，政權存在的時間都不長，而且面臨曹魏同樣的社會局面。現代考古發掘在中

制了墓誌的發展。此外，古代任何一種器物的產生、形成與發展與任何一種典章制度的形成都有一個逐漸發展演變的過程。倘若沒有東漢末年的分裂與戰亂，社會仍舊平穩發展，相信是時已出現的墓誌至三國時期會更加成熟。因此，曹魏乃至整個三國時期，墓誌罕見的根本原因在於動蕩的社會環境，以及受之影響的社會經濟。

至西晉時期，情況則與曹魏有所不同。曹魏後期，社會經濟得到一定程度的恢復與發展，實力居三國之首，故263年，曹魏能攻滅蜀漢。至280年，西晉滅吳，實現了統一。如果從曹魏滅蜀算起，至西晉滅吳，18年內整個社會環境較曹魏中前期可謂相對穩定，經濟的恢復與發展也得以進一步提升。其間，西晉雖代曹魏而立（265），然並沒有引起多大的社會動蕩。據此，筆者認為，社會的相對穩定、經濟的平穩發展，使得厚葬之陋習有死灰復燃之勢，構築石室石獸、樹碑立表的做法又開始萌動〔註59〕；受禁令的束縛，地面樹碑已不可能，但厚葬之習卻無法禁絕，一些勳戚官僚、士族豪強轉而在墓內設小碑，碑下方一般空出兩三字的位置不作刻文，以便採用如碑直立的方式放置，此即我們今天所見之碑形墓誌。

綜上，相比曹魏、西晉不同的社會環境而言，與其說魏晉禁碑是促使西晉墓碑向墓誌發展的主要原因，還不如說是一個重要的外在因素。

三、東晉與十六國時期

西晉末年，「八王之亂」與「永嘉之亂」相繼爆發，戰亂頻仍，社會動蕩不安，經濟、文化遭到極大破壞。「永嘉之亂」後，西晉滅亡，「五胡」（匈奴、羯、鮮卑、氐、羌）入主中原，揭開十六國割據混戰的序幕。同時，晉室南渡，317年司馬睿在建康（治今江蘇南京）稱帝，建立起偏安江左的東晉王朝。由此，中國歷史開始進入近300年的南北對峙狀態。

晉室南渡之初，「中州士女避亂江左者十六七」〔註60〕，舊都洛陽的公卿

原地區發現曹魏時期的墓葬很少，南方孫吳大墓也不多見，即便如朱然墓等高級貴族的大型墓葬，與東漢時期同等級墓葬的規模、結構相比，仍存有一定的差距（詳參安徽省文物考古研究所、馬鞍山巿文化局：《安徽馬鞍山東吳朱然墓發掘簡報》，《文物》1986年第3期）。因此，整個三國時期墓葬、墓誌少見也就不難理解。

〔註59〕 前揭《宋書》卷十五《禮志二》載曹魏高貴鄉公時王倫卒事末云：「此後復弛替」，「晉武帝咸寧四年，又詔曰：『此石獸碑表，……皆當毀壞』」，可證。

〔註60〕 《晉書》卷六五《王導傳》。

士大夫大多避居南方孫吳故壤，結成集團，成爲東晉王朝的上層階級，在政治和社會文化等方面均佔有主導地位，如南陽一帶的庾氏、宗氏、劉氏等士族徙居長江中游的江陵（治今湖北荆沙市荆州區舊江陵縣），琅邪王氏、太原王氏、陳郡謝氏等則到建康；江淮一帶的士民徙居京口、晉陵（今江蘇鎮江至常州一帶），成爲中層階級或次等士族，如彭城、東海的劉氏、蕭氏；也有一些爲下層階級分散雜居於吳人勢力較大的地域。這些北方南遷的宗室、士族是東晉政權的主要建立者，他們對南方的政治、軍事、經濟、文化均起過重大的作用和影響。〔註61〕

從喪葬文化上看，晉室南遷，「使中原的墓葬形式與南方的地方特點結合起來，但保持了西晉墓趨向簡約的形式，規模縮小，象徵性增強」〔註62〕。在墓誌設置方面，東晉可謂仍西晉之舊，風氣較盛，只是在墓誌形制、內容、材質等方面有所不同。筆者所見金石著作記載及出土實物中，東晉墓誌40方（參見表2）〔註63〕。

表2：《東晉出土墓誌一覽表》〔註64〕

編號	年　代	出土地點	墓主	形狀、材質	可識字數	書體	資料來源	備　注
01	太寧元年（323）	南京戚家山	謝鯤	長條形石質	67	隸書	《文物》1965／6	

〔註61〕 詳參陳寅恪著、萬繩楠整理：《陳寅恪魏晉南北朝史講演錄》第八篇《晉代人口的流動及其影響（一）人口流動的三個方向——東北、西北與南方》，黃山書社，1987年。

〔註62〕 趙超：《古代墓誌通論》，第20頁。

〔註63〕 1963年，雲南省昭通縣發現一座東晉畫像石墓，出土畫像右側有題記，趙超《漢魏南北朝墓誌彙編》、毛遠明《漢魏六朝碑刻校注》均將其作爲「墓誌」收入。對此，筆者不敢苟同，與其稱之爲「墓誌」，不如名之爲「題榜」更爲恰當，因爲題記首句爲「晉故使持節都督江南交寧二州諸軍事建寧越巂興故三郡太口（此字應爲「守」）南夷校尉交寧二州刺史成都縣侯霍使君之像」，明確表示爲「像」而非爲「墓」所題。故筆者此處不將其計入東晉墓誌之數。

〔註64〕 前人在東晉南朝墓誌的研究中，多有類似列表，然均有側重，或偏向建國以來出土墓誌，忽略金石著作中所著錄者；或重在揭示墓誌書體，於形制、材質語焉不詳。筆者在前人研究基礎上，將金石著作著錄與現代考古發掘出土實物合列於一表，以便書體、形制兼顧。表中所列墓誌，以葬期爲序；無葬期者，以卒期爲序；墓誌本身雖無具體年月提示，而根據誌文內容或其他墓葬信息可考知者大致年代者，則放到相應的年代；所有無具體年月者，則放在同一朝代相應的碑刻之後。

02	太寧三年（325）	吳縣張陵山	張鎮	圓首碑形石質	98	隸書	《通訊》第 27 期	額有穿，帶樺，兩面刻文，盝頂形趺
03	咸和四年（329）	南京郭家山	溫嶠	方形大磚	104	隸書	《文物》2002／7	
04	咸康年間（335～342）	浙江湖州	劉造妻管氏				《金石記》卷二	
05	咸康六年（340）	南京象山	王興之夫婦	長方形石質	203	隸書	《文物》1965／6	兩面刻文
06	永和元年（345）	南京老虎山	顏謙婦劉氏	長方形磚質	24	楷書	《考古》1959／6	
07	永和六年（350）		莫龍編侯	磚質	14		《彙編》	
08	永和十二年（356）	南京象山	王康之	長方形磚質	44	隸書	《文物》2002／7	
09	永和十二年（356）	南京仙鶴觀	高崧妻謝氏	長方形大磚	40	隸書	《文物》2001／3	字口塗硃
10	升平元年（357）	江蘇鎮江	劉尅	長方形磚質	30	隸書	《考古》1964／5	兩塊，內容相同
11	升平元年（357）	南京呂家山	李緝	長方形磚質	43	隸書	《文物》2000／7	字口塗硃，正側兩面刻文
12	升平元年（357）	南京呂家山	李纂妻武氏	長方形磚質	34	隸書	《文物》2000／7	同上
13	升平元年（357）	南京呂家山	李摹	長方形磚質	30	隸書	《文物》2000／7	一合兩塊，餘同上
14	升平二年（358）	南京象山	王閩之	長方形磚質	84	隸書	《文物》1972／11	兩面刻文
15	升平三年（359）	南京象山	王丹虎	長方形磚質	65	隸書	《文物》1965／10	
16	升平四年（360）	浙江湖州	周闉				《金石記》卷二	
17	興寧三年（365）	浙江紹興	王獻之保母	磚質			《萃編》卷二五	
18	太和元年（366）	南京仙鶴觀	高崧	長方形大磚	32	隸書	《文物》2001／3	字口塗硃

19	太和元年（366）	南京趙士崗	王夫人	長方形磚質	11	隸書	《東南》1992／5	正側兩面刻文
20	太和三年（368）	南京象山	王仚之	長方形大磚	88	隸書	《文物》2000／7	
21	太和六年（371）	南京象山	劉媚子	長方形磚質	144	隸書	《文物》2000／7	墓道填土中出土
22	太和六年（371）	南京象山	劉媚子	長方形石質	171	隸書	《文物》2000／7	
23	太和六年（371）	南京郭家山	溫式之	圓首碑形陶質	265	隸書	《考古》2008／6	額有穿，兩面刻文，盝頂座
24	咸安二年（372）	南京象山	王建之	長方形石質	275	隸書	《文物》2000／7	兩面刻文
25	寧康三年（375）	南京呂家山	李纂	長方形磚質	21	隸書	《文物》2000／7	字口塗硃
26		南京呂家山	李纂妻何氏	長方形磚質	8	隸書	《文物》2000／7	字口塗硃
27	太元元年（376）	安徽馬鞍山	孟府君	長方形磚質	29	隸書（3）楷書（2）	《考古》1980／6	五塊，內容相同
28	太元十四年（389）	南京象山	何法登	長方形磚質	79	楷書	《文物》2002／7	
29	太元十七年（392）	南京象山	夏金虎	長方形大磚	86	楷書	《文物》1972／11	
30	太元廿一年（396）	安徽馬鞍山	虞道育	石質	25	楷書	《六朝文物》	兩面刻文
31	太元廿一年（396）	江蘇溧陽	謝琰	方形磚質	79	楷書	《考古》1973／4	
32	隆安三年（399）	江蘇南京	謝重				《寶刻》卷十五	
33	義熙二年（406）	南京司家山	謝溫	長方形磚質	98	楷書	《文物》1998／5	
34	義熙三年（407）	南京司家山	謝球	長方形磚質	221	楷書	《文物》2000／7	正側兩面刻文
35	義熙十二年（416）	南京司家山	王德光	長方形磚質	29	楷書	《文物》2000／7	

36		江蘇南京	史府君				《寶刻》卷十五	
37		江蘇南京	卞公				《寶刻》卷十五	
38		江蘇溧陽	呂府君				《寶刻》卷十五	
39		鎮江諫壁	劉庚之	長方形磚質	12	隸書	《考古》1988／7	三塊，內容相同
40		鎮江諫壁	徐氏	長方形磚質	11	隸書	《考古》1988／7	二塊，內容相同

表中資料來源簡稱：《彙編》＝趙超《漢魏南北朝墓誌彙編》；《通訊》＝南京博物院《文博通訊》；《金石記》＝《吳興金石記》；《萃編》＝王昶《金石萃編》；《東南》＝《東南文化》；《六朝文物》＝羅宗眞、王志高著《六朝文物》；《寶刻》＝（宋）陳思《寶刻叢編》。

　　據表2，東晉墓誌以長方形或方形墓誌居多，而碑形墓誌較少，所見僅張鎮、溫式之兩方；材質以磚質（或爲特製大磚，或爲普通墓磚）爲主，石質所佔比例甚小〔註65〕；內容普遍較爲簡約，字數最多者如王建之墓誌爲275字，與西晉徐美人、華芳墓誌動輒千餘字相比，要簡單地多。此外，西晉墓誌稱名繁多，有「墓」、「碑」、「墓碑」、「柩」、「神柩」、「銘」、「銘表」等，而東晉墓誌稱名甚少，僅安徽馬鞍山孟府君、鎮江諫壁劉庚之、徐氏墓誌少數幾方稱「墓」。從墓誌數量上看，東晉比西晉僅多10方，然而考慮到東晉爲偏安王朝，疆域之廣不及西晉，雖然西晉立國50餘年，而東晉歷時百餘年，但是仍可據此認爲東晉設置墓誌的風氣並不遜於西晉。綜而論之，東晉時期沿襲了西晉設置墓誌的風氣，甚至在一定程度上有所發展，但墓誌的內容、體例、形制卻較西晉時期有所變化〔註66〕。

　　自316年西晉滅亡後，北方中原地區相繼出現大大小小的十幾個民族政權，與東晉南方政權對峙而立。同時，各民族政權之間也是割據混戰，互爲擾攘。從而出現中國歷史上最爲紛亂、戰爭最頻繁的時期，史稱「五胡十六國時期」。至439年，北魏攻滅北涼，統一北方，十六國割據混戰的分裂局面才最終得以結束。十六國分裂局面，前後持續時間長達120餘年之久，北方

〔註65〕在40方東晉墓誌中可知材質者34方，其中磚質27方，近五分之四。
〔註66〕東晉墓誌出現上述種種新變的原因，筆者以爲大致有二：一是東晉南朝特定的歷史環境與政治氛圍；二是東晉南朝所在南方地域的地方葬俗。此在本書第三章將有詳細論述，可參。

中原地區的經濟、文化受破壞空前。而喪葬制度，無疑也遭受了巨大打擊與嚴重破壞。至今發現十六國時期的墓誌甚少，筆者所知較爲完整的僅 7 方，現簡要介紹如下：

（1）後趙建武十一年（345）《魯潛墓誌》〔註67〕，1998 年河南安陽出土。該墓誌青石質，呈長方形，長 0.3 米、寬 0.2 米，誌文 14 行，滿行 9 字，共 120 字，隸書。全文如下：

> 趙建武十一年太歲在／乙巳十一月丁卯朔故／太僕卿駙馬都尉勃海／趙安縣魯潛年七十五／字世甫以其年九月廿／一日戊子卒七日癸酉／葬墓在高決橋陌西行／一千四百廿步南下去／陌一百七十步故魏武／帝陵西北角西行卌三／步北囘至墓明堂二百／五十步口上黨解建字／子泰所安墓入四丈神／道南向。

（2）前秦建元二年（366）《護國定遠侯墓誌》〔註68〕，河南省洛陽古代藝術館藏品，出土地點、年代不詳。墓誌爲近方形青石質，長 0.39 米、寬 0.29 米、厚 0.08 米。誌文共 5 行，每行 8、9 字不等，共 44 字，隸書。全文如下：

> 護國定遠侯祖籍建／昌以北邊有警仗節／孤從馳逐沙漠墜騎被／虜建元二年四月朔一日／身故軍士負土以瘞焉

（3）前秦建元十二年（376）《梁舒墓表》〔註69〕，1975 年甘肅武威縣出土。墓表扁平，圓首碑形，高 0.37 米、寬 0.265 米、厚 0.05 米，帶長方形覆蓮座，座高 0.09 米、長 0.4 米、寬 0.182 米。墓表上部篆書「墓表」二字豎

〔註67〕 詳參鄧葉君、楊春富：《安陽出土十六國後趙魯潛墓誌》，《中國文物報》1998 年第 50 期。關於魯潛墓誌的眞僞問題，近年來學界頗有爭議，然尚無定論，可參李路平：《〈魯潛墓誌〉河南僞造》，《書畫世界》2010 年第 5 期；《〈魯潛墓誌〉爲新造確有根據》，《中國社會科學報》2010 年 11 月 4 日；鄭志剛：《〈魯潛墓誌〉略說》，《書畫世界》2010 年第 5 期；孟憲武、殷傑、申明清：《還歷史一點清白——記魯潛墓誌發現和收繳過程眞相》，《殷都學刊》2011 年第 3 期。

〔註68〕 詳參李春敏：《十六國漢護國定遠侯墓誌》，《文物天地》1994 年第 3 期；王素：《前秦建元二年護國定遠侯墓誌考釋》，《文物天地》1994 年第 3 期。李文定該誌爲前漢建元二年（316），王文定爲前秦建元二年（366），由於王文考釋精審、理由充分，筆者以王文爲是。

〔註69〕 詳參武威地區文化館鍾長發、寧篤學：《武威金沙公社出土前秦建元十二年墓表》，《文物》1981 年第 2 期；宿白：《武威行——河西訪古叢考之一（上）》，《文物天地》1992 年第 1 期。

讀，下部用魏體書寫，表文9行，行8字，共72字。現依據照片將表文抄錄如下：

> 涼故中郎中督護公／國中尉晉昌太守安／定郡烏成縣梁舒字／
> 叔仁夫人故三府錄／事掌軍中侯京兆宋／延女名華字成子以／建元
> 十二年十一月／卅日葬城西十七里／楊墓東百步深五丈

（4）前秦建元十六年（380）《梁阿廣墓表》〔註70〕，2000年寧夏固原博物館在彭陽縣新集鄉所征集，現藏該博物館。此墓表圓首碑形，沙石質，有長方形蓮花紋底座。墓表通高36釐米，寬27.5釐米，厚5釐米。碑額豎排陽文篆書「墓表」二字，銘文豎排陰刻，共9行，行8字，共72字。墓表背面也有2行陰文銘刻，共12字。全文如下：

> （正面）秦故領民酋大功門／將襲爵興晉王司州／西川梁阿廣
> 以建元／十六年三月十日丙／戌終以其年七月歲／在庚辰廿二日丁
> 酉／葬於安定西北小盧／川大墓塋內壬去所／居青巖川東南卅里
>
> （背面）碑表及送終之／具於涼州作致

（5）後秦弘始四年（403）《呂他墓表》〔註71〕，1970年代陝西咸陽出土。墓表沙石質，圓首碑形，帶座，通高0.65米、厚0.09米、上寬0.325米、下寬0.34米；表座長0.55米、寬0.39米、高0.1米。表身與表座有榫臼相套。墓表額書「墓表」二字橫讀，正文5行，行7字，共35字，「正書變體，含漢隸之波折，亦具魏書之欹側」。表文如下：

> 弘始四年十二月／乙未朔廿七日辛／酉秦故幽州刺史／略陽呂
> 他葬於常／安北陵去城廿里

（6）後秦弘始四年（403）《呂憲墓表》〔註72〕，清光緒年間陝西西安出土。該墓表形制與《呂他墓表》相同，亦額題「墓表」二字橫讀，表文除名字、職銜外，完全一樣，只是《呂他墓表》為5行35字，而該表為6行35字。表文如下：

> 弘始四年十二／月乙未朔廿七／日辛酉秦故遼／東太守略陽／
> 呂憲葬於常安北／陵去城廿里

〔註70〕寧夏博物館編著：《固原歷史文物》，科學出版社，2004年，第113～114頁；張銘心：《十六國時期碑形墓誌源流考》，《文史》2008年第2輯。
〔註71〕詳參李朝陽：《呂他墓表考述》，《文物》1997年第10期。
〔註72〕詳參路遠：《後秦〈呂他墓表〉與〈呂憲墓表〉》，《文博》2001年第5期。

（7）北涼承平十三年（455）且渠封戴墓表〔註73〕，1972 年新疆吐魯番出土。該墓表石質，圓首碑形，帶座，高 0.438 米、寬 0.26 米，表文 5 行，行 8 字，共 40 字，隸書。表文如下：

> 大涼承平十三年歲／在乙未四月廿四日／冠軍將軍涼都高昌／
> 太守都郎中大且渠／封戴府君之墓表也

以上 7 方墓誌，除洛陽 2 方外，其餘 5 方主要散佈於西北地區，且形制無一例外地爲圓首碑形，稱名「墓表」，與西晉永康二年（301）劉寶墓誌幾無二致。據此可知，十六國時期一方面因戰亂不休、喪葬制度遭到破壞，設置墓誌的風氣比較沉寂；另一方面，在喪葬方面主要沿襲西晉的葬俗，其中就墓誌言，其形制、內容、體例、稱名等各個方面，均與西晉墓誌差別不大，變化不多。個中原因，當與西晉滅亡以後，河西地區相對安定的社會環境有利於保留漢晉文化傳統有關。

綜上，東晉十六國時期，基本上承襲西晉設置墓誌的做法，風氣卻較後者更爲流行（主要表現在東晉疆域內的南方地區）。然而，在墓誌的內容、體例、形制、質地、稱名等方面，均較西晉時期有所發展、變化，從而促使墓誌這一事物趨向定型化發展。

四、南北朝時期

南北朝時期，由於南北分裂、政權對峙，南朝墓誌與北朝墓誌共同向前發展，有著各自的地域特色。同時，伴隨南北地域文化彼此交流、互相影響的不斷擴大，南北地域的墓誌開始有著統一的特徵。總體上看，該時期墓誌已基本定型，主要表現在：「墓誌」這一名稱的形成；形制漸趨一致，以方形或長方形爲主流，平置墓中；文體中出現銘辭，成爲文學作品中一類專門的實用文體；內容上開始題寫撰、書者的官職姓名。

解放前，南朝墓誌罕見，金石著作中對南朝墓誌的著錄亦甚少。新中國成立以後，隨著現代考古發掘的飛速發展，南朝墓誌屢有發現。筆者梳檢金石著錄及建國以來考古發掘簡報後，所得南朝出土墓誌 33 方（參見表 3）〔註74〕。

〔註73〕 新疆維吾爾自治區博物館、新疆社會科學院考古研究所：《建國以來新疆考古的主要收穫》，文物編輯委員會編《文物考古工作三十年（1949～1979）》，（北京）文物出版社，1979 年，第 178 頁。

〔註74〕 《藝文類聚》等類書所錄之南朝墓誌，幾乎全爲銘文，不及形制、材質等其他內容，故不列入此表。

表3：《南朝出土墓誌一覽表》

編號	年　代	出土地點	墓主	形狀、材質	可識字數	書體	資料來源	備　注
01	劉宋永初二年（421）	南京司家山	謝琰	長方形磚質	681	楷書	《文物》1998／5	六塊拼合
02	永初二年（421）	南京富貴山	晉恭帝	長條形石質	26	隸書	《考古》1961／1	
03	元嘉二年（425）	南京鐵心橋	宋乞	長方形磚質	112 109 127	楷書	《考古》1998／8	三塊，內容基本相同
04	大明年間（457～464）	南京戚家山	謝氏	磚質			《六朝文物》	
05	大明六年（462）	江蘇南京	宗愨母劉夫人				《寶刻》卷十五	
06	大明七年（463）	江蘇南京	謝濤				《古刻》	
07	大明八年（464）	山東平原	劉懷民	石質	224	楷書	《集釋》	
08	泰始五年（469）	江蘇南京	劉襲				《古刻》	兩篇合而爲一
09	元徽元年（473）	江蘇蘇州	張氏				《古刻》、《古誌》卷一	
10	元徽二年（474）	南京堯辰果木場	明曇憙	長方形石灰岩質	660	楷書	《考古》1976／1	
11	劉宋？年	南京油坊橋	黃天	長方形磚質	9	楷書	《東南》1992／5	
12	劉宋？年	南京棲霞山	蔡冰	長方形磚質	8	楷書	《東南》1992／5	兩塊，內容相同
13	蕭齊永明五年（487）	江蘇句容	劉岱	方形青石質	361	楷書	《文物》1977／6	
14	永明六年（488）	南京甘家巷	王寶玉	近正方形石質	225	楷書	《古代銘刻》	
15	永明十一年（493）	浙江紹興	呂超	長方形石質	67	楷書	《集釋》	
16	齊？年	江蘇南京	海陵王	方形石質			《寶刻》卷十五	宋代出土
17	梁天監元年（502）	南京甘家巷	蕭融	正方形石質	528	楷書	《文物》1981／12	

18	天監十三年（514）	南京甘家巷	王纂韶	長方形石質	696	楷書	《文物》1981／12	
19	普通元年（520）	江蘇南京	蕭敷	石質		楷隸	《叢刊》第5輯、《考古》1986／1	宋代出土
20	普通元年（520）	江蘇南京	王氏	石質		楷書	《叢刊》第5輯、《考古》1986／1	宋代出土
21	普通二年（521）	南京燕子磯	輔國將軍	長方形石灰石		楷書	《文物》1980／3	
22	普通七年（526）	江蘇蘇州	陸倕				《寶刻》卷十四	
23	梁普通七年（526）	江蘇南京	鄱陽忠烈王				《寶刻》卷十五	
24	大通三年（529）	江蘇南京	蕭子恪	長方形石質	317	楷書	《考古》2012／11	
25	大同二年（536）	南京甘家巷	蕭象	長方形石質	600左右	楷書	《文物》1990／8	
26	大同三年（537）	江蘇宜興	許府君				《寶刻》卷十四	
27	太清三年（549）	湖北襄陽	程虔	長方形石質	148	楷書	《集釋》	
28	梁？年	江蘇南京	陶隱居				《寶刻》卷十五	
29	梁？年	南京堯化門	蕭偉	長方形石質	112	楷書	《文物》1981／12	四塊，均殘
30	陳天嘉元年（560）	江蘇南京	尼慧仙				《寶刻》卷十五	
31	陳太建二年（570）	江蘇常熟	衛和		150		《彙編》	
32	太建八年（576）	南京西善橋	黃法氍	長方形石質	1,008	楷書	《文物》1993／1	
33	陳？年	南京邁皋橋		半圓首碑形石質	2	楷書	《文叢》第8輯（1983年）	有龜趺

表中資料來源簡稱：《彙編》＝趙超《漢魏南北朝墓誌彙編》；《集釋》＝趙萬里《漢魏南北朝墓誌集釋》；《古刻》＝（明）陶宗儀《古刻叢鈔》；《古誌》＝（清）黃本驥《古誌石華》；《叢刊》＝《書法叢刊》；《東南》＝《東南文化》；《六朝文物》＝羅宗真、王志高著《六朝文物》；《寶刻》＝（宋）陳思《寶刻叢編》；《文叢》＝《文物資料叢刊》；《文參》＝《文物參考資料》；《古代銘刻》＝莊天明、凌波編《古代銘刻書法》。

　　據表 3，南朝墓誌形制與東晉幾無差別，多數爲長方形或方形〔註75〕；材質以石質占絕大多數，磚質甚少，與東晉時期恰恰相反〔註76〕。劉宋初年謝珫墓誌雖首題「墓誌」，然尚無銘辭，內容與東晉墓誌無別，主要記墓主職官、世系、里籍、卒葬日期及葬地。自劉宋中晚期始，墓誌內容更加豐富，少則百十字，多則數千言，與東晉墓誌甚是簡約的特點差別很大。如南京燕子磯梁輔國將軍墓誌，長達 3,705 字，對墓主生平事迹、家族世系的記載詳細之至。此外，墓誌體例也漸趨規範，表現在：銘辭出現，多係四言韻文，然南朝中前期位置不定，或置誌前，或附誌後，或夾雜於誌文中間；誌文中開始題寫墓誌撰、書者的姓名、職官。由此，至南朝中晚期，墓誌已基本定型。

　　南朝設置墓誌的風氣與東晉相比，有過之無不及。表 3 所列南朝出土墓誌雖然僅爲 33 方，但是考慮到這一時期墓誌多用石灰岩刻成，極易遭受侵蝕，很多墓誌出土時已嚴重漫漶而隻字不存，因此南朝墓誌的實際數量遠遠不止於此。另一方面，所見南朝墓誌雖多集中於都城建康及其毗鄰地區，然在今湖北、浙江境內也有所發現，顯然南朝設置墓誌的地域已較東晉時期有所拓展。

　　另，《藝文類聚》收錄南朝宋、齊、梁、陳墓誌 48 篇、《文選》收蕭梁任昉《劉先生夫人墓誌》銘文 1 篇，共 49 篇，絕大多數僅爲墓誌之銘文，而不及誌文部分（參見表 4）。

表 4：《〈藝文類聚〉及〈文選〉所錄墓誌簡表》

朝　代	作　者	題　　　名	書名、卷數
宋	孝武帝	（1）故侍中司徒建平王宏墓誌	《藝》卷四八
	謝　莊	（2）豫章長公主墓誌銘 （3）司空何尚之墓誌	《藝》卷十六 《藝》卷四七
齊	王　融	（4）永嘉長公主墓誌銘 （5）豫章文獻王墓誌銘	《藝》卷十六 《藝》卷四五

〔註75〕據建國以來考古發掘成果，南朝碑形墓誌也不在少數，一般爲圓首長方形石質，有龜趺座，惜誌文多漶漫嚴重，隻字不存，惟表 3 所列之南京邁皋橋南朝陳一墓誌尚存二字。

〔註76〕33 方南朝墓誌中可知材質者 23 方，其中石質 18 方（占四分之三強），磚質僅 5 方，且主要爲劉宋時期。自蕭齊以降，出土墓誌幾全爲石質，磚質不見。可見，南朝中晚期墓誌形制、材質均趨於統一，爲長方形或方形石質。

齊	謝　脁	（6）臨海公主墓誌銘	《藝》卷十六
		（7）新安長公主墓誌銘	《藝》卷十六
		（8）鬱林王墓銘	《藝》卷四五
		（9）齊海陵王墓誌銘	《藝》卷四五
梁	簡文帝	（10）安成藩王墓銘	《藝》卷四五
		（11）徵君何先生墓誌	《藝》卷三七
		（12）華陽陶先生墓誌	《藝》卷三七
		（13）儀同徐勉墓誌銘	《藝》卷四七
		（14）中書令臨汝靈侯墓誌銘	《藝》卷四八
		（15）庶子王規墓誌銘	《藝》卷四九
		（16）太子舍人蕭特墓誌銘	《藝》卷四九
		（17）同泰寺故功德正智寂師墓誌銘	《藝》卷七七
		（18）宋姬寺慧念法師墓誌銘	《藝》卷七七
		（19）甘露鼓寺敬脫法師墓誌銘	《藝》卷七七
		（20）湘宮寺智蒨法師墓誌銘	《藝》卷七七
		（21）淨居寺法昂墓誌銘	《藝》卷七七
	元　帝	（22）庾先生承先墓誌	《藝》卷三七
		（23）特進蕭琛墓誌銘	《藝》卷四七
		（24）侍中新渝侯墓誌銘	《藝》卷四八
		（25）侍中吳平光侯墓誌	《藝》卷四八
		（26）黃門侍郎劉孝綽墓誌銘	《藝》卷四八
		（27）散騎常侍裴子野墓誌銘	《藝》卷四八
		（28）中書令庾肩吾墓誌	《藝》卷四八
		（29）太常卿陸倕墓誌銘	《藝》卷四九
	邵陵王	（30）揚州僧正智寂法師墓誌銘	《藝》卷七七
	沈　約	（31）丞相長沙宣武王墓誌銘	《藝》卷四五
		（32）齊太尉文憲王公墓誌銘	《藝》卷四六
		（33）齊太尉徐公墓誌	《藝》卷四六
		（34）司徒謝脁墓誌銘	《藝》卷四七
		（35）尚書右僕射范雲墓誌銘	《藝》卷四八
		（36）太常卿任昉墓誌銘	《藝》卷四九
	任　昉	（37）撫軍桂陽王墓誌銘	《藝》卷四五
		（38）劉先生夫人墓誌	《選》卷五九
	王僧孺	（39）豫州墓誌	《藝》卷五十
	陸　倕	（40）志法師墓誌銘	《藝》卷七七
	張　纘	（41）故左民尚書忠子沈僧旻墓誌銘	《藝》卷四八
		（42）中書令蕭子顯墓誌	《藝》卷四八
陳	徐　陵	（43）司空河東康簡王墓誌	《藝》卷四五
		（44）司空章昭達墓誌銘	《藝》卷四七
		（45）裴使君墓誌銘	《藝》卷五十

陳	江　總	（46）廣州刺史歐陽頠墓誌 （47）故侍中沈欽墓誌 （48）特進光祿大夫徐陵墓誌銘 （49）司農陣暄墓誌銘	《藝》卷五十 《藝》卷四八 《藝》卷四七 《藝》卷四九
表中書名簡稱：《藝》＝《藝文類聚》，《選》＝《文選》			

與南朝相比，北朝墓誌更是繁多，絕大多數為清末以來出土。據筆者統計，僅趙超《漢魏南北朝墓誌彙編》即著錄北朝墓誌 485 方（其中北魏 303 方、東魏 58 方、西魏 3 方、北齊 83 方、北周 18 方、無年月者 20 方），所錄墓誌材料截止 1986 年〔註77〕。從 1986 年至今又有數十件北朝墓誌出土，據汪小烜《1990～1999 新出漢魏南北朝墓誌目錄》統計，1990～1999 年全國各地出土北朝墓誌 34 方（其中北魏 14 方、東魏 1 方、北齊 15 方、北周 4 方）〔註78〕。故目前所見北朝墓誌 500 余方，數量遠超南朝。

從出土地點來看，北朝墓誌主要分佈於今河南、河北、山東、山西、陝西境內。不僅在北朝歷代統治中心都城所在及周邊地區，如北魏都城平城（今山西大同市附近）、洛陽，東魏、北齊都城鄴（今河北磁縣附近），西魏、北周都城長安（今陝西西安），發現大量北朝皇族成員及重要官員的墓誌，而且在今山西太原、襄汾、山東德州、臨淄、河北臨城等地尚發現有裴氏、高氏、崔氏、羊氏、李氏等世族大姓的家族墓誌。可見，北朝墓誌的分佈範圍超過南朝。故就出土數量及分佈範圍兩方面而言，北朝設置墓誌的風氣似較南朝為盛。

北朝墓誌的材質，基本上是以石質為主，磚質甚少；形制上，有碑形、長方形、方形（含正方形與近正方形）及比較特殊的龜形四種，其中以長方形、方形居多。

碑形墓誌，又可分浮雕螭首、圓首、圭首和方首四類〔註79〕，主要見於北魏時期。浮雕螭首碑形墓誌，所見僅 1965 年遼寧朝陽出土的北魏劉賢墓誌（452～465）一例。該誌作螭首小碑形，下有龜趺，碑額篆書「劉成主之墓誌」，兼具隸意〔註80〕。圓首碑形墓誌發現較多，如 1965 年山西大同出土的

〔註77〕詳參趙超，《漢魏南北朝墓誌彙編》。

〔註78〕汪小烜編：《1990～1999 新出漢魏南北朝墓誌目錄》，武漢大學《魏晉南北朝隋唐史資料》第 18 輯，武漢大學出版社，2001 年。

〔註79〕劉鳳君：《南北朝石刻墓誌形制探源》，《中原文物》1988 年第 2 期。

〔註80〕詳參曹汛：《北魏劉賢墓誌》，《考古》1984 年第 7 期。該誌額題「墓誌」，是目前所知北朝墓誌中最早稱名「墓誌」的一方，然較之首題「墓誌」的劉宋

北魏太和八年（484）司馬金龍墓誌，圓首碑形，碑額篆書「司空琅邪康王墓表」〔註81〕；1970 年代初，山西大同出土北魏永平元年（508）元淑墓誌，圓首碑形，碑額篆書「魏元公之墓誌」〔註82〕；1981 年山西大同出土北魏正始元年（504）封和突墓誌，圓首碑形，首題「屯騎校尉建威將軍洛州刺史昌國子封使君墓誌銘」〔註83〕。此外，傳世品中洛陽出土北魏正始四年（507）奚智墓誌與北魏孝昌二年（526）吳高黎墓誌皆作圓首碑形〔註84〕。圭首碑形墓誌比較少見，所知僅兩方，一爲北魏太和二十三年（499）韓顯宗墓誌，洛陽出土，圭首碑形，碑額篆書「魏故著作郎韓君墓誌」〔註85〕；一爲北魏晚期普泰元年（531）賈瑾墓誌，山東壽光出土，下有榫，跌已佚，額題「賈散騎之墓誌」〔註86〕。方首碑形墓誌數量也不多，主要有洛陽北魏永平四年（511）元侔墓誌〔註87〕，山東臨淄北魏孝昌二年（526）李謀墓誌〔註88〕等。

　　比較特殊的龜形墓誌，所見僅有北魏延昌二年（513）元顯儁墓誌 1 方〔註89〕。該誌誌石與誌蓋爲一完整石龜，蓋爲龜甲，中間題「魏故處士元君墓誌」，周圍遍刻龜甲；誌石爲龜身，首尾四爪畢具，製作十分精奇。

　　出土的北朝墓誌中長方形、方形數量最多，其中值得關注的是帶蓋方形石墓誌的出現。帶蓋方形石墓誌，「是墓誌規範化的產物，也是孝文帝實行全面改革，葬制中出現的新事物，它標誌著墓誌的成熟定型了」〔註90〕。從現有北魏時期的墓誌材料來看，帶蓋方形石墓誌出現於北魏孝文帝遷都洛陽以後。當時，北方中原地區使用的墓誌在形制、材質上已基本定型，主要採用正方形或接近正方形的石質材料製作，誌石製作規整，用以刻寫的正面及四

　　永初二年（421）謝琰墓誌，則晚了三、四十年。

〔註81〕 山西大同市博物館、山西省文物工作委員會：《山西大同石家寨北魏司馬金龍墓》，《文物》1972 年第 3 期。

〔註82〕 大同市博物館：《大同東郊北魏元淑墓》，《文物》1989 年第 8 期。

〔註83〕 大同市博物館、馬玉基：《大同市小站村花圪塔北魏墓清理簡報》，《文物》1983 年第 8 期。

〔註84〕 詳參趙萬里：《漢魏南北朝墓誌集釋》第 4 冊圖版 207、245。

〔註85〕 詳參趙萬里：《漢魏南北朝墓誌集釋》第 3 冊圖版 200。

〔註86〕 詳參趙萬里：《漢魏南北朝墓誌集釋》第 4 冊圖版 299。

〔註87〕 詳參趙萬里：《漢魏南北朝墓誌集釋》第 3 冊圖版 54。

〔註88〕 詳參趙萬里：《漢魏南北朝墓誌集釋》第 4 冊圖版 246。

〔註89〕 詳參莊天明、凌波主編：《古代銘刻書法》，天津美術出版社，2003 年，第 128～129 頁（圖版）。

〔註90〕 劉鳳君：《南北朝石刻墓誌形制探源》，《中原文物》1988 年第 2 期。

個側面磨光。最初，一般只有誌身，不設誌蓋。此後，逐漸產生了覆斗形的誌蓋（或稱盝頂形誌蓋），誌蓋與誌身上下相合，稱爲一合（或盒）墓誌。現知最早帶有誌蓋的方形石墓誌爲北魏正始二年（505）寇臻墓誌，誌蓋上書：「幽郢二州寇使君墓誌蓋」，說明當時已經形成了有誌蓋有誌身的固定形制〔註91〕。值得一提的是，這種帶有誌蓋的方形石墓誌形制，在北魏以後的歷代墓誌中佔有主導地位。曾有學者據傳世品估計，北朝此種墓誌約占總數十之二三，到隋唐則占到十之八九〔註92〕。而碑形或長方形無蓋墓誌雖然還時有發現，但已非主流。

　　北朝帶蓋方形石墓誌出現後，誌蓋最初多爲素面無文，或僅在誌蓋平面中間刻寫標題，如「某某墓誌蓋」、「某某墓誌銘」等，字體或篆、或隸、或楷。之後，又開始注重誌蓋上刻劃紋飾並日趨繁縟。紋飾的部位以誌蓋的平面和四刹爲主，側面的紋飾一般比較簡單，少數誌石部分的側面也有相應的紋飾。紋飾一般是在標題四周陰刻仙人、神獸、螭龍及四神圖案，並飾有刻飾繁縟的雲氣紋，有些則在四刹上加刻神獸、蓮花圖案、忍冬紋和卷草紋。上述種種紋飾，其題材大體可爲三類：關於宗教信仰的圖案、傳統的祥瑞圖案及一般裝飾變形圖案〔註93〕。此外，尚見在誌蓋上裝有鐵環，或四個（四角各一），或兩個（左右各一），或一個（位於中央）〔註94〕。可見，北朝墓誌誌蓋紋飾變化較多。隋唐以降流行帶蓋方形墓誌，而誌蓋紋飾相對程序化，只是因時代不同而略有差異。

　　據現有北朝墓誌材料，北朝墓誌的文體多以駢文爲主，文辭典雅，用典現象比較普遍。內容與南朝齊梁時期的墓誌幾無差別，通常於記載墓主姓氏、職官、仕歷、世系、籍貫、卒葬日期及葬地外，尚有四言韻文銘辭多附誌文之後，然也有置於誌文之中，其後再附祖先及妻室姓名籍貫等。只是較南朝墓誌所記內容更爲繁複，表現爲對墓主生平介紹更加細緻，用詞更爲華麗空泛，銘辭通常爲堆砌大量溢美之辭的長篇韻文。值得一提的是，北魏晚期墓誌銘末尾還開始出現撰者的姓名、職官、地望等內容。

〔註91〕　趙超：《古代墓誌通論》，第52頁。
〔註92〕　徐自強：《墓誌淺論》，《華夏考古》1988年第3期。
〔註93〕　詳參馬新宇：《試論北朝墓誌題銘的文化蘊涵及書體的裝飾性問題》，中國書法家協會學術委員會編《全國第六屆書學討論會論文集》，（鄭州）河南美術出版社，2004年，第376～385頁。
〔註94〕　詳參趙超：《古代墓誌通論》，第98～99頁。

綜上所述，南北朝時期可謂中國古代墓誌的定型階段。從形制、材質、文體、內容等各方面看來，儘管南、北朝墓誌含有各自地域的特點，存在一定的差異，然而總體上是趨向一致。

順便提及高昌國時期的墓誌。十六國時期，西北地區先後相繼出現過前涼、前秦、後涼、後秦、西涼、北涼等地方政權，均在今新疆吐魯番地區設置過高昌郡（治今高昌故城）。自 460 年始，高昌地區又先後由闞氏、張氏、馬氏、麴氏等割據勢力所統治（其中，麴氏高昌建自 499 年立，傳九世十王，至640 年為唐朝所滅，持續 141 年），史稱高昌國時期。麴氏高昌國統治 141 年內，政局相對比較穩定。境內多為漢魏時屯戍西域的漢人後裔，以及因避戰亂而遷徙至此的漢人，故其語言、文字、風俗、制度與中原地區大致相同。清末以來，在吐魯番地區至今已發現數百方漢文墓誌。這些墓誌大多稱「墓表」，內容比較簡單，一般只記載墓主姓名、職官、卒葬年月，僅少數記有原籍郡名；形制呈正方形，材質一般為土磚，製作甚是粗糙，通常是在磚面上先塗抹黑色或白色塗料，再在上面以墨或硃砂書寫銘文；墓主多為漢人官員及其家屬。如延和十八年（619）張師兒及王氏墓表、重光元年（620）張阿質兒墓表、延壽五年（628）王伯瑜墓表、延壽十二年（635）張善哲墓表等〔註95〕。

五、隋唐以降

隋唐時期的墓誌在數量上遠遠超過前代，除未發表者外，至今搜集可見的可達 5,000 餘方。清末學者葉昌熾《語石》云：「有唐一代墓誌，余先後收得三百餘通，其所不知及知而未能得者，尚不知凡幾也。」足見當時隋唐墓誌已經大量出土，流散甚廣。由於隋唐墓誌並未引起時人的足夠重視，收藏者較少，直到民國初年，「洛下所出唐石無人過問者，積至千百」〔註96〕。

自清末至民國時期，羅振玉、張鈁等學者曾廣泛搜求，所得隋唐墓誌材料及名目共達 4,000 餘種。建國 50 餘年來，各地考古發掘又陸續出土了大量隋唐時期的墓誌材料，公開發表的有近六七百種。隋唐墓誌的分佈地域非常廣泛，除都城長安（今陝西西安）及附近地區有大量皇族、官員、文人士子的墓誌集中出土外，在今河南、河北、山西、北京、甘肅、寧夏、新疆、山東、安徽、江蘇、湖北、廣東等廣大地區均有所發現。墓誌使用的階層，上

〔註95〕 黃文弼：《高昌磚集》，科學出版社，1957 年。
〔註96〕 （清）葉昌熾著、柯昌泗評：《語石異同評》卷四，中華書局，1994 年。

至皇親貴族、高級官員，下至低級胥吏、無職平民及僧侶。可見，隋唐時期使用墓誌的情況非常普遍。

從出土墓誌實物來看，隋唐墓誌的形制與北朝定型墓誌大體相似，基本上都製作成正方形，具有誌蓋與誌身兩部分；誌蓋有盝頂形與正方形兩類。誌蓋的裝飾也大多是沿襲北朝晚期的風格。然由於社會的發展變動，隋唐墓誌在形制與紋飾上亦有所發展變化，且存在一定的階段性特徵與時代特點。如唐代墓誌的尺寸有所增大，等級比較分明；紋飾日益繁縟且具有明顯的藝術特徵，等等。考慮到政權接替及文化傳承的關係，「隋唐時期的墓葬制度基本上是沿襲自北魏、西魏、北周一脈相承相來的禮儀制度」〔註97〕。因此，隋唐墓誌對北朝墓誌形制的繼承就顯得較爲合理。

隋唐墓誌的文體、內容、格式與南北定型墓誌幾無差別，然小有所發展變化。如稱名或稱「墓誌」，或稱「墓誌銘」，或稱「墓銘」。起首通常題「某某墓誌銘並序」，明確提出「序」的概念，進而在內容分爲「序」、「銘」兩部分，順序分明，「序」一般在前，記墓主生平履歷、家族世系、婚姻子女等；「銘」在後，爲讚頌、哀悼之辭，多爲四言韻文，唐代還出現有歌辭體的銘文。內容總體上較南北朝墓誌更爲繁複，故誌文多在千字開外。通篇墓誌文體也有所變化，既有北朝墓誌那種對仗工整、內容空泛的駢體文，亦有文筆通俗、敘事清晰的散文，甚至出現在誌文敘述中引用大段對話語言、詔書、聖旨等的對話的文體。

此外，南北朝後期墓誌開始出現題寫撰者、書人姓名職官的做法，在隋唐墓誌中得繼承和發揚，尤其是中唐以後，幾乎是每誌必書撰者，且以得到名家手筆爲榮，甚至不惜許以重金〔註98〕。

此後歷代出土的墓誌，數量上較隋唐時期爲少，葉昌熾《語石》卷四提到「宋墓誌新舊出土者視唐誌不過十之一，元又不逮宋之半，佳刻絕少」〔註99〕。隋唐以後歷代出土墓誌所見不如隋唐之多，筆者以爲並非表明設置墓誌的風俗有所衰落。如明代設置墓誌的風氣就非常興盛，墓誌銘的使用十分泛濫，時人唐順之就曾譏諷過這一流俗，「僕居閒，偶想起宇宙間有一二事

〔註97〕　趙超：《古代墓誌通論》，第22頁。
〔註98〕　《劉夢得文集‧外集》卷十《祭朝吏部文》云：「公鼎侯碑，誌隧表阡，一字之價，輦金如山。」又如錢詠《履圓叢話》卷三《考索‧潤筆》載：「白樂天爲元微之作墓銘，酬以輿馬、綾帛、銀鞍、玉帶之類，不可枚舉。」
〔註99〕　（清）葉昌熾撰、柯昌泗評：《語石‧語石異同評》，第229頁。

人人見慣而絕是可笑者：其屠沽細人有一碗飯喫，其死後則必有一篇墓誌；其達官貴人與中科第人，稍有名目在世間者，其死後則必有一部詩文刻集。」〔註100〕建國以來，考古發掘中宋、元、明、清時期墓誌也是屢有發現，即爲明證。個中原因，當與這些墓誌年代較近，不爲好古之金石學者所重視、搜集有關。此外，「宋代以後墓誌的書寫，基本上採用正體楷書，文字中異體紛出的情況與書體多樣化的現象已經很少出現」，所以「除去一些著名書法家的作品外，往往不大引起人們的重視。」〔註101〕漢魏以來設置墓誌的風氣只是到清代才開始有所衰落而已，民國以後更是日漸消亡。

總體看來，隋唐以降歷代墓誌變化較小。形制幾無變化，以方形石質或磚質爲主，也有一些瓷、瓦，甚或鐵等材質刻寫的情況。內容、格式均與唐誌無別，只是在誇敍功伐、鋪陳辭藻方面有過之，故篇幅冗長，動輒上千言。文體沿襲晚唐以後的散文寫法，不再使用駢句，文風平和易懂，用典甚少；內容詳盡，與史書中的傳記近似。

第三節　東晉南朝墓誌的歷史地位

在言及西晉滅亡後東晉南朝的學術文化時，陳寅恪曾指出：「永嘉之亂，中州士族南遷，魏晉新學如王弼的《易注》，杜預的《左傳》注，均移到了南方，江左學術文化思想從而發達起來。」〔註102〕因此，東晉南朝不僅在名義上繼承了漢魏正統，而且在實際上也保存和發展了漢晉文化，從而「不僅使漢晉文化在南方得以保存、延續，而且對北朝文化的產生和發展更起著醞發和升華的作用。」〔註103〕

從喪葬文化來看，情況確實如此。東晉南朝墓葬規模縮小，象徵性增強，不僅保持了西晉墓趨向簡約的特點，同時還使中原的墓葬形式與南方的地方特點結合起來。在設置墓誌方面，則沿襲西晉的舊俗，同時有所發揚。不僅表現在東晉南朝設置墓誌的區域較西晉有所拓展，而且在內容與形制上亦發生了一些變化。如東晉墓誌特徵之一是以長方形或方形磚墓誌居多，碑形及

〔註100〕《荊川文集》卷六《答王遵巖書》，《四部叢刊》初編本。
〔註101〕趙超：《古代墓誌通論》，第200頁。
〔註102〕陳寅恪著、萬繩楠整理：《陳寅恪魏晉南北朝史講演錄》第二十篇《南北社會的差異與學術的溝通》，黃山書社，1987年。
〔註103〕許輝、邱敏、胡阿祥主編：《六朝文化》，江蘇古籍出版社，2001年，第32頁。

石墓誌較少。這說明東晉時期一方面延續西晉採用碑形墓誌的做法，一方面卻也逐漸吸收了江南一帶的舊俗，以磚製作墓誌〔註104〕。

據本書上節對古代墓誌的形成與發展概況的介紹，河西地區出土的十六國時期的墓誌，基本上保留了西晉的特點，多為圓首碑形，稱名「墓表」。而北朝在北魏時期尚見相同形制的墓誌，帶有西晉遺風，可以說是吸取了十六國西北地區所保留的漢晉文化傳統。除此而外，北朝墓誌基本上皆為長方形或方形石墓誌，此在某種程度上可以說是受到東晉南朝墓誌的影響〔註105〕。進之，如前所述隋唐時期的墓葬制度與北魏、西魏、北周一脈相承，故隋唐墓誌直接沿襲北朝墓誌的特徵。若考慮到東晉南朝墓誌形制對北朝墓誌的影響，我們就不能完全否認東晉南朝墓誌對隋唐墓誌亦存在一定影響〔註106〕。

綜上，東晉南朝墓誌承上啟下的歷史地位，以及在中國古代墓誌發展史上所起的關鍵性作用，均不言而喻。

〔註104〕 關於東晉南朝墓誌與南方誌墓碑銘的關係，學界部分學者開始有所關注。如范淑英《漢三國兩晉南北朝磚銘誌墓習俗的發展及演變》（載《碑林集刊》第7輯，陝西人民美術出版社，2001年，第265～285頁）一文對魏晉時期南方地區大量使用誌墓磚銘的情況有所論及；又如王志高《六朝墓誌及買地券書法述略》（載《第五屆中國書法史論國際研討會論文集》，第121～136頁）一文指出：「考古發現南方東吳、西晉墓葬有用銘文墓磚記載墓主家世的傳統……因此，在研究南方墓誌的起源時，東吳、西晉時期這一類銘文磚是值得注意的重要線索。」揭示了東晉南朝墓誌與南方誌墓銘磚存在一定關係；再如華國榮《六朝墓葬中的墓誌》（載《第五屆中國書法史論國際研討會論文集》，第111～113頁）一文更是明確提出：「追溯六朝墓誌的出現，應和當時普通流行的文字磚有著密切的聯繫。……這類文字磚很可能是六朝墓誌出現的最早雛形。」

〔註105〕 在談到北朝政權的封建化進程及其文化制度之淵源時，曾有學者提出：「北方政權的封建化，一是依靠永嘉亂後留存於北方的一些大族保留之漢晉文化，二是更為重要的是，吸收和利用南方保存的漢晉文化的北傳」。（許輝、邱敏、胡阿祥主編《六朝文化》，第31頁）如此，則東晉南朝墓誌在北朝墓誌形制的形成與發展過程中存在一定影響，可能是事實。

〔註106〕 陳寅恪在論及隋唐制度的淵源時，曾指出：「隋唐之制度雖極廣博紛複，然究析其因素，不出二源：一曰（北）魏、（北）齊，二曰梁、陳，三曰（西）魏、周。所謂（北）魏、（北）齊之源者，凡江左承襲漢、魏、西晉之禮樂政刑典章文物，自東晉至南齊其間所發展變遷，而為北魏孝文帝及其子孫摹仿採用，傳至北齊成一大結集者是也。」（陳寅恪：《隋唐制度淵源略論稿·一敘論》，中華書局，1963年）由此筆者認為，作為喪葬文化一部分的隋唐墓誌，在一定程度上也可以說是間接受到東晉南朝墓誌的影響。

第二章　東晉南朝出土墓誌校釋

　　迄今爲止，筆者所見歷代出土東晉南朝墓誌共 73 方。其中，17 方係金石文獻著錄（東晉 7 方，南朝 10 方）；宋大明八年（464）劉懷民、齊永明十一年（493）呂超、梁太清三年（549）程虔等 3 方墓誌爲晚清至民國時期出土，具體時間不詳。其餘 53 方均爲 1949 年中華人民共和國建立以後出土〔註 1〕。此外，《藝文類聚》及《文選》還收有南朝墓誌 49 方，然多爲銘文，「序銘兼具」的完整墓誌文較少（參見表 4）〔註 2〕。

　　墓誌，作爲一種出土文字材料，是補訂傳世文獻資料的重要實物資料。墓誌研究的起始即爲誌文的考釋。因此，盡可能完整、準確地對出土墓誌實物上的銘刻文字進行隸定、句讀，就顯得非常重要。這可以說是整個研究工作的首要前提和基礎。東晉南朝墓誌材料，在公佈時絕大多數都附有釋文及拓片圖版。然由於誌石（磚）侵蝕漫漶，字迹往往有剝落，或隻字不存，或一字僅存部分筆畫，再加上古文字學和歷史學等專門知識方面的局限，發表的釋文一般情況下或多或少存在未讀或誤讀的情況，前人的相關研究也存有爭議之處。因此，需要參照拓片圖版和相關文獻記載，重新加以隸定和校讀。

〔註 1〕　事實上，中國南方地區經科學考古發掘出土的東晉南朝墓誌材料遠不止 53 方。1949 年以後，南京南朝墓葬出土石質墓誌有若干方，惜文字漶漫過甚，殘斷不全，有關具體內容無法作進一步的瞭解。

〔註 2〕　因《藝文類聚》等所收南朝墓誌材料，主要爲銘辭部分，「序銘兼具」的完整誌文較少。此對墓誌文學研究來說，具有一定價值，然於歷史、考古、文字、書法等研究而言，則意義甚微。故僅作與撰者、題名與出處相關的列表（表 4），以備檢索。

第一節　東晉墓誌

　　屬於東晉時期的出土墓誌，筆者所知 40 方，除 1 方出土地點不明外，餘 39 方分別發現於今江蘇南京、鎮江、溧陽、蘇州、浙江紹興、湖州、安徽馬鞍山 3 省 7 市（縣）。其中江蘇南京最多，共 28 方；其餘 6 市（縣）共 11 方（參見表 2）。

1. 江蘇南京出土太寧元年（323）謝鯤墓誌〔註3〕

　　1964 年南京市中華門外戚家山 3 號墓出土。墓誌出土時被鏈運機鏟出在墓門前，原擺放位置可能在甬道內。墓誌爲花崗石質，長方形石條，長 60、寬 16.5、厚 11 釐米。共刻 67 字，分四行，頭三行每行 17 字，第四行 16 字，字體隸書。簡報原文釋讀基本無誤，現重新加以標點如下：

　　　晉故豫■內史〔一〕、陳（國）〔註4〕陽夏謝■多〔二〕輿，以■寧〔三〕/元■〔四〕十一月廿（八）（亡），假■〔五〕建康縣石子■〔六〕，在/陽大家〔七〕墓東北（四）丈。妻中山■〔八〕氏。息尚，仁祖。/女眞石。弟■〔九〕，多儒。弟廣，多臨。舊墓在滎陽〔十〕。〔註5〕（圖版 1）〔註6〕

〔註3〕 南京市文物保管委員會：《南京戚家山東晉謝鯤墓簡報》，《文物》1965 年第 6 期。

〔註4〕 該誌出土時被鏈運機鏟去四字，括弧內的字即是被鏟去者，發掘報告作者根據殘留痕迹和史書相關記載而推測補入。

〔註5〕 目前學界在錄寫墓誌文字時，通常採用簡體字，如羅新、葉煒《新出魏晉南北朝墓誌疏證》（中華書局，2005 年）；或標準繁體字，如趙超《漢魏南北朝墓誌彙編》（天津古籍出版社，1992 年）。劉濤《〈王建之妻劉媚子墓誌〉中的「涅陽」》（《文物》2002 年第 7 期）一文明確提出，「前代金石家過錄古代青銅器、碑誌上的文字，一般是照寫，現在實行簡化字，對於古篆一類的字依然要按『隸古定』的方法處理。若釋錄隸書、楷書碑誌，可轉換成現在的寫法，例如也是南京市出土的《謝鯤墓誌》，『鯤』是『鯤』的別寫，同字異體，故錄爲《謝鯤墓誌》。」筆者以爲，若全按簡體或繁體字處理，不顧及誌文中存在異體、別體字的情況，則無法窺見墓誌書法、文字之全貌，如此或多或少也會遺漏一些文字、書法研究的相關重要信息。因此，爲了盡量保持墓誌文字原貌，筆者在逐錄時採用繁體標準字體，如遇異體、別體字等則適當照錄，並作簡要釋讀。另，考慮到東晉南朝墓誌中的異體、別體、通假字的界限比較模糊，故將異體、別體、通假字等與規範寫法不同者統稱爲俗體字（俗字）。關於俗體字的界定，筆者將在後文有所論及，此不贅述。

　　誌文錄入時，相關凡例如下：「……」謂缺字字數不詳者；「□」謂缺失或字迹漫漶不可讀者；「（國）」謂字迹不清據理可補者；「〔　〕」謂漏刻字，據補可資閱讀理解者；「/」謂換行符號。

〔一〕「章」，「章」之俗字。「豫章內史」，《晉書》卷四十九《謝鯤傳》、卷七十九《謝尙傳》〔註7〕、《世說新語‧文學第四》「衛玠始度江」條注引《晉陽秋》、《世說新語‧規箴第十》及劉孝標注引《晉陽秋》〔註8〕俱作「豫章太守」。《晉書》卷二十四《職官志》云：「王置師、友、文學各一人，……改太守爲內史」，「諸王國以內史掌太守之任」〔註9〕。可見，內史與太守實際職權相同，僅名稱有異，郭沫若指出：「但豫章郡不屬於王國，而太守卻也可以稱爲內史。」〔註10〕然據《晉書》卷五《孝懷帝紀》「太熙元年（290），封豫章郡王」〔註11〕，卷四《惠帝紀》「唯豫章王熾」〔註12〕、「豫章王先帝愛子」〔註13〕，卷六十四《清河康王遐傳》附《子覃、籥、銓、端傳》「銓初封上庸王，懷帝即位，更封豫章王。二年，立爲皇太子。……端初封廣川王，銓之爲皇太子也，轉封豫章，……當之國，會洛陽陷沒，端東奔苟晞於蒙。晞立爲皇太子，七十日，爲石勒所沒。」〔註14〕則豫章國實自太熙元年（290）始封至司馬端被執（311）一直存在〔註15〕。而豫章內史亦見載史冊，可考者四人：稽紹〔註16〕、夏氏〔註17〕、周廣〔註18〕、周訪〔註19〕。綜

圖版 1

〔註 6〕 本書所附墓誌圖版，均採自相關發掘簡報或論著。由於在介紹各方墓誌時已注明資料出處，以下墓誌圖版不再另注。

〔註 7〕 （唐）房玄齡等：《晉書》，中華書局，1974 年，第 1378、2069 頁。

〔註 8〕 余嘉錫：《世說新語箋疏》，中華書局，1983 年第 1 版，2007 年第 2 版，第 248、662 頁。

〔註 9〕 （唐）房玄齡等：《晉書》，第 743、746 頁。

〔註 10〕 郭沫若：《由王謝墓誌的出土論到蘭亭序的眞僞》，《文物》1965 年第 6 期。

〔註 11〕 （唐）房玄齡等：《晉書》，第 115 頁。

〔註 12〕 （唐）房玄齡等：《晉書》，第 103 頁。

〔註 13〕 （唐）房玄齡等：《晉書》，第 104 頁。

〔註 14〕 （唐）房玄齡等：《晉書》，第 1724 頁。

〔註 15〕 《晉書》卷十五《地理志下》於豫章封國之事失載，僅言「豫章郡，漢置。統縣十六，戶三萬五千。」（第 462 頁）

〔註 16〕 《晉書》卷八十九《稽紹傳》云：「（稽紹）轉豫章內史，以母憂，不之官。」（第 2298 頁）

〔註 17〕 陸雲《晉故豫章內史夏府君誄》云：「惟永寧元年（301）五月二十五日，晉

上，郭氏所言有失偏頗。當然，考諸史籍，東晉一朝確實不見豫章國事，故謝鯤墓誌此稱「豫章內史」，在文獻不足徵的情況，也只能當作太守與內史二者之淆稱〔註20〕。

〔二〕「餛」，「鯤」之俗字。發掘簡報及郭沫若《由王謝墓誌的出土論到蘭亭序的眞偽》〔註21〕均考「餛」、「鯤」字旁「角」和「魚」在當時爲通用，並引漢曹全碑「撫育鮮寡」爲證，是。「㓜」，「幼」之俗字（以下墓誌所見，同）。

〔三〕「泰」，「泰」之俗字（以下墓誌所見，同），通「太」。「太寧」爲東晉明帝司馬紹年號，太寧元年即公元 323 年。

〔四〕「秊」，「年」之俗字。

〔五〕「堥」即「堥（葬）」（以下墓誌所見，同）。

〔六〕「𡸫」，「崗」之俗字。石子崗，即今南京市中華門外戚家山一帶，位於南京城南郊雨花臺東北 0.5 公里處。山爲東西向，謝鯤墓即在該山北麓半山坡上。《三國志》卷六十四《吳書・諸葛恪傳》云：「建業南有長陵，名曰石子崗。葬者依焉。」〔註22〕故六朝時期的石子崗屬葬區之一。

〔七〕「陽大家」，郭沫若認爲：「即陽大姑，古音家與姑通。《爾雅・釋親》『父之姊妹爲姑』。……可以推定此人可能是謝鯤之姐，南渡後死於江左。」〔註23〕然而，《資治通鑑》卷一百一十三《晉紀三十五》「安帝元興三年（404）」

故豫章內史夏府君卒。」（（清）嚴可均校輯：《全晉文》卷一百四，《全上古三代秦漢三國六朝文》，中華書局，1958 年，第 2057 頁）

〔註18〕 《晉書》卷六《元帝紀》云：「江州刺史華軼不從，使豫章內史周廣、前江州刺史衛展討擒之。」（第 144 頁）《資治通鑑》卷八十七《晉紀九》「懷帝永嘉五年（311）」云「睿遣揚州刺史王敦、歷陽內史甘卓與揚烈將軍廬江周訪合兵擊軼。」（（宋）司馬光編著，（元）胡三省音注：《資治通鑑》，中華書局標點本，1956 年，第 2766 頁）不云「豫章內史周廣、前江州刺史衛展」參與其事，記載稍異。

〔註19〕 《晉書》卷五《孝愍帝紀》云：「（建興三年，315）三月，豫章內史周訪擊杜弘。」（第 129 頁）

〔註20〕 中華書局點校本《晉書》卷四《惠帝紀》「校勘記[27]」云：「按：晉制，以郡爲國，內史治民事，若郡太守。國除爲郡，復稱太守。然二名往往混淆，史家亦互稱之。」（第 111～112 頁）

〔註21〕 郭沫若：《由王謝墓誌的出土論到蘭亭序的眞偽》，《文物》1965 年第 6 期。

〔註22〕 （晉）陳壽撰，（南朝宋）裴松之注：《三國志》，中華書局點校本，1959 年第 1 版，1982 年第 2 版，第 1441 頁。

〔註23〕 郭沫若：《由王謝墓誌的出土論到蘭亭序的眞偽》，《文物》1965 年第 6 期。

載：「孟昶妻周氏富於財，……周氏曰：『卿幸事之不成，當於奚官中奉養大家。』」胡注云：「晉、宋間子婦稱其姑曰『大家』，考《南史・孝義孫棘傳》可見。」〔註24〕則「大家」在晉宋時代乃兒媳對「婆婆」的稱呼。此外，對於「家」字，周一良、王利器先生均有考釋，認為「家猶人也，而有尊敬之意」，家字與人字對文〔註25〕。亦可參考。

〔八〕「劉」，「劉」之俗字（以下墓誌所見，同）。

〔九〕「褒」，發掘簡報及郭沫若《由王謝墓誌的出土論到蘭亭序的眞僞》均釋為「褒」。然據墓誌照片，「褒」字「保」部類「臼」，而不似「保」。據相關文獻記載，謝鯤有弟名「裒」而無「褒」。《晉書》卷七九《謝安傳》云：「謝安字安石，尚從弟也。父裒，太常卿」〔註26〕；《世說新語・方正第五》記載謝裒替子求娶諸葛恢小女事時，注引《永嘉流人名》曰：「裒字幼儒，陳郡人，父衡，博士。裒歷侍中，吏部尚書，吳國內史。」〔註27〕又，據《世說新語・人名譜》中《陳國陽夏謝氏譜》載，謝鯤列於第二世，其弟有裒，「裒，衡子，字幼儒。太常卿，吏部尚書。」〔註28〕綜上，「褒」可逕釋為「裒」。〔註29〕

〔十〕「熒陽」即指「滎陽」。謝鯤祖籍陳國陽夏，晉屬豫州，在今河南太康縣境，祖塋當離此不遠。然今河南僅有「滎陽」，而無「熒陽」。考諸《嘉

〔註24〕　（宋）司馬光編著，（元）胡三省音注：《資治通鑒》，第 3559 頁。《南史》卷七十三《孝義上　孫棘傳》云：「棘妻許又寄語屬棘：『君當門戶，豈可委罪小郎？且大家臨亡，以小郎屬君。……』」（（唐）李延壽撰：《南史》，中華書局，1975 年，第 1811 頁）

〔註25〕　周一良：《三國志札記》「家」條，《魏晉南北朝史札記》，中華書局，1985 年第 1 版，2007 年第 2 版，第 14～16 頁。

〔註26〕　（唐）房玄齡等：《晉書》，中華書局，1974 年，第 2072 頁。

〔註27〕　余嘉錫：《世說新語箋疏》，中華書局，1983 年第 1 版，2007 年第 2 版，第 363 頁。

〔註28〕　（南朝・宋）劉義慶撰、（梁）劉孝標注：《世說新語》，上海古籍出版社據清王先謙校訂、光緒十七年（1891）思賢講舍刻本影印，1982 年，第 721 頁。

〔註29〕　日本學者川合安《東晉の墓誌》（《平成 14 年度東北大學教育研究共同プロジェクト成果報告書》，東北大學人學院文學研究科，2003 年 3 月，第 52～66 頁）一文，曾以《晉書》卷七九《謝安傳》、《世說新語・任誕第二十三》謝鎮西（尚）事注、《世說新語・方正第五》注引《永嘉流人名》等三處有關謝裒的記載，來證明謝鯤有弟「褒」，其所引文獻中「謝裒」均作「謝褒」。然筆者查閱《晉書》及《世說新語》相關記載，皆為「謝裒」。不知川合安所據二書為何版本？

慶重修一統志》等文獻記載，均作「滎陽」，考慮到地名學有關地名音同形異現象，「滎陽」、「滎陽」當指同一地。

2. 江蘇吳縣出土太寧三年（325）張鎮墓誌 〔註30〕

1979 年吳縣甪直鎮南張陵山 4 號墓（張鎮夫婦合葬墓）出土。墓誌爲青石質，圓首碑形，下有趺（盝頂形）。碑額的正反兩面都有穿，但未刻透，徒具形式。在該誌碑額處隱約可見一些磨平後殘留的字迹，趺的底部有道道鑿痕，其邊緣亦殘存一行字的偏旁，「可能此碑誌係利用舊碑鑿磨鐫刻，或者初刻不當又加工重刻而成的。」〔註31〕（參見圖版 2）

圖版 2

該誌通高 68.1 釐米（誌身高 45.6、趺高 12.5 釐米），寬 29.5、厚 13.5 釐米；趺長 34.5、寬 19 釐米；穿直徑 4.7 釐米。墓誌兩面均刻有細線界格，橫、豎各 7，格內刻文，每面 49 字（7 行，行 7 字），共 98 字。墓誌書體，筆劃

〔註30〕 鄒厚本：《東晉張鎮墓碑誌考釋》，南京博物院《文博通訊》1979 年 10 月，總27 期；莊天明、凌波主編：《古代銘刻書法》，天津美術出版社，2003 年，第106～107 頁（圖版），第 175～176 頁（釋文）；南京博物院：《江蘇吳縣張陵山張氏墓群發掘簡報》，《南方文物》2005 年第 4 期。
〔註31〕 鄒厚本：《東晉張鎮墓碑誌考釋》。

方厚，筆道清晰，字形規整，結體嚴謹，屬隸書。拓本照片清晰，現將全文標點如下：

（正面）晉〔一〕故散騎〔二〕常侍、建/威將〔三〕軍、蒼梧吳二/郡太守、奉車都尉、/興〔四〕道縣德侯〔五〕、吳國/吳張鎮〔六〕字蓁〔七〕遠之/郭〔八〕，夫人晉始安太/守嘉興徐庸之姊〔九〕。

（背面）太寧三秊〔十〕，太歲〔十一〕在/乙酉，侯年八十薨。/古爲冠族，仁德隆茂〔十二〕。仕晉元明〔十二〕，朝野/宗重。夫人貞賢，亦/時良媛。千古邂逅〔十四〕，/有見此者牟〔十五〕愍焉。（圖版2-1、2-2）

圖版 2-1　　　　　　　　　　圖版 2-2

〔一〕「晉」，「晉」之俗字（以下墓誌所見，同）。

〔二〕「騎」，「騎」之俗字（以下墓誌所見，同）。

〔三〕「將」，「將」之俗字（以下墓誌所見，同）。

〔四〕「興」，「興」之俗字（以下墓誌所見，同）。

〔五〕「德」、「侯」，分別爲「德」、「侯」之俗字（以下墓誌所見，同）。

〔六〕「鎮」，「鎮」之俗字（以下墓誌所見，同）。

〔七〕「![義]」即「義」。查秦公輯《碑別字新編》「十七畫『義』字」條，《周華嶽銘》與《唐道因法師碑》中均有與此形近之字〔註32〕。《世說新語‧排調第二十五》記載張鎮孫張憑事時，曾注引《張蒼梧碑》云：「君諱鎮，字義遠，吳國吳人，忠恕寬明，簡正貞粹，泰安中除蒼梧太守，討王含有功，封興道縣侯。」《世說新語‧人名譜》「無譜者二十六族」也記載：「張鎮，字義遠，蒼梧太守。」因「羲」與「義」字形相近，文獻傳鈔中出現錯訛，亦屬正常，故以墓誌所記爲是。

〔八〕「郭」通「槨」，「之郭」即爲「之槨」，意類「之柩」〔註33〕。對此，鄒厚本書雖未作解釋，然其此處句讀與筆者所斷相同。川合安《東晉の墓誌》一文對張鎮墓誌亦未作句讀，然在釋讀時逕稱「張鎮夫人郭氏墓誌」。聯繫下文「夫人嘉興太守徐庸之姊（通「姊」）」，張鎮夫人姓「徐」而非「郭」，甚明。故川合安稱「張鎮夫人郭氏墓誌」，顯然因不明「之郭」的意思而致誤。

〔九〕「姉」，「姊」之俗字（以下墓誌所見，同）。

〔十〕「![年]」，「年」之俗字（以下墓誌所見，同）。

〔十一〕「![歲]」，「歲（歲）」之俗字（以下墓誌所見，同）。

〔十二〕「![茂]」，「茂」之俗字，查秦公輯《碑別字新編》「九畫『茂』字」條，《晉石尠墓誌》中有與此形近之字〔註34〕。鄒厚本及川合安二文均釋無誤。莊天明、凌波主編《古代銘刻書法》未讀，作口，誤。

〔十三〕「![明]」，「明」之俗字（以下墓誌所見，同）。「仕晉元明」意爲張鎮在東晉元帝（317～322）、明帝（322～325）兩朝爲官。張鎮死於明帝太寧三年（325），月日及葬期不明。考《晉書》卷六《肅宗明帝紀》，晉明帝司馬紹崩於太寧三年閏八月戊子（25日），九月辛丑（初八）葬武平陵。故張鎮葬期當在明帝崩日，即太寧三年閏八月戊子（25日）之後，否則誌文「明」之謚號何來？

〔十四〕「![逅]」，「逅」之俗字，《碑別字新編》不收。然據同書「六畫『後』字」條，《魏元略墓誌》有「後」字，與此「![逅]」之「![后]」部近似。故鄒厚本釋爲「逅」，無誤。

〔註32〕 秦公輯：《碑別字新編》，（北京）文物出版社，1985年，第388頁。
〔註33〕 如西晉郭槐、魏雛等墓誌稱「柩」者。
〔註34〕 秦公輯：《碑別字新編》，第104頁。

〔十五〕「𡴞」，《碑別字新編》「八畫『幸』字」條，將「𡴞」作「幸」之別字，並引「漢曹全碑」爲證。趙超《漢魏南北朝墓誌彙編》、川合安《東晉の墓誌》及莊天明、淩波主編《古代銘刻書法》均釋作「幸」。許愼《說文解字》（以下簡稱《說文》）卷四上「羊部」云：「𡴞，小羊也，從羊，大聲，讀若達，他末切。」段玉裁注云：「羊當作羔，字之誤也⋯⋯𡴞又小於羔，是初生羔也。」〔註35〕據此，誌文「𡴞愍」二字連用，當示憐憫之意。故以「𡴞」作「幸」之別字，或逕釋爲「幸」，均誤。

3. 江蘇南京出土咸和四年（329）溫嶠墓誌〔註36〕

2001 年南京市北郊郭家山西南麓的一座大型單室穹窿頂磚構墓出土。墓誌發現於墓室左前壁，斜倚墓壁，文字面向外。該誌基本呈方形，長 45、寬44、厚 6 釐米，爲特製大磚。據墓誌拓片，誌磚刻有細線方格，但誌文並不完全刻在界格內，出現 2 格 3 字的現象。文字及方格線，刻劃較淺，但字迹清晰，隸書體，豎行右讀，共 10 行，104 字。另，在墓誌背面陰刻一「平」字。簡報及王志高文皆釋讀準確，現錄文並句讀如下：

> 祖濟南太守恭，字仲讓，夫人太原／郭氏。／父河東太守襜〔一〕，字少卿，夫人潁川／陳氏，夫人清河崔氏。／使持節、侍中、大將軍、始安忠武公、／并州太原祁縣都鄉仁義〔二〕里溫嶠，／字泰眞〔三〕，年卅二。夫人高平李氏；夫／人琅邪王氏；夫人盧江何氏。息放／之，字弘〔四〕祖；息式之，字穆〔五〕祖；息女膽；／息女光。（圖版 3）

〔一〕「襜」即「襜」。《世說新語・尤悔第三十三》記溫嶠事時，注引《溫氏譜》曰：「嶠父襜，娶清河崔參女。」可證。《晉書》卷六七《溫嶠傳》云：「（溫嶠）父憺，河東太守。」誤。羅新、葉煒《新出魏晉南北朝墓誌疏證》（以下簡稱《疏證》）稱「襜」爲「憺」的異體字，然無例證，不妥。

〔二〕「義」，「義」之俗字。

〔三〕「泰」，「泰」之俗字，通「太」（已見前述謝鯤墓誌）。《晉書》溫嶠本傳云：「溫嶠字太眞，司徒羨弟之子也。」《世說新語・言語第二》注引

〔註35〕 （漢）許愼撰，（清）段玉裁注：《說文解字注》，上海古籍出版社，1981 年第1 版，1988 年第 2 版，第 682 頁上。

〔註36〕 南京市博物館：《南京北郊東晉溫嶠墓》，《文物》2002 年第 7 期；王志高：《溫嶠考略》，殷憲主編《北朝史研究——中國魏晉南北朝史國際學術研討會論文集》，（北京）商務印書館，2004 年，第 32～44 頁。

虞預《晉書》亦云：「嶠字太眞，太原祁人。」《疏證》不明「泰」、「太」二字可通，以墓誌「泰」爲是，誤。

〔四〕「」，「弘」之俗字。

〔五〕「」，「穆」之俗字。

圖版 3

4. 浙江湖州出土咸康年間（335～342）劉造妻管氏墓誌〔註37〕

該誌出土年代不明，形制、材質不詳。清陸心源《吳興金石記》卷二「中大夫劉造墓誌」引《勞鉞湖州府志》云：「西余山寺僧道孜，預作壽穴，乃得古墓誌，刻云：晉咸康間中大夫劉造妻管氏。」

據《嘉慶重修一統志·湖州府》載：「西余山，在烏程縣東十八里，沈元華《輿地志》漢文帝封東海王搖之子期視爲顧余侯，即此。舊志余山下有西余港」。

〔註37〕 （清）陸心源：《吳興金石記》，《續修四庫全書》第 911 冊，據清光緒刻潛圓總集本影印，上海古籍出版社，2002 年，第 461 頁。

5. 江蘇南京出土咸康六年（340）王興之夫婦墓誌〔註38〕

1965 年南京象山東晉王氏家族墓 1 號墓（M1）出土。發掘報告未說明墓誌擺放位置，然據簡報所附墓葬剖面圖，墓誌出在墓室右前壁下。該誌爲長方形石質，較薄，長 37.3、寬 28.5、厚 1.1 釐米。表面塗有一層很薄的漆狀物（部分脫落）。兩面均刻細線分格，豎十格、橫十三格。共刻 203 字，隸書體。一面刻 115 字，全文爲（標點爲筆者所加）：

　　君諱**興**之，字稚**随**〔一〕，琅耶臨／沂都**鄉**〔二〕南仁里，征西大**將**／軍行**參**〔三〕軍、**贛**〔四〕令。春秋**卅**〔五〕一，／咸康六**年**〔六〕十月十八日**卒**〔七〕。／**△以**〔八〕七年七月廿六日**葬**〔九〕於／丹楊**建**〔十〕康之白石，**於**〔十一〕先考／散**騎**常侍、尚書左**僕射**〔十二〕、特／**進**〔十三〕、衛將軍、都亭**肅侯**〔十四〕**墓**之／左。故**刻**〔十五〕石爲識，**藏**〔十六〕之於墓。／長子閏之。女字稚容。／次子嗣之，出養弟〔十七〕二伯。／次子咸之。／次子預之。（圖版 4-1）

圖版 4-1

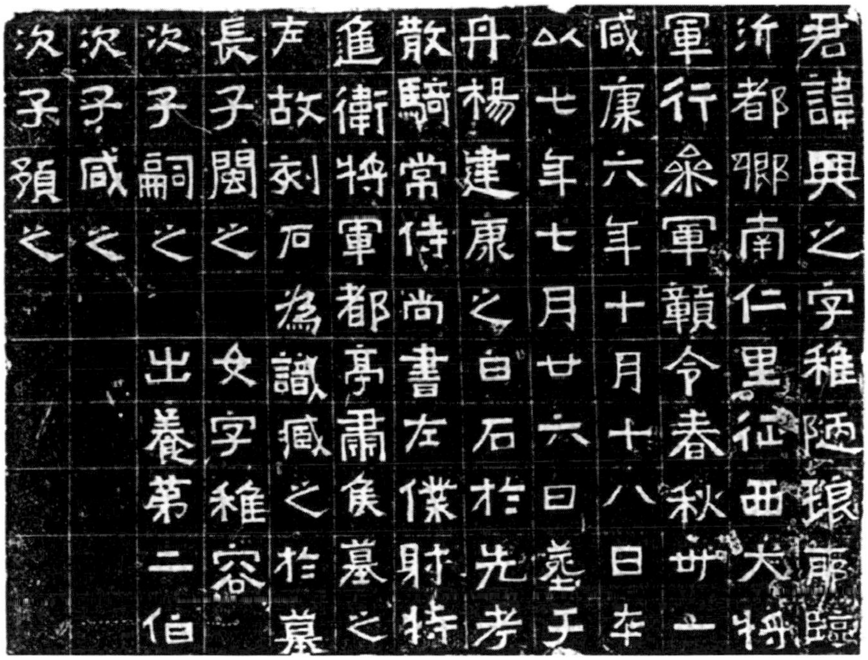

〔註38〕　南京市文物保管委員會：《南京人臺山東晉興之夫婦墓發掘報告》，《文物》1965 年第 6 期。

另一面刻 88 字，全文爲（標點爲筆者所加）：

命婦西河界休〔十八〕都鄉吉遷〔十九〕／里宋氏，名和之，字秦嬴。春／秋卅五，永和四年〔二〇〕十月三／日卒。以其月廿二日合葬／於君柩之右〔二一〕。／父括〔二二〕，字世儁〔二三〕，使持節〔二四〕、散騎／常侍、都督〔二五〕秦梁二州諸軍／事、冠軍將軍、梁州刺〔二六〕史、野／王公。／弟延〔二七〕之，字興祖，襲〔二八〕封野王／公。（圖版 4-2）

圖版 4-2

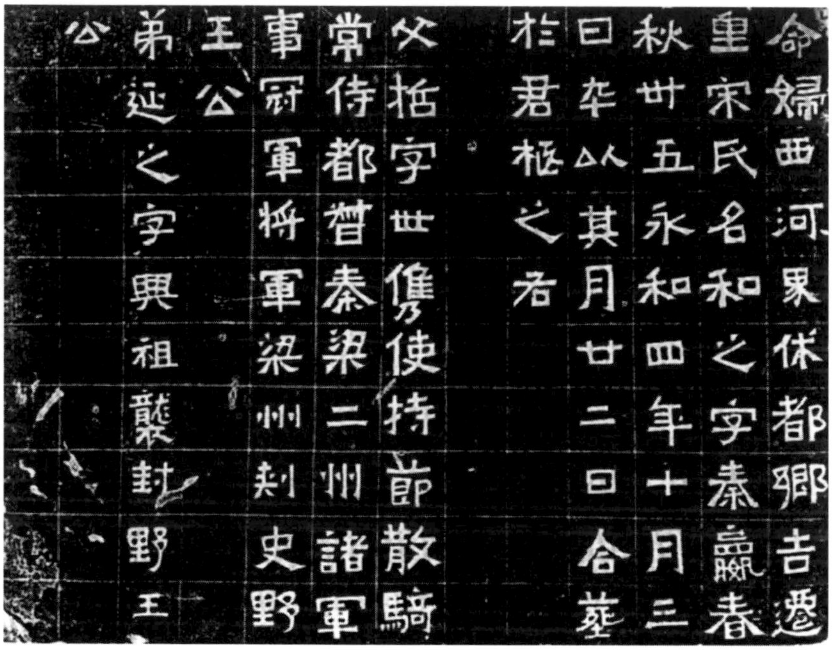
命婦西河界休都鄉吉遷
里宋氏名和之字秦嬴春
秋卅五永和四年十月三
日卒以其月廿二日合葬
於君柩之右
父括字世儁使持節散騎
常侍都督秦梁二州諸軍
事冠軍將軍梁州刺史野
王公
弟延之字興祖襲封野王
公

〔一〕「陃」，「陋」之俗字。

〔二〕「郷」，「鄉、鄉」之俗字（以下墓誌所見，同）。

〔三〕「叅」，即「叅」，「參」之俗字（以下墓誌所見，同）。

〔四〕「贑」，「贛」之俗字（以下墓誌所見，同）。

〔五〕「卅」，「卅」之俗字（以下墓誌所見，同）。

〔六〕「年」，「年」之俗字（以下墓誌所見，同）。

〔七〕「卆」，「卒」之俗字（以下墓誌所見，同）。

〔八〕「㠯」，「以」之俗字（以下墓誌所見，同）。

〔九〕「[葬]」，「塟（葬）」之俗字。

〔十〕「[建]」，「建」之俗字（以下墓誌所見，同）。

〔十一〕「[於]」，「於」之俗字（以下墓誌所見，同）。

〔十二〕「[僕]」、「[射]」，分別為「僕」、「射」之俗字（以下墓誌所見，同）。《晉書》卷七六《王彬傳》云：「彬字世儒，……蘇峻平後，改築新宮，彬為大匠。以營創勳勞，賜爵關內侯，遷尚書右僕射。」〔註39〕與誌文所載「尚書左僕射」不同，當以誌為正〔註40〕。

〔十三〕「[進]」，「進」之俗字。

〔十四〕「[肅]」、「[侯]」，分別為「肅」、「侯」之俗字。

〔十五〕「[刻]」，「刻」之俗字（以下墓誌所見，同）。

〔十六〕「[藏]」，「藏」之俗字。

〔十七〕「弟」，「第」之俗字（以下墓誌所見，同）。

〔十八〕「[界]」、「[休]」，分別為「界」（通「介」）、「休」之俗字。據《晉書》卷十四《地理志上》，介休縣為晉并州西河國所統四縣（離石、隰城、中陽、介休）之一，可證。

〔十九〕「[遷]」，「遷」之俗字。

〔二〇〕「[年]」，「年」之俗字。

〔二一〕「[右]」，「右」之俗字。

〔二二〕「[哲]」，「哲」之俗字。

〔二三〕「[世]」、「[俊]」，分別為「世」、「儁（俊）」之俗字。

〔二四〕「[節]」，「節、莭」之俗字。

〔二五〕「[督]」，「督」之俗字。

〔二六〕「[冠]」，「冠」之俗字；「剌」，「刺」之俗字。

〔二七〕「[延]」，「延」之俗字。

〔二八〕「[襲]」，「襲」之俗字。

6. 江蘇南京出土永和元年（345）顏謙婦劉氏墓誌〔註41〕

1958 年南京中央門外老虎山 1 號東晉墓出土。墓誌為長方形磚質，長 32、寬 14.5、厚 4.5 釐米。文凡 3 行，每行 7～9 字不等，共 24 字。誌文楷

〔註39〕　（唐）房玄齡等：《晉書》，第 2006 頁。

〔註40〕　可參張學鋒：《南京象山東晉王氏家族墓誌研究》。

〔註41〕　南京市文物保管委員會：《南京老虎山晉墓》，《考古》1959 年第 6 期。

書，字體大小不一，排列不甚規整。現標點如下： 圖版 5

琅耶  顏 謙〔一〕婦 劉 氏〔二〕，／年卅

四，以晉永和元年／七月廿日亡，九月 葬 。

（圖版 5）

〔一〕「顏」、「謙」，分別爲「顏」、「謙」之俗

字。顏謙爲顏含第二子，《晉書》卷八八《顏含傳》云：

「（含）三子：髦、謙、約。」〔註42〕

〔二〕「劉」、「氏」，分別爲「劉」、「氏」之俗

字（以下墓誌所見，同）。

7. 永和六年（350）莫龍編侯墓誌〔註43〕

該誌爲磚誌，出土地點、年代，及形制、尺寸均

不詳，北京圖書館藏拓本。誌文爲：

永和六年，太歲庚戌，莫龍編侯之墓。

8. 江蘇南京出土永和十二年（356）王康之及太元十四年（389）何法

登墓誌〔註44〕

2000 年南京市北郊象山東晉王氏家族墓 11 號墓（M11）出土。由於墓葬

被盜嚴重，墓室僅殘存 2 方磚墓誌。王康之墓誌長 50、寬 25、厚 7 釐米，正

面豎刻 44 字，字體隸書，帶有楷意。全文爲（標點爲筆者所加）：

永和十二 年〔一〕十月十七日，晉／故 男〔二〕子、琅 耶〔三〕臨沂

王康之，字／承 拘〔四〕，年廿二 卒，其年十一月／十日，葬 於白石，

故刻 磚〔五〕爲識。（圖版 6-1）

王康之妻何法登墓誌，長 49、寬 23.5、厚 7 釐米，正面豎刻 80 字，字體

隸書，兼具楷意。全文爲（標點爲筆者所加）：

晉故 處〔六〕士、琅耶臨沂王康之妻 南〔七〕江／潛何 氏〔八〕，侍中、

司空父 祖〔八〕公女，字法登，／年五十一，泰元十四年正月廿五日

卒，／其年三月六日附葬處士君 墓〔九〕於／白石，刻磚爲識。／養

兄臨之息績之，／女字 風〔十〕旻，適盧江何元度。（圖版 6-2）

〔註42〕（唐）房玄齡等：《晉書》，第 2287 頁。

〔註43〕趙超：《漢魏南北朝墓誌彙編》，第 19 頁。另《廣倉磚錄》第一冊、《漢吳晉

宋齊梁隋唐磚文》第一冊亦收有此磚誌文。

〔註44〕南京市博物館：《南京象山 11 號墓清理簡報》，《文物》2002 年第 7 期。

圖版 6-1

圖版 6-2

〔一〕「」，「年」之俗字。

〔二〕「」，「男」之俗字。

〔三〕「」，「耶」之俗字。

〔四〕「」，「叔」之俗字（以下墓誌所見，同）。

〔五〕「」，「磚」之俗字（以下墓誌所見，同）。

〔六〕「」，「處」之俗字（以下墓誌所見，同）。

〔七〕「」，「盧」之俗字（以下墓誌所見，同）。

〔八〕「」，「穆」之俗字。

〔九〕「」，「墓」之俗字（以下墓誌所見，同）。

〔十〕「」，簡報釋作「夙」，是。查《碑別字新編》「六畫『夙』字」條，錄有「齊劉碑造像」中的「」字〔註 45〕。

〔註 45〕秦公輯：《碑別字新編》，第 23 頁。

9. 江蘇南京出土永和十二年（356）謝氏及太和元年（366）高崧墓誌
〔註46〕

1998 年南京仙鶴觀東晉磚室墓 2 號墓出土。2 方墓誌簡報分別編號爲M2：2、M2：66，均爲特製的長方形青灰大磚，墓誌部分字口尙存塗硃痕迹，字體爲隸書。其中，M2：2 爲高崧墓誌，長 48.1、寬 24.8、厚 5.7 釐米，出土時擺放於墓室東側前壁下，靠牆倒置，有字一面朝外，誌文 4 行 31 字，現標點如下：

晉故侍中、騎都尉、建／昌伯、**廣陵**〔一〕高崧，泰和／元**年**〔二〕八月廿二日**甍**〔三〕，／十一月十二日窆。（圖版 7-1）

M2：66 爲高崧妻謝氏墓誌，長 50.5、寬 25.2、厚 6 釐米，出土於墓室西側前部，側置，有字一面朝內，誌文 4 行 40 字，現標點如下：

鎮〔四〕西長史、騎都尉、建昌伯／廣陵高崧夫人**會稽**〔五〕謝**氏**，／永和十一**年**〔六〕十二月七日／**薨**，十二年三月廿四日**窆**〔七〕。（圖版 7-2）

圖版 7-1　　　　　　　　　　　圖版 7-2

〔註46〕 南京市博物館：《江蘇南京仙鶴觀東晉墓》，《文物》2001 年第 3 期。

〔一〕「廣」、「陵」，分別爲「廣」、「陵」之俗字（以下墓誌所見，同）。

〔二〕「年」，「年」之俗字。

〔三〕「薨」，「薨」之俗字（以下墓誌所見，同）。

〔四〕「鎮」，「鎮」之俗字。

〔五〕「會」、「稽」，分別爲「會」、「稽」之俗字（以下墓誌所見，同）。

〔六〕「年」，「年」之俗字（以下墓誌所見，同）。

〔七〕「窆」，「空」之俗字。

10. 江蘇鎮江出土升平元年（357）劉剋墓誌〔註47〕

1963 年鎮江市東郊一座磚砌單室劵頂墓出土。墓誌 2 方，內容相同。出土時橫置於祭臺前側，陰文，表面塗有黑漆。磚文向內相對。東首磚誌長 27、寬 15.5、厚 3.5 釐米，正面刻 18 字，字體隸書。全文標點如下：

東海郡郯縣都／郷，〔一〕容丘里劉剋，〔二〕／年廿九，字旁〔三〕成。（圖版 8-1）

圖版 8-1　　　　　　　　　　圖版 8-2

〔註47〕鎮江市博物館：《鎮江市東晉劉剋墓的清理》，《考古》1964 年第 5 期。

西首磚誌長 28、寬 15.5、厚 4.5 釐米。正面刻 12 字，全文如下：

晉故**林**〔四〕平元年／十二月七日**巳**〔五〕（圖版 8-2）

每磚反面所刻文字均與另一磚正面所刻相同；東首磚反面不同於西首磚正面的是，兩行字分爲三行排列。

〔一〕「**郷**」，「郷、鄉」之俗字。

〔二〕「**剋**」，「剋」之俗字。郭沫若《由王謝墓誌的出土論到蘭亭序的眞僞》作「劉剋墓誌」；羅宗眞、王志高《六朝文物》作「劉克墓誌」〔註48〕。查《現代漢語詞典》，「剋」、「尅」、「克」三字相通〔註49〕。然唐顏元孫《干祿字書》云：「克、剋，上克，能；下剋，勝。」可見，在唐朝時「克」、「剋」仍爲意義並不相通的兩字，遑論東晉時期。再者，「剋」與誌文原字字形最爲相近，且涉及人名，故筆者主張不宜改作「尅」、「克」，而稱「劉剋墓誌」較妥。

〔三〕「**彦**」，「彦」之俗字（以下墓誌所見，同）。

〔四〕「**林**」，「升」之俗字（以下墓誌所見，同）。

〔五〕「**巳**」，「亡」之俗字（以下墓誌所見，同）。

11. 江蘇南京出土升平元年（357）李緝墓誌〔註50〕

1999 年南京市東北郊仙鶴門外呂家山東晉李氏家族墓 1 號墓（M1）出土。墓誌簡報編號爲 M1：4，發現在甬道中，距墓底 0.3 米處。該志爲青灰色磚質，磚表除背面外餘各面經打磨後再施一層黑色漆狀物。長 31.4、寬 14.5～14.9、厚 5～5.4 釐米，與墓磚大小相仿。正面及一側面豎刻誌文，字體隸書略具楷意。字口及界格內均塗硃砂，硃砂大部保存較好。正面 4 行 32 字，字間有界格。全文標點如下：

（正面）晉故平南**將**軍、湘南／**郷侯**〔一〕、廣平郡廣平**棟**〔二〕／李府君諱**緝**〔三〕，字方熙，／夫人譙國譙**縣**〔三〕陳氏。

側面 1 行 11 字，周圍有淺刻邊框。刻文如下：

（側面）**升**平元**年**十二月廿日丙午（圖版 9）

〔一〕「**郷**」、「**侯**」，分別爲「郷、鄉」、「侯」之俗字。

〔註48〕 羅宗眞、王志高：《六朝文物》，南京出版社，2004 年，第 218 頁。

〔註49〕 中國社會科學院語言研究所詞典編輯室編：《現代漢語詞典》，（北京）商務印書館，1978 年第 1 版，1983 年第 2 版，1996 年修訂第 3 版，第 715 頁。

〔註50〕 南京市博物館：《南京呂家山東晉李氏家族墓》，《文物》2000 年第 7 期。

〔二〕「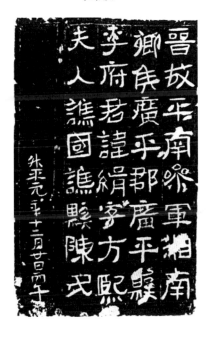」，「縣」之俗字（以下墓誌所見，同）。

〔三〕「絹」，「縜」之俗字。

〔四〕「縣」，「縣」之俗字。

12.江蘇南京出土李纂及其妻武氏、何氏等 3 方墓誌〔註51〕

圖版 9

1999 年出土於南京市東北郊仙鶴門外呂家山東晉李氏家族墓 2 號墓（M2）。3 方墓誌簡報分別編號爲 M2：1、M2：2、M2：10，均爲長方形青灰色磚質，發現於甬道積土中。

M2：1 爲東晉升平元年（357）李纂妻武氏墓誌。長 30.7、寬 15.1、厚 5.1 釐米，與墓磚尺寸相仿。磚除背面外，其餘五面經打磨光滑後，再施一層黑色漆狀物。正面及一側面豎刻誌文，字體隸書略具楷意。字口及界格內均塗硃砂，硃砂大部分存留。正面有 4 行 32 界格，但格內刻文者僅 3 行 23 字，全文標點如下：

（正面）晉撫軍㭍軍、廣平郡／廣平縣李纂〔一〕故妻潁／川郡長社縣武氏。

側面一行 11 字，周圍有淺刻邊框。刻文爲：

（側面）升平元年十二月廿日丙午（圖版 10）

M2：2 爲東晉寧康三年（375）李纂墓誌。長 29.7、寬 14.5、厚 4.8 釐米，尺寸與墓磚相近。磚表未經打磨，亦未施漆狀物。正面刻有誌文 3 行 21 字，無界格，字體隸書。字口塗硃砂，但大半脫落。現將誌文標點如下：

晉故宜都太守梘〔二〕郡肥／傂〔三〕李纂，／寧康三年十月廿六日。（圖版 11）

M2：10 爲李纂妻何氏墓誌，年代不明。長 29.4、寬 14.5、厚 4.7 釐米，大小與墓磚相仿。磚表未經打磨，亦未施漆狀物。正面刻有誌文 1 行 8 字，「夫人東海郯縣何氏」，刻字較淺，且極草率。字口塗硃砂，但大半脫落（圖版 12）。

〔註51〕　南京市博物館：《南京呂家山東晉李氏家族墓》，《文物》2000 年第 7 期。

圖版 10 　　　　　 圖版 11 　　　　　 圖版 12

〔一〕「![纂]」,「纂」之俗字。簡報照錄,川合安《東晉の墓誌》逕釋爲「纂」。《疏證》釋爲「藁」。考慮到古代「艸」通「竹」部,且碑刻中「目」有減筆爲「日」、「日」有增筆爲「目」的現象,川合安、《疏證》所釋,均正確。據同時同地出土之李氏家族墓李摹墓誌,「摹」亦從「艸」。簡報認爲「李![纂]、李摹可能爲同輩兄弟」。因此,《疏證》釋作「藁」,較爲合理。然現代漢語中已無「藁」字,故將「![纂]」釋爲「纂」之俗字則更妥。

〔二〕「![魏]」,「魏」之俗字。

〔三〕「![鄉]」,「郷、鄉」之俗字。

13. 江蘇南京出土升平元年（357）李摹墓誌 〔註 52〕

1999 年出土於南京東北郊仙鶴門外呂家山東晉李氏家族墓 3 號墓（M3）。墓誌簡報編號爲 M3：1,發現位置簡報未說明。但據簡報所附墓葬平面圖,可知墓誌發現於墓室前部東側壁旁。

該誌爲青灰色磚質,上下兩塊相扣合,有刻文一面朝內,大小與均同墓磚。誌蓋在上,長 31.2、寬 15.1、厚 5.3～5.6 釐米,磚表未經打磨,正面中央刻二「晉」字,上下相對,字體一大一小,字口內未見塗硃痕迹（圖版 13-1）。誌磚在下,長 31.1、寬 14.8、厚 5.3～5.6 釐米,磚表各面皆經打磨光滑,並施一層黑色漆狀物,正面及一側面刻有誌文,字體隸書略具楷意,字

〔註 52〕 南京市博物館:《南京呂家山東晉李氏家族墓》,《文物》2000 年第 7 期。

口及界格內均塗硃砂，然局部有脫落。正面有 4 行 32 個細線界格，但格內刻文僅 3 行 17 字，現標點如下：

　　　　（正面）晉故中軍參軍、廣平 / 郡廣平縣李墓〔一〕，字仲 / 山。

側面一行 11 字，周圍有淺刻邊框。刻文爲：

　　　（側面）升平元年十二月廿日丙午（圖版 13-2）

　　　　圖版 13-1　　　　　　　　　　　　圖版 13-2

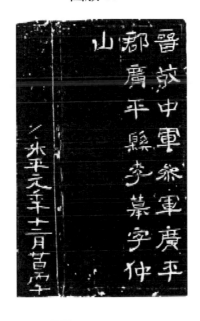

〔一〕「墓」，「摹」之俗字（以下墓誌所見，同）。

14. 江蘇南京出土升平二年（358）王閩之墓誌 〔註53〕

1965 年南京新民門外象山東晉王氏家族墓 5 號墓（M5）出土。墓誌出土時，側立靠在墓壁上，正面向外，誌文上頭朝墓門。該誌由長方形大磚製成，長 42.3、寬 19.8、厚 6.5 釐米，是印有粗繩紋的特製青磚。兩面均刻誌文，並以細線分格，是在刻字前先把磚面磨平，然後劃格，再寫字刻字的。全文共84 字，字體爲隸書。正面 5 行，行刻 12 字，共 60 字，現標點如下：

　　　（正面）晉〔一〕故男了‧琅〔二〕耶臨沂都鄉南仁 / 里王閩之，字冶民〔三〕，故尚書左僕 / 射、特進、衛將軍彬之孫，贛令興 / 之

────────────────

〔註53〕南京市博物館：《南京象山 5 號、6 號、7 號墓清理簡報》，《文物》1972 年第
　　　 11 期。

之元子，年廿八，升平二年三／月九日卒，瘞於舊〔四〕墓，在贛令墓〔五〕（圖版 14-1）

背面亦有 5 行 60 細格，然僅在中間 3 行刻字，且不滿行。誌文與正面銜接，共 24 字，現標點如下：

（背面）之後，故刻磚於墓爲識。／妻吳興施〔六〕氏，字女式。／弟嗣之、咸之、預之。（圖版 14-2）

圖版 14-1

圖版 14-2

〔一〕「晉」，「晉」之俗字（以下墓誌所見，同）。

〔二〕「琅」，「琅」之俗字。

〔三〕「冾」，「洽」之俗字；「民」，「民」之俗字。

〔四〕「舊」，「舊」之俗字。

〔五〕「墓」，「墓」之俗字（以下墓誌所見，同）。

〔六〕「施」，「施」之俗字。

15. 南京象山出土升平三年（359）王丹虎墓誌 〔註54〕

1965 年南京新民門外象山東晉王氏家族墓 3 號墓（M3）出土。墓誌發現於墓室前部右側。從簡報所附墓葬平面圖上看，該誌側置靠牆。誌爲印有粗繩紋的長方形青灰磚，面、背長寬不一，背稍大於面，面長 48、寬 24.8，背長 49.5、寬 25、厚 6.2 釐米。誌磚的尺寸超出普通墓磚不少，應是專門製作品。磚面經打磨平滑後，刻有細線界格，並殘留有粗繩紋痕。豎刻十五格半，橫爲八格。右空一行，左空二行，上空一行，下空半行。第 1～3 行每行 14 字，第 4 行在「卅」和「日」字間空一格，爲 13 字，第 5 行 10 字，共刻誌文 65 字，現標點如下：

晉故 **散**〔一〕騎常侍、特進、衛將軍、尚書左／僕射、都亭 **肅**〔二〕侯、琅耶臨沂王彬之長／女，字丹 **虎**〔三〕，**年** 五十八，升平三年七月／廿八日 **卒**，其年九月 **廿日 葬** 於白／石，在彬之墓右，刻磚爲識。

（圖版 15）

〔一〕「**散**」，「散」之俗字。

〔二〕「**肅**」，「肅」之俗字。

〔三〕「**虎**」，「虎（虎）」之俗字。

16. 浙江湖州出土升平四年（360）周闡墓誌 〔註55〕

該誌出土年代不明，形制、材質不詳。清陸心源《吳興金石記》卷二「太學博士周闡墓誌」引《巖下放言》云：

法華山發古冢，得一碑刻云：
晉升平四年三月四日，太學博士、

圖版 15

〔註54〕　南京市文物保管委員會：《南京象山東晉王丹虎墓和二號、四號墓發掘簡報》，《文物》1965 年第 10 期。

〔註55〕　（清）陸心源：《吳興金石記》卷二，《續修四庫全書》第 911 冊，據清光緒刻潛園總集本影印，上海古籍出版社，2002 年，第 461 頁。

陳留郡雍邱縣都鄉周闡，字道舒。妻活，晉潯陽太守、譙國龍堈縣柏逸字茂長小女。父晉安太守、鷹揚勇諱蟠，字永時。」

然考之葉夢得《巖下放言》，所載文字略有出入，云：

（法）華人發古冢，得磚皆有刻字，曰：晉升平四年三月四日，大學博士、陳留郡雍丘縣都周闡，字道舒。妻活，晉潯陽太守、譙國龍堈縣柏逸字茂長小女。父晉安（城）〔筆者按：據葉氏下文，此「城」字乃衍文〕太守、鷹揚男諱蟠，字永時。〔註56〕

據《嘉慶重修一統志》記載，浙江境內法華山有二：一在湖州府境，「法華山，在烏程縣西北十八里，蘇軾有與胡祠部遊法華山詩。」；一在紹興府境，「法華山，在山陰縣西南二十五里，十峰聳峙，下有雙澗，唐李紳詩云『十峰掛碧落，雙澗縈清漣。』」〔註57〕周闡墓誌當出湖州府之法華山。

關於「譙國龍堈縣柏逸字茂長」，《晉書》卷十四《地理志上》「譙郡（當作『譙國』）」屬縣有「龍亢」，「亢」音「gāng」〔註58〕，與「堈」音同，「龍堈縣」當即「龍亢縣」。「柏逸」，疑即「桓逸」，「桓」、「柏」二字形近，碑刻易訛；聯繫譙國龍亢桓氏乃魏晉望族，桓溫父桓彝字茂倫〔註59〕，與「桓逸字茂長」恐爲同輩。

17. 浙江紹興出土興寧三年（365）王獻之保母墓誌〔註60〕

南宋嘉泰二年（1202）六月出土，正方形磚質，高、廣均爲一尺一寸。原誌早佚，清以前尚有拓本流傳〔註61〕。刻文12行，行10字，行書。現將誌文抄錄並標點如下：

琅耶王獻之保母，姓李名意如，廣漢人也。在母家，志行高秀，歸王氏，柔順恭勤。善屬文，能草書，解釋老旨趣。年七十，興寧

〔註56〕（宋）葉夢得：《巖下放言》卷上，文淵閣四庫全書本，第863冊，721頁。

〔註57〕（清）穆彰阿、潘錫恩等纂修：《大清一統志》卷二八九「湖州府・山川」、卷二九四「紹興府・山川」，上海古籍出版社據《四部叢刊續編》本影印，2008年，第7冊，第14、106頁。

〔註58〕詳參孔祥軍：《晉書地理志校注》，新世界出版社，2012年，第56～57頁。

〔註59〕（唐）房玄齡等：《晉書》卷七十四《桓彝傳》，第1939頁。

〔註60〕（清）王昶編：《金石萃編》卷二五，（北京）中國書店，1985年；（清）黃本驥：《古誌石華》卷一，《三長物齋叢書》，道光中湘陰蔣氏刊本。

〔註61〕黃本驥《古誌石華》卷一於該誌誌文後案語言：「今磚已亡，即舊拓本亦不可得也。」《金石萃編》卷二五收有李大姓等人所作題跋，考證了該誌的真實性。

三年歲在乙丑二月六日無疾而終。仲冬既望，葬會稽山陰之黃閖岡下，殉以曲水小硯，交螭方壺，樹雙松於墓上，立貞石而誌之。悲夫，後八百餘載知獻之保母宮於茲上者尚口口口焉。

圖版 16

18. 南京趙士崗出土太和元年（366）王夫人墓誌〔註62〕

1955 年出土於南京光華門外趙士岡東晉墓中。墓誌磚質。長方形，長 31、寬 7、厚 4.5 釐米，正面鐫刻「卞氏王夫人」5 字，單行排列。側面壓印「太和元年八月」字樣，背面印繩紋。字體爲隸書。（圖版 16）

19. 江蘇南京出土太和三年（368）王仚之墓誌〔註63〕

1998 年南京市北郊象山東晉王氏家族墓 8 號墓（M8）出土。簡報未說明墓誌出土位置，然據所附墓葬平面圖，墓誌發現於墓室前部左側。該誌爲磚質，長 51、寬 26、厚 7 釐米，較一般墓磚大，正面豎刻 88 字，刻工較草率，字體屬隸書，現將全文標點如下：

> 晉故前丹楊令、騎都尉、琅耶臨沂都鄉南／仁里王仚〔一〕之，字少及，春秋卅九，泰和二羊／十二月廿一日苶，三年𥘉〔二〕月廿八荃〔三〕於／丹楊建康之白石，故刻石爲志。／𥘉〔四〕生母夏民。／妻曹氏。／息女字媚榮，適盧江何釋〔五〕字祖慶。／息朙曇之，字敬遠〔六〕。（圖版 17）

〔一〕羅新、葉煒《疏證》及趙超《古代墓誌通論》〔註64〕均釋作「企」。《說文》卷八上「人部」云：「仚，人在山上，從人從山，呼堅切。」段玉裁

〔註62〕　葛家瑾：《江蘇江寧縣夾崗門鄉發現東晉古墓》，《文物參考資料》1955 年第 6 期；南京市博物館：《南京市博物館藏六朝墓誌》，《東南文化》1992 年第 5 期。然前者稱此磚爲「大墓磚」，後者稱作「墓誌」。不知何者爲是？現暫依後者作墓誌處理。

〔註63〕　南京市博物館：《南京象山 8 號、9 號、10 號墓發掘簡報》，《文物》2000 年第 7 期。

〔註64〕　趙超：《古代墓誌通論》，第 68 頁。

注云：「引申爲高舉貌，顏元孫引鮑明遠書勢云『鳥仚魚躍』。」〔註65〕故誌文之「仚」字可逕釋。然考慮到東晉墓誌中「止」部通常寫作「山」，如「歲（歲）」作「歲」（張鎮墓誌「太歲乙酉」）、「武」作「武」（劉媚子墓誌「夫人修武令乂之孫」），故將此「仚」字釋爲「企」，亦可。

〔二〕「初」，「初」之俗字。

〔三〕「莖」，「塋（葬）」之俗字。

〔四〕「所」，「所」之俗字。

〔五〕因此字不甚清晰，簡報未讀，作□。《疏證》釋作「粹」，張學鋒釋爲「釋」字〔註66〕。審視簡報所附墓誌拓片，可辨此字左部爲「米」，右部似乎爲「罂」，與「釋」形近〔註67〕。張學鋒所釋比較準確，筆者從之。

〔六〕「道」，「道」之俗字。

20. 南京象山出土太和六年（371）劉媚子及咸安二年（372）王建之墓誌〔註68〕

1998 年南京市北郊象山東晉王氏家族墓 9 號墓（M9）出土。3 方墓誌中，2 方石墓誌出在墓室內死者頭部，東邊爲王建之妻劉媚子墓誌，西邊爲王

圖版 17

〔註65〕（漢）許愼撰，（清）段玉裁注：《説文解字注》，上海古籍出版社，1981 年第 1 版，1988 年第 2 版，第 383 頁。唐顏元孫《干祿字書》云：「仚、企，上高舉貌，許延反，鮑明遠書勢『鳥仚魚躍』；下企望，丘賜反。」可見，「仚」、「企」本爲意義並不相同的兩字。

〔註66〕張學鋒：《南京象山東晉王氏家族墓誌研究》，牟發松主編《社會與國家關係視野下的漢唐歷史變遷》，第 319～336 頁。

〔註67〕王建之妻劉媚子墓誌中的「鄱陽太守」之「鄱」字左上部亦減筆作「米」，似可證。

〔註68〕南京市博物館：《南京象山 8 號、9 號、10 號墓發掘簡報》，《文物》2000 年第 7 期。

建之墓誌；1 方磚墓誌出在墓坑填土中，爲王建之妻劉媚子墓誌。

　　王建之妻劉媚子墓誌，2 方，石、磚質各 1，均作長方形，內容略有不同。其中，劉媚子磚墓誌長 51、寬 26、厚 7 釐米，單面刻文，共刻 14 行，行字數不等，共 144 字，字體爲隸書，兼具楷風，刻工較潦草。現將全文標點如下：

　　　　晉 [一]戚將軍、[二]陽太守、都 / 亭、琅耶臨沂縣都鄉南 / 仁里王之，字榮妣。故夫人 / 南陽[三]陽氏，字[四]子，春秋 / 五十三，泰和六六月十四日 / [五]於郡官舍。夫人光祿勳東 / 昌[六]之長女，年廿來[七]，生 / 三男三女，二男未識不育，二 / 女並二[八]亡，小女張[九]適[十] / 陰卞嗣之字奉伯，小男[十一]之，/ 字元萬。其年十月三日[十二]還 / 都，十一月八日倍於[十三]墓，/ 在丹楊建康之白石。故刻石 / 爲識。（圖版 18-1）

圖版 18-1

　　劉媚子石墓誌長 45、寬 35、厚 2.5 釐米，單面刻字，共刻 14 行，滿行 13 字，末行 2 字，共 171 字，字體爲隸書，略帶篆意，刻工精美，「具有明顯的返古遺風」。現將全文標點如下：

　　　　晉振戚將軍、鄱陽太守、都亭、[十四] / 耶臨沂都南仁里王建之，字 / 榮妣。故夫人南陽陽氏，字 / 子，春秋五十三，泰和六六月[十五] / [十六][十七]十四日

〔十八〕，薨於郡官舍。夫／人循武〔十九〕令乂之孫〔二〇〕，光祿勳東昌男／璞之長女，年廿來歸，生三男三女，／二男未識不育，大女玉龜，次女道／末，並二歲亡；小女張願適濟陰卞／嗣〔二一〕之字奉伯；小男紀之，字元萬。其／年十月丙申朔三日戊戌喪還都，／十一月乙未朔八日壬寅〔二二〕倍葬於／舊墓，在丹楊建康之白石。故刻石／爲識。（圖版 18-2）

圖版 18-2

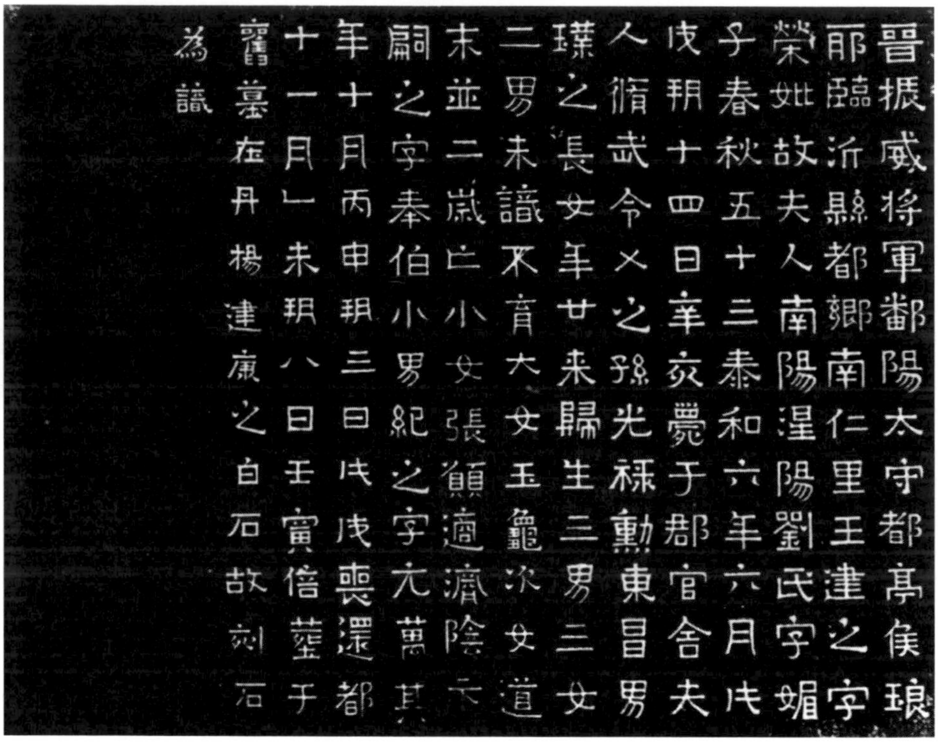
晉振威將軍鄱陽太守都亭侯琅
耶臨沂縣都鄉南仁里王建之字
榮妣故夫人南陽涅陽劉氏字媚
子春秋五十三泰和六年六月戊
戌朔十四日辛亥薨于郡官舍夫
人循武令乂之孫光祿勳東昌男
璞之長女年廿來歸生三男三女
二男未識不育大女玉龜次女道
末並二歲亡小女張願適濟陰卞
嗣之字奉伯小男紀之字元萬其
年十月丙申朔三日戊戌喪還都
十一月乙未朔八日壬寅倍葬于
舊墓在丹楊建康之白石故刻石
為識

王建之墓誌，長方形石質，長 47、寬 28、厚 5 釐米，正反兩面刻文，刻工精美，字體爲隸書，略帶篆意，與其妻劉媚子石墓誌如出一轍，2 兩方墓誌似爲同一人之手筆。正面刻文 18 行，行 10 字，共 180 字，現將全文標點如下：

（正面）晉故振威將軍、鄱陽太守、／都亭侯、琅耶臨沂縣都鄉／南仁里王建之，字榮妣，故／散〔二三〕騎常侍、特進、衛將軍、尚／書左僕射〔二四〕、都亭肅侯彬之／孫，故給〔二五〕事黃門侍郎

〔二六〕、都亭／侯彭之之長子。本州■〔二七〕西／曹，不行。襲封都亭侯，州檄／主簿、建威參軍、太■■〔二八〕士、／州別駕，不行。長山令、廷尉、／監尚書右丞、車騎長史、尚／書左丞、中書侍郎、振威將／軍、鄱陽太守，春秋五十五，／泰和六年閏月■〔二九〕寅朔十／二日丁丑，■於郡官舍。夫／人南陽■陽■氏，先建之／半年薨。咸安二年三月甲／午朔十四日丁未■〔三〇〕神，其（圖版19-1）

圖版 19-1

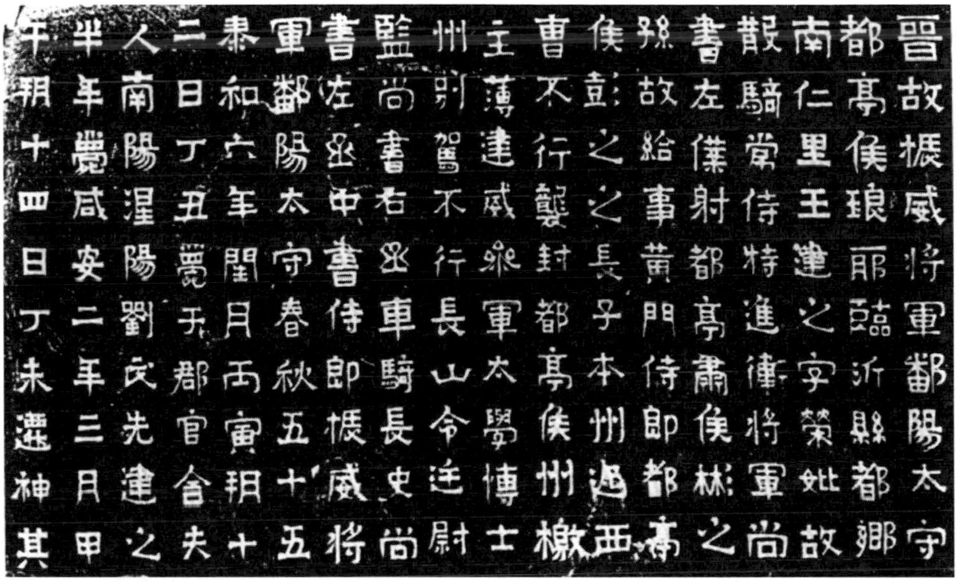

背面刻文 11 行，滿行 10 字，共 95 字，與正面誌文銜接，現標點如下：

（背面）年四月癸■朔廿六日■／子，合■■墓，在丹楊建康／之白石，丹楊令君墓之東。／故刻石爲識。／二男未識不育，大女玉龜，／次女道末，並二歲亡。小女／張■，適濟陰卞■之字奉／伯。小男紀之，字元萬。／建之母弟翹之，見■陵太／守。小弟朔之，前太■■〔二〕事中郎。（圖版 19-2）

值得一提的是，與 M9 同時發掘的象山 10 號墓亦發現石墓誌 1 件（M10：4），爲方形灰白石板，長 48、寬 40、厚 6 釐米，惜因風化嚴重，文字已難辨識。

圖版 19-2

〔一〕「振」，「振」之俗字（以下墓誌所見，同）。

〔二〕「鄱」，「鄱」之俗字（以下墓誌所見，同）。

〔三〕「涅」，「涅」之俗字〔註69〕。

〔四〕「媚」，「媚」之俗字（以下墓誌所見，同）。

〔五〕「薨」，「薨」之俗字（以下墓誌所見，同）。

〔六〕「璞」，「璞」之俗字（以下墓誌所見，同）。

〔七〕「歸」，「歸」之俗字（以下墓誌所見，同）。

〔八〕「歲」，「歲（歲）」之俗字（以下墓誌所見，同）。

〔九〕「願」，簡報照錄，誤。川合安《東晉の墓誌》釋作「願」，《疏證》釋爲「願」，是。

〔十〕「濟」，「濟」之俗字（以下墓誌所見，同）。

〔十一〕「紀」，「紀」之俗字（以下墓誌所見，同）。

〔十二〕「喪」，「喪」之俗字（以下墓誌所見，同）。

〔十三〕「舊」，「舊」之俗字（以下墓誌所見，同）。

〔十四〕「琅」，「琅」之俗字。

〔十五〕「戊」，「戊」之俗字（以下墓誌所見，同）。

〔十六〕「戌」，「戌」之俗字（以下墓誌所見，同）。

〔註69〕 劉濤：《〈王建之妻劉媚子墓誌〉中的「涅陽」》，《文物》2002 年第 7 期。

〔十七〕「![朔]」,「朔」之俗字（以下墓誌所見,同）。

〔十八〕「![辛]」、「![亥]」,分別爲「辛」、「亥」之俗字（以下墓誌所見,同）。

〔十九〕「![修]」,「修」之俗字;「![武]」,「武」之俗字（以下墓誌所見,同）。晉修武縣,屬司州汲郡〔註70〕。

〔二〇〕「![孫]」,「孫」之俗字（以下墓誌所見,同）。

〔二一〕「![嗣]」,「嗣」之俗字。

〔二二〕「![寅]」,「寅」之俗字（以下墓誌所見,同）。

〔二三〕「![散]」,「散」之俗字（以下墓誌所見,同）。

〔二四〕「![射]」,「射」之俗字。

〔二五〕「![給]」,「給」之俗字。

〔二六〕「![郎]」,「郎」之俗字（以下墓誌所見,同）。

〔二七〕![迎],左爲走之旁,右渺,難以辨認。《疏證》釋爲「迎」,不知何據?

〔二八〕「![學]」、「![博]」,分別爲「學」、「博」之俗字。

〔二九〕「![丙]」,「丙」之俗字。

〔三〇〕「![遷]」,「遷」之俗字（以下墓誌所見,同）。

〔三一〕「![宰]」、「![從]」,分別爲「宰」、「從」之俗字（以下墓誌所見,同）。

21. 江蘇南京出土太和六年（371）溫式之墓誌〔註71〕

圖版 20-1

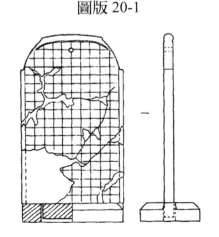

2001 年南京市博物館在市北郊郭家山溫嶠墓西側,發掘了 4 座東晉墓葬,其中一墓（編號 M12）出土墓嶠次子散騎常侍、新建縣侯溫式之墓誌。該誌爲陶質,由誌身與誌座兩部分組成。誌身圓首碑形,額有穿,兩面穿上各飾一道弧形凹痕,下端出榫,可插於誌座內。誌座荇頂,平面呈長方形,中有長方形墓誌插槽（圖版 20-1）。因墓葬發掘前

〔註70〕　（唐）房玄齡等:《晉書》卷十四《地理志上》,第 417 頁。

〔註71〕　南京市博物館:《南京市郭家山東晉溫氏家族墓》,《考古》2008 年第 6 期。

已遭擾亂，故墓誌的原始位置可能被移動，出土時位於墓室前部偏左位置，與陶倉、陶竈、陶果陶盒、瓷盤等遺物鄰近。墓誌通高 55.2、寬 30.4 釐米，正反兩面均有文字，字體隸意楷書，陰刻，以細線界格，兩面各 10 行，滿行 18 字，兩面首尾兩行各縮進 1 字，誌文殘存 265 字。現將全文標點如下：

（正面）泰和六年四月廿九日，■故■騎常侍、新建／開國侯，太原郡祁縣〔都〕鄉仁義里溫式之，葬琅／耶郡華縣白石崗□□□，閱如左：／

祖司■右長史、河〔東太守〕，諱■，〔一〕字少卿，〔夫人潁〕川／陳氏，夫人清河／崔氏，〔父御史〕／中丞■。考〔使持節、侍〕／中、大將軍、始安郡〔忠〕武〔公〕，諱嶠，字太〔眞，夫人高平〕／李氏，父河南□□□祖；夫人琅耶〔王氏，父脩武令〕／詡，字季■〔二〕。夫人盧〔江何氏，〕父吳國内〔史邃，字〕□偉。／兄使持節、輔國將軍、〔交州刺史〕，〔襲封始〕安公，諱／放之，字■祖，夫人太〔原龐氏，父盧陵太〕守■，字／

（背面）子及。式之夫人潁川荀氏，父御史中丞闓，字道／明。大妹適潁川庚□，字宣慶。小妹適餘杭令陳／國袁嶠之，字叔產。大妹二■三女，小妹四■五／女。放之三■三女，長女適陳國謝廓，字敬■〔三〕；長／息嵩之，字敬林，散騎侍郎，襲封始安公，配河内／山氏，父東〔陽太守〕遐，字彥林。式〔之長〕女〔適譙〕國／桓胘，〔字〕少仁；中女適陳國謝遁，〔字〕□□；〔小女適〕／琅耶顏暢，字少和；息崇之，字□□□□□□□／；次息鋥之，字仲光；次息慕之，字□□；〔次息〕□□，／字稚光，凡此八〔人〕皆荀■之□□□□□□／（圖版 20-2）

〔一〕「■」，簡報釋作「譫」，誤。據圖版，該字右部雖已泐滅，然左部清晰，參以溫嶠墓誌之「■」，可釋爲「襜」。另，對於溫襜之歷官，林楓珏點校爲「司徒、右長史、河東太守」，並分別注釋「司徒」、「右長史」之漢魏建置沿革，然據《晉書》卷八十二《干寶傳》「王導請爲司徒右長史，遷散騎常侍」〔註72〕，「右長史」當爲司徒屬官，故不應點斷。

〔二〕「■」，簡報釋作「演」，誤，當作「胤」。據《世說新語‧假譎第

二十七》「溫公喪婦」條注引《溫氏譜》云：「（溫）嶠初取高平李暅女，中取琅邪王詡女，後取廬江何邃女。」〔註73〕《世說新語‧容止第十四》「有人詣王太尉」條注引石崇《金谷詩敘》云：「王詡字季胤，琅邪人。」又，同注引《王氏譜》云：「詡，夷甫弟也，仕至修武令。」〔註74〕可證。

　　〔三〕「庹」，簡報釋作「慶」；林楓珏釋作「度」〔註75〕。對比誌文之「大妹適潁川庚口字宣庹（慶）」，筆者從林氏所釋。

圖版 20-2

22.安徽馬鞍山出土太元元年（376）孟府君墓誌〔註76〕

　　1976 年安徽馬鞍山市一座東晉磚室墓出土。5 方磚刻墓誌，均為長方形，長 35、寬 17、厚 5 釐米，大小與墓磚相仿。因該墓早年遭盜擾，故墓誌的原始位置可能被挪動，出土時墓室中前部偏左部 1 方，四隅各 1 方。5 方磚

〔註73〕余嘉錫：《世說新語箋疏》，第 1006～1007 頁。

〔註74〕余嘉錫：《世說新語箋疏》，第 721 頁。

〔註75〕林楓珏：《漢魏南北朝墓誌釋注（三）：溫式之墓誌》，臺灣《臺大歷史系學術通訊》第 5 期，2009 年 11 月。

〔註76〕安徽省文物工作隊：《安徽馬鞍山東晉墓清理》，《考古》1980 年第 6 期。

誌所刻內容，完全相同，字迹清晰，其中 3 方屬隸書，2 方爲楷書，兼具行書筆意。現標點如下：

泰元元▓〔一〕十二月十二日，晉故／平昌郡安丘▓〔二〕始▓

相、散／騎常侍孟府君▓〔三〕。（圖版 21）

〔一〕「▓」，「年」之俗字。

〔二〕「▓」，「縣」之俗字。

〔三〕「▓」，「墓」之俗字。

圖版 21　　　　　　　　　　　圖版 22

23. 南京象山出土太元十七年（392）夏金虎墓誌 〔註77〕

1966 年南京新民門外象山東晉王氏家族墓 6 號墓（M6）出土。墓誌出土在甬道西側，直立斜靠在墓壁上。在墓遭破壞時已被亂磚壓斷。該誌較一般墓磚爲大，正面長 50.8、寬 23.7、厚 5.8 釐米，反面印有粗斜繩紋。墓誌刻工較差，書寫比較潦草，有漏刻筆劃的，有一格寫二字的，有漏字後又在邊上

〔註77〕 南京市博物館：《南京象山 5 號、6 號、7 號墓清理簡報》，《文物》1972 年第 11 期。

補刻的，以至錯字等。字體屬楷書。誌文共6行，每行字數不一，共86字，現將全文標點如下：

晉故衛將軍、左⬛〔一〕射、肅侯、琅耶／臨沂王彬繼室夫人夏金⬛〔二〕，⬛八十五，／太元十七年正月廿二亡。夫人⬛仚之，衛軍參軍，／婦彭城曹〔三〕季姜，父⬛〔四〕，少府卿。大女翁愛⬛〔五〕淯陽丁引，父寶，永嘉太守。小女隆愛，⬛長樂／馮循，父懷，太常卿。（圖版22）

〔一〕「⬛」，「僕」之俗字。

〔二〕「⬛」，「甩（虎）」之俗字。

〔三〕「曹」，「曹」之俗字（以下墓誌所見，同）。

〔四〕「⬛」，「蔓」之俗字。

〔五〕「⬛」，「適」之俗字（以下墓誌所見，同）。

24.安徽馬鞍山出土太元廿一年（396）虞道育墓誌〔註78〕

墓誌石質，出土時間、地點不詳，現存馬鞍山市博物館。墓誌正、反兩面刻文，正面2行，行5字；反面3行，第1行7字，第2行6字，第3行2字。共刻25字，字體楷書略具隸意。現錄誌文並標點如下：

（正面）弘農楊⬛〔一〕宴〔二〕／濟陽虞〔三〕道育。（圖版23-1）

（背面）太元廿一年丙申／歲六月廿二日／甲午。（圖版23-2）

圖版23-1　　　　　　　　　　圖版23-2

〔註78〕 該誌尚未見公開發表。承蒙南京市博物館王志高研究員惠賜該誌拓片複印件，謹致謝忱！

〔一〕「[image]」,「劭」之俗字。

〔二〕「妻」,「妻」之俗字。

〔三〕「虞」,「虞」之俗字（以下墓誌所見，同）。

25. 江蘇溧陽出土太元廿一年（396）謝琰墓誌〔註79〕

1972 年溧陽縣上興鄉一座六朝墓出土。墓誌磚質，出土時平放在甬道口，長 31、寬 24.5、厚 6 釐米。誌文共刻 79 字，分 7 行，每行字數不等。由於磚誌風化腐蝕，字迹不清，現將尚能識別的銘文抄錄並標點如下：

圖版 24

晉故豫州陳郡陽夏縣都 / 鄉吉遷里，附馬〔一〕都尉朝（請）〔二〕、/（溧陽）〔三〕令、給事中、散騎常侍□〔四〕/ 琰，字弘〔五〕仁，□□□□□□□ / 夫人司徒（左）長史太原晉陽（王）〔六〕/ 濛仲祖女，□太元廿一年七月十四日□ / □□□□陽□□（圖版 24）

〔一〕「馬」,「馬」之俗字（以下墓誌所見，同）。

〔二〕「請」,簡報據補，是。

〔三〕「溧陽」,簡報對照墓磚文「溧陽令」而推測，是。

〔四〕□爲墓主姓氏，字迹泐滅，難以辨認。據簡報考證，可能爲「謝」字。

〔五〕「琰」,簡報稱因該字左半邊不清楚，既可從「玉」，也可從「金」，故爲「琰」字或「錟」字。詳照拓本，該字左部當爲「玉」，乃「王」之俗寫，故筆者認爲可逕釋作「琰」。「弘」,「弘」之俗字。

〔六〕「左」與「王」二字，爲簡報據補。

〔註79〕 南京博物院：《江蘇溧陽果園東晉墓》,《考古》1973 年第 4 期。

26. 江蘇南京出土隆安三年（399）謝重墓誌〔註80〕

出土年代、地點不詳，隸書小字，現錄誌文並標點如下：

晉驃騎大將軍、開府儀同三司、故長史、豫州陳郡陽夏縣都鄉
吉遷里謝重，字景重，隆安三年己亥六月二十二日丙午薨，以七月
九日癸酉葬。

謝重，謝朗之子，謝晦之父，事見《晉書》卷七九《謝安傳附謝朗傳》、
《南史》卷十九《謝晦傳》、《南史》卷二十六《袁淇傳》、《世說新語・言語
第二》。墓誌所載謝重卒年，以及「長史」之外的其他官職，均爲上引諸書不
載，可補史闕。

27. 江蘇南京出土義熙二年（406）謝溫墓誌〔註81〕

1984年至1987年間，南京市雨花臺區鐵心橋鄉大定坊司家山謝氏家族墓
5號墓（M5，謝溫墓）出土。墓誌出土於甬道中部距墓底0.5米的填土中。誌
爲長方形青磚，長46.4、寬23、厚6.5釐米，出土時殘斷爲兩塊。刻文8行，
可辨文字98字，楷書體，然書寫隨意，字體大小不一，較爲凌亂，不易辨認。
現將全文標點如下：

晉故義熙二年丙午歲九月口口，（豫州陳郡陽夏）〔一〕 / 縣都鄉
吉█〔二〕里謝溫，字長仁。……口十一月廿八日〔窆〕〔三〕 / 丹楊郡
江寧縣牛頭山。祖攸，散騎郎。祖母，潁川庾氏，諱女█〔四〕。父
諱█〔五〕，母河東衛氏，諱口。伯諱琰，豫 / 寧縣開國伯。█〔六〕
諱球，輔國參軍。姊諱口，適太 / 原溫楷之。外祖諱準，江夏郡〔七〕
開國公。口諱口 / 口口口口口口口父諱簡〔八〕之，散騎郎。 / 口口
凝之，右將軍、會稽內史口口〔九〕。（圖版25）

〔一〕此行因墓誌有部分殘失，缺字較多，簡報未讀。「豫州陳郡陽夏」
6字，爲張學鋒據謝琰、謝球兄弟墓誌及江蘇溧陽果園謝琰墓誌等所載陳郡
謝氏籍貫補入，是。張學鋒還推測「九月」後兩字應是某日干支。聯繫東
晉墓誌的紀時格式，筆者以爲此推測有誤：其一，如果是某日干支，則干支
前仍有具體某日，如此則「九月」後可能不只缺兩字；其二，墓誌下文「十

〔註80〕 （宋）陳思編：《寶刻叢編》卷十五「江南東路 建康府」，文淵閣四庫全書
本。

〔註81〕 南京市博物館、雨花區文化局：《南京南郊六朝謝溫墓》，《文物》1998年第5
期；張學鋒：《南京司家山出土謝氏墓誌研究》，《南京曉莊學院學報》2004
年第3期。

一月廿八日〔窆〕」，亦未使用干支，前文用干支而後文不用的可能性不大。

〔二〕「」，「遷」之俗字。

〔三〕「窆」，因字迹不清，簡報未讀，作「□」。據拓片，此字上部似為「宀」，下近「之」，故釋「窆」。張學鋒釋補為「葬」，可通。

〔四〕「淑」，「淑」之俗字（以下墓誌所見，同）。

〔五〕「璵」，當係「璵」或「璵」，原釋讀為「珙」，張學鋒隸定為「玙」，後者是。

〔六〕「叔」，「叔」之俗字（以下墓誌所見，同）。

〔七〕「江夏郡」三字，張學鋒考補，是。因文字漫漶嚴重，簡報未讀，作「□□□」。

〔八〕「蕳」，「簡（簡）」之俗字（以下墓誌所見，同）。簡報作「蕑」，誤。

〔九〕「□□」，簡報未讀。張學鋒稱「或為『之子』」。

圖版 25

28. 江蘇南京出土義熙三年（407）謝球及義熙十二年（416）謝球妻王德光墓誌〔註82〕

南京司家山謝氏家族墓 4 號墓（M4，謝球、王德光夫婦合葬墓）出土。2 方墓誌簡報分別編號為 M4：25、M4：26。

M4：25，為輔國參軍謝球墓誌，為長方形磚質，長 45、寬 23、厚 6 釐米。平面及側立面刻字，文字均豎寫陰刻，楷書兼具隸意，書寫較為草率。

〔註82〕 南京市博物館、雨花區文化局：《南京司家山東晉南朝謝氏家族墓》，《文物》2000 年第 7 期；張學鋒：《南京司家山出土謝氏墓誌研究》。

側面文字較大，1 行 18 字，現抄錄如下：

晉故輔國參軍、豫州謝〔一〕安厝丹楊郡牛頭山

正面刻文共 9 行，滿行 28 字，共 203 字。現標點如下：

晉故輔國參軍、豫州陳郡陽夏縣都鄉吉里謝／球，字景璋，年一，義〔二〕三年三月廿六日亡，其年七月廿四日安厝丹楊／郡秣陵縣〔三〕鄉石泉里牛頭山。祖奕，侍中、使持節、鎮西將軍、豫州／刺史，夫人陳〔四〕阮氏。父〔五〕，散騎郎，夫人潁川庾〔氏〕〔六〕，諱女。伯淵，義興／太守，夫人琅琊王氏。靖，太常卿，夫人潁川庾氏。玄，車騎／將軍、會內史、康樂公，夫人〔七〕國桓氏。兄琓，豫寧伯，夫／人同郡袁氏。兄〔八〕，夫人河東衛氏。外祖翼，車騎將軍、揚州／刺史，夫人氏。球妻琅琊王德光，祖羲之，右軍將軍、會／稽內史，父煥之，海塩令。球息女令口，息〔九〕元。（圖版 26）

圖版 26

〔一〕「」，「球」之俗字（以下墓誌所見，同）。

〔二〕「」，係「卌」；「」，「熙」之俗字。

〔三〕「」，「賴」之俗字。

〔四〕「」，「留」之俗字（以下墓誌所見，同）。

〔五〕「」，「攸」之俗字（以下墓誌所見，同）。

〔六〕「氏」字誌文漏刻，張學鋒補，是。

〔七〕「」，「譙」之俗字。

〔八〕「」，「璵（璵）」之俗字。簡報釋作「璵」，張學鋒隸定爲「璵」，當以後者爲是。

〔九〕「」，「男」之俗字。

M4：26，爲謝球妻王德光墓誌。誌爲長方形磚質，長 30、寬 15、厚 4 釐米，較謝球墓誌小。誌文豎寫陰刻，共 3 行，滿行 14 字，共 29 字，楷書。現錄文並標點如下：

> 謝球妻王德光，以義熙十二年六／月四日亡，以其年七月廿五日合葬／球墓。（圖版27）

值得一提的是，司家山謝氏家族墓 M1（南朝墓）也出土石墓誌 1 方，石灰石質，長方形，半圓首，下有龜趺，通高 58 釐米，惜誌文全部風化泐失。

圖版 27

29. 江蘇南京出土史府君墓誌

〔註83〕

陳思《寶刻叢編》卷十五著錄，僅具題名，曰：「晉故尙書、左民郎、建安太守史府君之墓誌。」餘不詳。

30. 江蘇南京出土卞公墓誌

〔註84〕

陳思《寶刻叢編》卷十五著錄，僅具題名，曰：「晉尙書令、假節、領軍將軍、贈侍中、成陽卞公墓誌。」餘不詳。

31. 江蘇溧陽出土呂府君墓誌〔註85〕

楷書，陳思《寶刻叢編》卷十五引王厚之《復齋碑錄》云：「晉故尙書、起居郎、廬陵太守呂府君之墓，誌在溧陽，恐唐人所立」。

〔註83〕 （宋）陳思編：《寶刻叢編》卷十五「江南東路　建康府」。
〔註84〕 （宋）陳思編：《寶刻叢編》卷十五「江南東路　建康府」。
〔註85〕 （宋）陳思編：《寶刻叢編》卷十五「江南東路　建康府」。

32. 江蘇鎮江出土劉庚之墓誌及劉碩之妻徐氏墓誌〔註86〕

1984 年鎮江市博物館在配合諫壁磚瓦廠掘土工程中，先後清理了漢至六朝的 10 餘座墓葬，其中東晉墓葬 9 座（編號 M21～M29）。M21 爲劉庚之墓，M26 爲劉碩之妻徐氏墓。M21 出土墓誌 3 方，分別平放在墓室前端祭臺的兩側，左邊 1 方，右邊 2 方，正面向上，誌文上頭朝墓門。該誌由青灰板磚刻成，正面刻文，背面印有繩紋，長 32.5、寬 15.5、厚 4.5 釐米。三塊內容相同：「彭城郡呂縣司吾令劉庚之〔註87〕墓」，字體書法規整，橫畫波挑不明顯，屬隸書。但在字數的分行、布白上有所不同，其中有 2 方相同，12 字均分兩行排列；另 1 方，首行 7 字，第 2 行 5 字（圖版 28）。

圖版 28　　　　　　　圖版 29

M26 徐氏墓出土墓誌 2 方，分別豎置墓室前頭的左右兩角，緊貼墓壁，誌文朝裏。誌磚規格與劉庚之墓誌等同。二塊內容相同：「晉彭城呂縣劉碩之〔註88〕妻徐氏」，字體隸書，少數字略具行書筆意。在字數的分行排列上，一塊首行 6 字，第二行 5 字；一塊首行 7 字，第行 4 字（圖版 29）。

〔註86〕 鎮江博物館：《江蘇鎮江諫壁磚瓦廠東晉墓》，《考古》1988 年第 7 期。

〔註87〕 「軍」，「庚」之俗字。

〔註88〕 「劉碩之」及上面「劉庚之」，《疏證》分別釋爲「劉顗」、「劉庚」，誤。理由有二：其一，六朝墓誌稱「某某妻」、「某某墓」者並不少見，如黃天墓誌作「陳留周叔宣母夫墓」，故「劉碩之『妻』」、「劉庚之『墓』」合理；其二，劉庚之、劉碩之均繫彭城呂縣劉氏一族，據《宋書》卷五十《劉康祖傳》記載，劉康祖的伯父劉簡之、父親劉虔之，名中均帶「之」。可見，劉氏族人以「之」爲名，不足爲奇。仔細核對拓片，「顗」則是《疏證》對「碩」的誤讀。

第二節　南朝墓誌

筆者所知南朝出土墓誌 33 方。其中，劉宋 12 方、蕭齊 4 方、蕭梁 13 方，陳朝墓誌發現較少，僅 4 方。南朝墓誌的地區分佈範圍較東晉有所擴展，分別發現於今江蘇南京、蘇州、句容、宜興、常熟、湖北襄陽、浙江紹興、山東益都等 4 省 8 市（縣）。其中江蘇南京最多，共 24 方；其餘 7 市（縣）共 8 方（參見表 3）。

1. 江蘇南京出土劉宋永初二年（421）謝珫墓誌〔註89〕

南京司家山謝氏家族墓 6 號墓（M6）出土。墓誌由 6 塊形制相同、規格與墓磚等同的青磚刻劃而成，各長 33、寬 17、厚 4.5 釐米，出土於棺床前左、右兩壁底部，每側分置 3 塊，皆平置。文字單面陰刻，均寫在刻劃整齊的方格內，規整有序，楷書體清晰端莊。每塊磚刻字 8 行，滿行 15 字，第 1 塊 106 字，第 2 塊 120 字，第 3 塊 120 字，第 4 塊 120 字，第 5 塊 109 字，第 6 塊 106 字。6 塊磚上的文字拼合成一篇完整的誌文，全文 681 字。除第 6 塊殘斷，文字稍損外，其餘保存基本完整。然誌文漏刻、誤刻較多，現錄文並標點如下：

（第 1 塊）宋故海□太守、散騎常侍謝府君之墓／誌。／永初〔一〕二年太歲〔二〕辛酉夏五月□申朔廿／七日甲□，豫州陳郡陽夏縣都鄉吉遷／里謝珫字景玫卒，即以其年七月丁未／朔十七日癸□，安厝丹楊郡江寧縣□／鄉石泉里中。珫祖父諱奕，字無奕，使持／節、都□司豫幽并五州揚州之淮南郡（圖版 30-1）

（第 2 塊）淮南□〔三〕陽□〔四〕江安□〔五〕堂邑五郡／諸軍事、鎮西將軍、豫州刺史〔六〕，襲〔封〕〔万〕壽子〔七〕。／祖母陳□阮□，諱容，字元容。〔父諱〕□〔八〕，字／□度，散騎侍郎，早亡。母□川〔庾氏〕〔九〕，諱女／□。長伯寄奴，次伯探遠，並早亡〔十〕。〔次〕〔十一〕伯諱／淵，字仲度，義興太守，襲封万〔壽子〕〔十二〕，夫人瑯琊王氏。□諱靖，字季度，散〔騎常〕〔十三〕侍，太／常卿，常樂縣侯，夫人□川庾〔氏〕〔十四〕。〔次〕〔十五〕□諱（圖版 30-2）

〔註89〕 南京市博物館、雨花區文化局：《南京南郊六朝謝珫墓》，《文物》1998 年第 5 期；張學鋒：《南京司家山出土謝氏墓誌研究》。

圖版 30-1   圖版 30-2

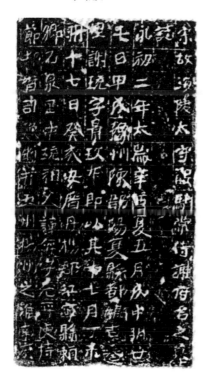

（第3塊）〔十六〕，字安度，早亡。次〔十七〕諱玄，字〔十八〕度，散騎／常侍、使持節、都會五郡諸軍事、車／騎將軍、會内史、康樂縣開國公，諡曰／獻〔十九〕，前夫人太山羊氏，後夫人譙國桓／氏。次諱康，字超度，出继〔二〇〕衛將軍／尚，襲封咸亭侯，早亡。長姑諱〔道〕〔二一〕韞，字令姜，／嬪瑯瑯王凝之，江州刺史。次姑道榮，嬪／順陽范少連，太子洗馬。次姑道粲，嬪高（圖版 30-3）

（第4塊）平郡道胤，散騎侍郎、東安縣開國伯。次／姑道輝，嬪譙國桓石民，使持節、西中郎／將、荊州刺史。長姊令芬，嬪同郡袁〔二二〕子，／散騎侍郎。次姊令和，嬪太原王萬年，上／虞令。次姊令〔二三〕，嬪川陳茂先，廣陵郡／開國公。妹令愛，嬪瑯瑯王□之〔二四〕。弟璵，字／景琳，早亡，夫人河東衛氏。次弟球，字景／璋，輔國參軍，夫人瑯瑯王氏。長子寧，字／（圖版 30-4）

圖版 30-3　　　　　　　　　圖版 30-4

　　（第 5 塊）元眞，駙馬都尉、奉朝請，妻王，即琬第[二五]二 /
姊之長女。次子道休[二六]，早夭。次子奉，字**[二七] / 眞，出継
弟璵，妻袁，即琬夫人**弟松子 / 永興令之女。次子雅，字景眞，
妻同郡殷 / 氏，東陽太守仲文之次女。次子**[二八]，字德 / 眞，妻
瑯琊王氏，太尉諮議參軍**[二九]之＝[三〇] / 女。女不名。 / 琬夫
人同郡袁氏，諱琬。夫人祖諱勖[三一]，字 /（圖版 30-5）

　　（第 6 塊）敬宗，太尉**[三二]。父諱**，字穎叔，中書侍郎。
/ 琬外祖諱翼，字稚恭[三三]，使持節、征西將軍、荊州刺史。 / 琬
本襲次叔玄東興之爵，封豫寧縣開 / 國伯[三四]。大宋**[三五]命，
諸國並皆削除，惟**祖 / 太傅文靖公安[三六]盧陵公降爲柴桑侯，
玄 / 復[三七]符堅之難，功封康樂縣[三八]開國公，餘諸 / 侯爵南康、
建昌、豫寧並皆除國[三九]。（圖版 30-6）

圖版 30-5　　　　　　　　圖版 30-6

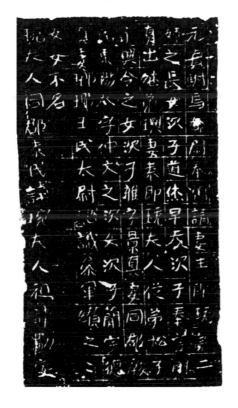

〔一〕「」，「初」之俗字。

〔二〕「」，「歲（歲）」之俗字。

〔三〕「」，「歷」之俗字。

〔四〕「」，「盧」之俗字。

〔五〕「」，「豐」之俗字。

〔六〕「使持節都督司豫幽并五州、揚州之淮南郡、淮南歷陽盧江安豐堂邑五郡諸軍事、鎮西將軍、豫州刺史」是謝琬祖父謝奕的官職。《晉書》卷七九《謝安傳附兄奕傳》稱：「遷都督豫司幽并四州軍事、安西將軍、豫州刺史、假節。」故誌文「五州」應是「四州」，疑受下文「五郡」影響而誤刻。川合安逕改爲「四州」〔註90〕。

〔七〕「襲〔封〕〔万〕壽子」，誌文脫「封」、「万」二字。謝奕爲謝裒長

────────────

〔註90〕　（日）川合安：《六朝〈謝氏家族墓誌〉につ丶て》，《古代文化》2002 年第 2
　　　　號，總第 54 卷。

子，所襲當爲謝裒之爵號，然《謝奕傳》未載裒、奕爵號，據下文謝淵襲封「万〔壽子〕」，可斷定。簡報逕補。

〔八〕「父諱」，誌脫，簡報據謝球、謝溫墓誌補，是；「收」，「攸」之俗字，簡報照錄。

〔九〕「庾氏」，誌脫，簡報據補，是；「頴」，「穎」之俗字（以下墓誌所見，同）。

〔十〕「亡」，誌脫，簡報據補，是。

〔十一〕誌無「次」字，然文意可通，簡報據誌文書寫格式補，亦可。

〔十二〕「壽子」，誌脫簡報據補，是。

〔十三〕「騎常」，誌文漏刻，簡報據補，是。

〔十四〕〔氏〕，誌脫，簡報據補，是。

〔十五〕〔次〕，簡報補，是。

〔十六〕「豹」，「豁」之俗字，簡報照錄，誤。

〔十七〕「次」，「次」之俗字，（以下墓誌所見，同）。

〔十八〕「幼」，「幼」之俗字（以下墓誌所見，同）。

〔十九〕「武」，「武」之俗字（以下墓誌所見，同）。

〔二〇〕「從」，「從」之俗字（以下墓誌所見，同）。

〔二一〕〔道〕，誌脫，簡報及川合安均未做增補。張學鋒據《世說新語》言語第二、賢媛第十九、《晉書》卷九六《列女傳・王凝之妻謝氏》及誌文中謝奕諸女名諱補，是。

〔二二〕「大」，簡報釋讀爲「太」，然此字與誌文中的「太山羊氏」、「太原王萬年」、「太子洗馬」、「太尉」、「太守」等處的「太」均不同。張學鋒考釋爲「文」。

〔二三〕「范」，「範」之俗字。

〔二四〕「王口之」，口，漫漶難識，簡報釋爲「王撒之」，不知何字。

〔二五〕「茅」即「第」，簡報作「弟」，張學鋒、川合安、《疏證》等逕改爲「第」。因誌文此字上部漫漶不清，僅存似「艸」的左半邊，下部爲「弟」，故釋爲「茅」。

〔二六〕「休」，「休」之俗字（以下墓誌所見，同）。

〔二七〕「剉」，簡報未讀，作「口」，張學鋒、川合安因之。《疏證》釋爲「剛」。然仔細核對拓片，此字似「刞」。

〔二八〕「**蕑**」，「簡」之俗字。簡報作「**苘**」，誤。

〔二九〕「**績**」，「續（纘）」之俗字。簡報照錄，誤。

〔三〇〕「＝」，簡報及川合安均釋作「二」，不妥。張學鋒主張此乃重文符號，當指「之」字，是。

〔三一〕「勖」，簡報及川合安均未讀，作「□」。張學鋒據《晉書》卷九二《文苑傳・袁宏》補，是。

〔三二〕「**掾**」，「掾」之俗字。

〔三三〕「琰外祖諱翼，字稚恭」，謝琰母潁川庾氏，外祖庾翼，為庾亮弟。「稚恭」，原釋誤讀為「雅□」，張學鋒據《晉書》卷七三《庾亮傳附弟翼傳》補正，是。

〔三四〕「琰本襲次叔玄東興之爵，封豫寧縣開國伯」，「襲」、「東」、「興」、「爵」四字漫漶難讀，張學鋒補，是。

〔三五〕「**革**」，「革」之俗字。

〔三六〕「安」，簡報、《疏證》及川合安均未讀，作「□」。張學鋒據《晉書》卷七九《謝安傳》補，是。

〔三七〕「復」，簡報釋為「後」，《疏證》及川合安均從之，後者譯成「後に」。張學鋒主張此字應為動詞復（復），即「除去」的意思，是。

〔三八〕「縣」，漫漶難識，簡報及川合安均未讀，作「□」。張學鋒據《晉書》卷七九《謝安傳附侄玄傳》及本志前文補，是。

〔二九〕「餘諸侯爵南康・建昌・豫寧並皆除國」，張學鋒補釋。此處誌文泐滅甚多，簡報釋讀為「餘□□□南原建昌豫寧並□徐州」，《疏證》及川合安均從之未改，誤。

2. 江蘇南京出土劉宋永初二年（421）晉恭帝石碣〔註91〕

1960 年南京城內東側富貴山出土。該石碣長 1.25、寬 0.3、厚 0.3 米，出土時有銘刻的一面向北，豎立在距現城牆 15 米，距地面深約 1 米左右的山麓處。碣下鋪磚兩層，磚上又墊以石灰。單面刻文，雖無細線分格，然排列規整，分 3 行，滿行 9 字，共 26 字，字體隸書。現將全文標點如下：

> 宋永初二**年**〔一〕太**歲辛**〔二〕酉／十一月乙巳**朔**七日辛亥晉恭
> 皇帝之玄宮。（圖版 31）

〔註91〕 李蔚然：《南京富貴山發現晉恭帝玄宮石碣》，《考古》1961 年第 5 期。

〔一〕「」，「年」之俗字。

〔二〕「」，「辛」之俗字（以下墓誌所見，同）。

圖版 31

3. 江蘇南京出土劉宋元嘉二年（425）宋乞墓誌
〔註 92〕

1996 年，南京市雨花臺區鐵心橋鎮一基建工地推土時發現。該誌出土時流散，後由南京漢唐藝術品拍賣公司捐獻給南京市館收藏。墓誌有 3 方，內容基本相同，而略有差異，書寫均略顯急促，誌文存有缺漏現象。南京市博物館將該誌分別編號爲 96YTZ1、2、3。

96YTZ1，青灰磚質，長 34、寬 16.6、厚 4 釐米，正面豎刻誌文，字體楷書，共 7 行，滿行 20 字，行間劃直線相隔，右讀，共 112 字。現校讀全文並標點如下：

　　亡祖父伶〔一〕，本郡功曹〔二〕曹史、關〔三〕中侯。／亡父遠，本郡主簿、河內郡河陽縣右尉。／揚州丹〔陽〕〔四〕建康都鄉中黃里領豫州陳郡陽夏縣／都鄉扶樂里宋乞，妻丁　丹楊建康丁騰女。／息女草，適丹楊黃子秋〔五〕。息伯宗，本郡良史。／息駒，本郡功曹史、征虜〔六〕府參軍、濮〔七〕陽令。／元嘉二年太歲乙丑八月十三日扵江寧石泉里建〔八〕（圖版 32-1）

96YTZ2，青灰磚質，長 33.7、寬 16.4、厚 4 釐米，正面陰刻誌文，字體楷書，共 7 行，滿行 19 字，行間劃線分隔，右讀，共 109 字。現標點如下：

　　亡祖父伶，本郡功曹史，關中侯。／亡父遠，本郡主簿、河內郡河陽縣右尉。／揚州丹楊建康都鄉中黃里領豫〔州〕〔九〕陳郡陽夏縣／都鄉扶樂里宋乞，　字口〔十〕懷，泰元中亡。／息女草，適丹楊黃子秋〔十一〕。息伯宗，本郡良史。／息駒，本郡功曹史、征虜府參軍、濮陽令。／元嘉二年太歲乙丑八月十三日扵江寧〔石〕〔十二〕泉里建作（圖版 32-2）

───────────

〔註 92〕　南京市博物館、斯仁：《江蘇南京市中華門外鐵心橋出土南朝劉宋墓誌》，《考古》1998 年第 8 期。

圖版 32-1　　　　　　　　　　圖版 32-2

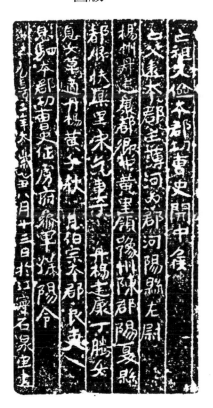
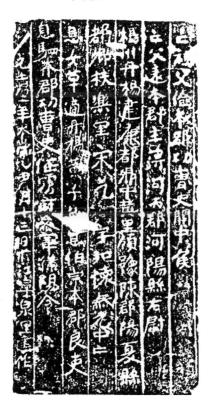

　　96YTZ3，青灰磚質，長33、寬16.4、厚4釐米，正面及一側面豎刻誌文，字體楷書，共8行，滿行21字，行間劃直線相隔，右讀，共127字。現標點如下：

　　　　亡祖父儉，本郡功曹史，關中侯。／亡父遠，郡主薄、河內郡河陽縣右尉。（夫人黃氏）〔十三〕。／揚州丹楊建康都鄉中黃里領豫州陳郡陽夏縣都縣／扶樂里宋乞，　妻丁，丹楊建康丁騰女。／息女草，適丹楊黃子秋。息伯宗，本郡良〔吏〕〔十四〕。／息駟，本郡功曹史、征虜府參軍、濮陽令。／元嘉二年八月十三日扵江寧石泉里，建口口冢一〔十五〕，／伯宗妻，丹楊王氏。　駟妻，丹楊陳氏。（圖版 32-3）

〔一〕「」，「儉」之俗字（以下墓誌所見，同）。

〔二〕「」，「功」之俗字（以下墓誌所見，同）。

〔三〕「」，「關」之俗字（以下墓誌所見，同）。

〔四〕「陽」，誌脫，斯仁文補，是。

〔五〕「秋」，斯仁文釋作「狄」，誤。

〔六〕「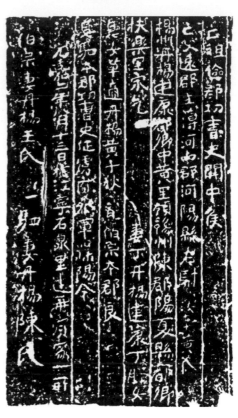」，「虜」之俗字（以下墓誌所見，同）。

〔七〕「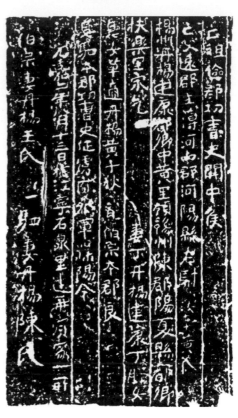」，「濮」之俗字（以下墓誌所見，同）。

〔八〕「建」，因誌文漫漶不清，斯仁文未讀，作「□」。然據拓片及96YTZ2文末，可補。

〔九〕「州」，誌脫，斯仁文補，是。

〔十〕「□」，因字迹漫漶難以辨認，斯仁文未讀。《疏證》釋爲「兆」，似。

〔十一〕「秋」，誌文此處泐滅，斯仁文未讀，作「□」，現據96YTZ1補。

〔十二〕「石」，誌脫，斯仁文補，是。

〔十三〕「夫人黃氏」，四字因漫漶不清，斯仁文未讀，作「□□□□」。《疏證》補尾「黃氏」二字。據拓片，末兩字的確可辨，爲「黃氏」，無誤。再依墓誌文意，「黃氏」前可補「夫人」二字。

〔十四〕「吏」，誌文漏刻，斯仁文補，是。

〔十五〕「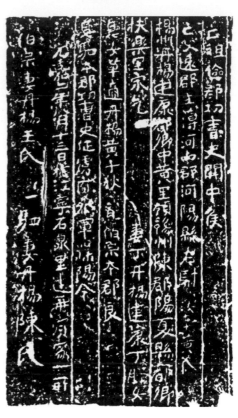」，「所」之俗字。據拓片，「建□□冢一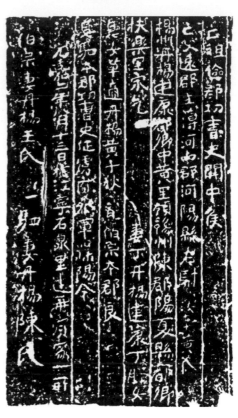」中應有二字難以辨認，而斯仁文以爲一字，釋作「再」，其意不明。

4. 江蘇南京出土劉宋大明年間（457～464）謝氏磚誌 〔註93〕

該誌尚未見公開發表。據南京市博物館王志高研究員介紹，此磚誌於上世紀60年代與謝鯤墓誌同時出土，係謝氏族人墓誌無疑。誌現存南京市博物館。

〔註93〕 羅宗眞、王志高：《六朝文物》，第219頁。

5. 江蘇南京出土劉宋大明六年（462）宗愨母劉夫人墓誌〔註94〕

墓誌於宋代出土，早佚，詳情已無從窺見。然宋歐陽修《集古錄跋尾》與歐陽棐《集古錄目》對該誌內容、體例有簡要介紹與考訂，陳思《寶刻叢編》亦引有《集古錄目》對該誌的相關記載。現抄錄如下，以備參考。

《集古錄跋尾》卷四「宋宗愨母夫人墓誌」云：

> 右宗愨母夫人墓誌，不著書、撰人姓名，有誌無銘，其後云謹牒子孫，男女次第名位、婚嫁如左，蓋一時之制也。按：本傳與此誌歷官終始不同，本傳云宋孝武即位以愨爲左衛將軍，累遷豫州刺史監五州諸軍，使討竟陵王誕，入爲左衛將軍。廢帝即位，爲寧蠻校尉、雍州刺史，卒。此誌乃大明六年作，誌云爲右衛將軍，監交、廣二州湘州之始興，冠軍將軍，平越中郎將，廣州刺史，始遷豫州監五州軍事，又爲散騎常侍，左衛將軍領太子中庶子，荊州大中正，而傳皆略也。愨南陽涅陽人而此誌云涅陽縣都鄉安眾里人，又云窆於秣陵縣都鄉石泉里。都鄉之制前史不載。

《集古錄目》卷三「（劉宋）宗愨母劉夫人墓誌」云：

> 不著書、撰人名氏，愨仕宋，爲散騎常侍、荊州大中正、洮陽縣侯。夫人姓劉，以大明六年立。

6. 江蘇南京出土劉宋大明七年（463）謝濤墓誌〔註95〕

形制、材質不明，宋代出土，具體時間、地點不詳〔註96〕。宋陳思《寶刻叢編》引王厚之《復齋碑錄》對該誌的簡單介紹，然不錄誌文。明陶宗儀《古刻叢鈔》首錄誌文，後爲清嚴可均輯入《全上古三代秦漢三國六朝文》中的《全宋文》，清黃本驥《古誌石華》卷一亦有錄文。民國時期朱希祖

〔註94〕（宋）歐陽修撰，（清）黃本驥編：《集古錄跋尾》（十卷），清道光二十四年三長物齋刊本；（宋）歐陽棐撰，（民國）繆荃孫校輯：《集古錄目》（十卷），江陰繆氏刊《雲自在龕叢書》本；（宋）陳思編：《寶刻叢編》卷十五，四庫全書本。

〔註95〕（明）陶宗儀：《古刻叢鈔（二種）》，王雲五主編《叢書集成初編》，（上海）商務印書館，1936年；（清）嚴可均校輯·《全宋文》卷六十，《全上古二代秦漢三國六朝文》，中華書局，1958年。

〔註96〕宋張敦頤《六朝事迹編類》卷十三云：「土山淨名寺新得古碑，云宋散騎常侍謝濤，元嘉十七年，葬於揚州丹陽郡建康縣東鄉土山裏，夫人琅邪王氏，大明七年，合祔於土山裏，夫人之祖曰獻之，父曰靜之。」因張氏書成於紹興三十年（1160），故該誌出土當在此前不久。

《六朝陵墓調查報告‧六朝建康冢墓碑誌考證》曾對該誌做有較爲全面的考證，然仍存有疏漏之處〔註 97〕。現抄錄誌文標點如下，並核檢史籍，再做疏證：

> 宋故散騎常侍揚州丹楊郡秣陵縣謝公墓誌。祖瑤，字球度，琅耶（下缺十餘字）〔一〕。夫人琅邪王氏，父頤之，字脩年，振威將軍、東海內史〔二〕。父（璞），字景山，給事黃門侍郎、散騎常侍、光祿勳〔三〕。夫人太原王氏，父坦之，字文度，持節都督、平北將軍、（徐克二州）刺史、藍田獻侯〔四〕。宋故散騎常侍揚州丹楊郡秣陵縣西鄉顯安里，領豫州陳（郡）陽夏縣都鄉吉遷里謝濤〔五〕，字明遠，春秋卅十有九，元嘉十六年歲次屠維月依林鍾十七日卒〔六〕，其年九月三十日窆窆於揚州丹楊郡建康縣東鄉土山裏。夫人琅耶王氏七十有二，大明七年歲次單閼月（依南呂）〔七〕十五日卒，其年十一月十四日合祔。父靜之，字口壽，司徒（左）長史、義興太守〔八〕；祖獻之，字子敬，中書令，嗣曾孫綽（下缺）

〔一〕《晉書》卷七九《謝安傳》云：「安有二子：瑤、琰。瑤襲爵，官至琅邪王友，早卒。」《世說新語‧人名譜》「陳國陽夏謝氏譜」第四世載：「瑤，安子，襲爵，琅邪王友，蚤卒」。均不及謝瑤稱字，故墓誌「祖瑤，字球度」，可補史闕〔註 98〕。

〔二〕《晉書》卷七六《王廙傳》云：「子頤之嗣，仕至東海內史。」《世說新語‧人名譜》「琅邪臨沂王氏譜」第五世載：「頤之，廙子，襲爵，晉東海內史」。墓誌「字脩年，振威將軍」，可補史闕。

〔三〕「璞」，因誌文漫漶，僅餘「王卝」，《古刻叢鈔》照錄。《全宋文》未讀，作「口」，《古誌石華》讀作「璜」。然據《世說新語‧人名譜》「陳國陽夏謝氏譜」第五世：「璞，瑤子，字景山，光祿勳」，所載稱字及勳爵均與誌文吻合。故「王卝」爲「璞」，無疑。《晉書》卷七九《謝安傳》記謝瑤三子「該、模、澹」，而不及「璞」。《南史》卷十九《謝晦傳附謝澹傳》載澹弟璞「字景山，幼孝友，祖安深賞愛之，位光祿勳」，可證。另，矢野主稅《改訂

〔註 97〕 朱希祖、朱偰編：《六朝陵墓調查報告》，「中央古物保管委員會調查報告第一輯」，中央古物保管委員會，民國二十四年（1935）。

〔註 98〕 謝瑤兄弟輩稱字均爲「某度」，如謝琰字「瑗度」、謝淵字「叔度」等。故矢野主稅《改訂魏晉百安世系表》稱「瑤，字球友」（長崎大學史學叢書 2，長崎大學史學會 1971 年發行，1997 年再版，第 84 頁。），顯然有誤。

魏晉百官世系表》謝瑤有四子「該、模、澹、璞」，獨於謝璞無任何記載，據上可補其稱字、職官、勳爵。

〔四〕王坦之，王湛曾孫、王述之子，事見《晉書》卷七五《王湛傳附王坦之傳》。據本傳，王坦之歷仕「左衛將軍、中書令領丹楊尹、都督徐兗青三州諸軍事、北中郎將、徐兗二州刺史」，死後「追贈安北將軍，謚曰獻」。又《晉書》卷九《孝武帝本紀》云：「（寧康）二年二月癸丑，以丹楊尹王坦之爲北中郎將、徐兗二州刺史。」「三年夏五月丙午，北中郎將、徐兗二州刺史、藍田侯王坦之卒。」《晉書》卷十三《天文志下》亦載：「（孝武帝寧康）三年五月丙午北中郎將王坦之薨。」又《世說新語・人名譜》「太原晉陽王氏譜」第七世載：「坦之，述子，字文度，小字阿納，晉中書令、北中郎將、左衛將軍、襲封藍田侯，年四十六卒，追贈安北將軍，謚冂憲。」《古刻叢鈔》及《古誌石華》所錄誌文「刺史」前均疑有三字未讀，作「口口口」；《全宋文》以爲有四字未讀，作「口口口口」。現據上引《晉書》本傳及相關記載，可判定應缺四字，且可補爲「徐兗二州」。

另，誌文「平北將軍」，本傳及《世說新語・人名譜》均作「安北將軍」，且爲王坦之死後所追贈。據《通典》卷三十六「秩品」，晉「安北將軍」、「平北將軍」均列第三品。故誌文所載似誤〔註99〕。至於《世說新語・人名譜》「謚曰憲」，而誌文及本傳均載王坦之謚號「獻」，當以後者爲是。

〔五〕「郡」字，據陳郡謝氏諸人墓誌可補。《古刻叢鈔》、《古誌石華》均於此處注「缺」，《全宋文》作「口」。誌文「宋故散騎常侍揚州丹陽郡秣陵縣西鄉顯安里領陳郡陽夏縣都鄉吉遷里謝濤」，爲謝濤職官與籍貫，行文格式在南朝墓誌中甚是常見。而朱希祖懷疑此處官名、「顯安里」、「吉遷里」等後面均有缺文，並以「領」爲衍字，不妥〔註100〕。

〔六〕「歲次屠維月依林鍾」，誌文此處以歲星紀年、十二律稱月。「屠維」爲十「歲陽」之一，與十「天干」中的「己」對應，「歲次屠維」，即指「己

〔註99〕朱希祖認爲應以墓誌「平北將軍」爲是。然考慮到謝濤卒葬於元嘉十八年（441），直到其妻王氏大明七年（463）卒後祔葬時才立墓誌（據誌文爲其夫婦二人合誌判斷），相隔22年，誌文於謝濤職官有誤，亦屬正常。

〔註100〕「陳郡陽夏縣都鄉吉遷里」爲謝氏的原籍，「丹陽郡秣陵縣西鄉顯安里」，中村圭爾認爲是謝濤新的籍貫，並認爲謝氏新舊籍貫並提是南朝土斷的結果，反映了士族標榜郡望的心理。對此，筆者持相同看法。詳參（日）中村圭爾，劉馳譯：《關於南朝貴族地緣性的考察——以對僑郡縣的探討爲中心》，《南京曉莊學院學報》2005年第4期。

年」；「林鍾」，爲「十二律」之一，指「六月」〔註101〕。筆者所知東晉南朝墓誌以歲星紀年、十二律稱月者，以謝濤墓誌爲首見。「元嘉十六年」，各書所錄誌文均作「元嘉十八年」。查陳垣《二十史朔閏表》，元嘉十八年（441），干支紀年爲「辛巳」，與「歲次屠維」不合。然元嘉十六年（439），干支紀年爲「己卯」，恰爲「己年」，且「八」與「六」於碑刻中字形混淆極有可能。故誌文「元嘉十八年」，應爲「元嘉十六年」之誤，現正之。

〔七〕從行文來看，此處仍以歲星紀年、十二律稱月，僅月後三字泐滅不存，《古刻叢鈔》、《古誌石華》及《全宋文》均作「□□□」。若以上文謝濤卒日至葬日間隔 3 月有餘來推算話，王氏卒月可能是八月，則可補「依南呂」三字。

〔八〕王靜之，事迹史傳所記甚略。《晉書》卷八○《王羲之傳附王獻之傳》云：「（獻之）無子，以兄子靜之嗣，位至義興太守。」《世說新語·人名譜》「琅邪臨沂王氏譜」第七世載：「靖之，獻之子，宋司徒左長史，本獻之兄子。」合二書所載王靜之官職，則與誌文甚相吻合。惟《世說新語·人名譜》作「靖之」，而《晉書》及墓誌均作「靜之」，當以後者爲是〔註102〕。

7. 山東益都出土劉宋大明八年（464）劉懷民墓誌〔註103〕

此誌早年出土於山東益都（山東青州市平原縣）〔註104〕，曾歸端方所

〔註101〕王力：《古代漢語》（校訂重排本），中華書局，1999 年，第 833～868 頁。

〔註102〕矢野主稅《改訂魏晉百官世系表》稱「靜之（或曰靖之），義興太守」（第 18 頁）；張學鋒《南京象山東晉王氏家族墓誌研究》一文附表二「補東晉琅邪王氏王彬一支系譜」，則稱「靖之」。此二位學者所誤，似均源自《世說新語·人名譜》之誤。

〔註103〕趙萬里：《漢魏南北朝墓誌集釋》，（北京）中國科學院考古研究所，1956 年，第 1 冊第 19 頁，第 3 冊圖版 19。

〔註104〕曾有學者對劉懷民墓誌是否可以看作南朝墓誌表示懷疑，理由是該誌出土於山東青州，地近北朝，且青州在南北朝時期爲南北政權極力相爭之地，時而屬南，時而歸北。對此，我們爬梳史籍後，可以得出明確結論。南北朝時期，青州地區的確是一處令人關注的比較特殊的地區。東晉十六國後期，鮮卑慕容德據青州建立政權，史稱「南燕」。慕容德死，兄子超立。東晉安帝義熙五年（409）劉裕統軍攻南燕，六年（410）二月滅南燕俘獲慕容超（《宋書》卷一《武帝本紀上》），青州入東晉版圖，繼之屬劉宋。據《宋書》卷三六《州郡志二》：「安帝義熙五年，平廣固，北青州刺史治東陽城，而僑立南青州如故。後省南青州，而北青州直曰青州。孝武孝建二年，移治歷城，大明八年，還治東陽。」至北魏獻文帝皇興三年（宋明帝泰始五年，469）魏將慕容白曜攻陷東陽（《魏書》卷六《顯祖獻文帝本記》、卷五十《慕容白曜傳》），青州地區從南朝轉入北朝版圖之中。自 410 年至 469 年，青州地區在東晉南朝治

有，今則不明所歸。北京圖書館藏有拓本。志高 49 釐米，廣 52.5 釐米。刻文
16 行，行 14 字。楷書，「書體凝重圓潤，與爨龍顏碑、北魏中嶽、西嶽兩靈
廟碑相似。」現錄誌文並標點如下：

　　宋故建威將軍、齊北海二郡太守、笠／鄉矦、東陽城主劉府
君墓誌銘。／芎芎玄緒，灼灼飛英，分光漢室，端泉／宋連〔一〕。
曾是天從，凝睿窮靈，高沈兩剋，／方圓雙清。眩紫皇揪〔二〕，剖
金連城，野獸／朝浮，家犬夕寧。淮棠不翦，澠鴉改聲，／履洲違
徵，潛照長冥。鄭琴再寢，吳涕／重零，銘慟幽石，舟□□□。□
□□□／君諱懷民〔三〕，青州平原郡平原縣都鄉吉遷里。春秋五十
三，大明七年十月」己未薨。粵八年正月甲申窆扵華山之陽朝。／
夫人長樂某〔四〕氏，父詢，字士彥，給事中。／君前經位□茲條如
左：／本州別駕，勃海、清河太守，除散騎侍／郎、建威將軍、盱
眙太守。（圖版 33）

圖版33

下超過半個世紀，也就是說青州地區民眾在南朝前期文化的氛圍中生活了半
個世紀。再觀之誌文，劉懷民卒於劉宋大明七年（463）十月，卒歲 53，可
推知其生年在東晉義熙六年（410），終其一生恰恰生活於南朝治下之青州。
故劉懷民墓誌當屬南朝，其形制、內容體例更多地是受到南朝喪葬文化的影
響，可以看作是南朝墓誌發展過程中的典型代表之一。

〔一〕「庭（圖）」，「庭」之俗字。

〔二〕「椷（圖）」，「極」之俗字。

〔三〕劉懷民，於史無傳。其子劉善明仕於南齊，《南齊書》、《南史》有傳。《南齊書》卷二八《劉善明傳》云：「劉善明，平原人。鎮北將軍懷珍族弟也。父懷民，宋世爲齊、北海二郡太守。」《南史》卷四九《劉懷珍傳附族弟善明傳》云：「善明，懷珍族弟也，父懷人，仕宋爲齊、北海二郡太守。」《南史》改「懷民」爲「懷人」，當爲避唐太宗之諱所致〔註105〕。

〔四〕「潘（圖）」，「潘」之俗字。

8.江蘇南京出土劉宋泰始五年（469）劉襲墓誌〔註106〕

具體出土時間、地點均不詳。明陶宗儀《古刻叢鈔》首錄，誌文分二則，均題作《宋故散騎常侍護軍將軍臨澧侯劉使君墓誌》〔註107〕。然內容並不相同，其一載劉宋桂陽恭侯劉義融及其子臨澧忠侯劉襲一支的世系、婚媾，另一則爲劉襲傳略及讚銘，二者合起來恰爲一篇體例完備的《劉襲墓誌》〔註108〕。此後，清嚴可均《全上古三代秦漢三國六朝文》中的《全宋文》亦全文錄入。民國時期朱希祖《六朝陵墓調查報告‧六朝建康冢墓碑誌考證》曾對該誌做有較爲全面的考證〔註109〕。現抄錄誌文並標點如下：

（一）宋故散騎常侍護軍將軍臨澧侯劉使君墓誌

曾祖宋孝皇帝。祖諱道鄰，字道鄰，侍中、太傅、長沙景王；

妃高平平陽檀氏，字憲子，諡曰景定；妃父暢，道淵，永寧令；祖

〔註105〕賴非以爲《南史》所記劉善明「父懷人」有誤（賴非：《齊魯碑刻墓誌研究》，第288頁），實不明此即《南史》作者爲避唐太宗之諱而致。

〔註106〕（明）陶宗儀：《古刻叢鈔（二種）》；（清）嚴可均校輯：《全宋文》卷六十，《全上古三代秦漢三國六朝文》。

〔註107〕邵磊《劉宋臨澧侯〈劉襲墓誌〉疏證》（《冶山存稿——南京文物考古論叢》，第138～150頁）稱「元末陶宗儀《古刻叢鈔》首錄，誌文兩則，分別題爲《宋故臨澧侯劉使君墓誌》、《宋故散騎常侍護軍將軍臨澧侯劉使君墓誌》。」不知所據何本？

〔註108〕《古刻叢鈔（二種）》乃據《知不足齋叢書》陶宗儀原編本與《平津館叢書》孫星衍重編本合刊影印，二本所錄兩則誌文排列順序不同，前者世系一則居前，後者世系一則居後。清李富孫《漢魏六朝墓銘纂例》卷三（清朱記榮輯《行素草堂金石叢書》，清光緒戊子年吳縣朱氏行素草堂刊本）則以《劉襲墓誌》世系一則爲碑陰，不知何據？

〔註109〕朱希祖：《六朝陵墓調查報告》。南京市博物館邵磊《劉宋臨澧侯〈劉襲墓誌疏證〉》（《冶山存稿——南京文物考古論叢》，第138～150頁）在前賢釋證基礎上，對該誌的梳理與考證頗爲詳細，並有所深入，可參。

貌，稚熊，琅邪太守。合葬琅邪臨沂莫府山。父諱義融，字義融，領軍、車騎、桂陽恭侯；夫人琅邪臨沂王氏，字韶風；父簡，長仁，東陽太守；祖穆，伯遠，臨海太守。合葬丹徒練壁霅山。所生母湯氏，宣城人，葬練壁霅山。兄顗，茂道，散騎常侍、桂陽孝侯；夫人盧江灊何氏憲英；父愉之，彥和，通直常侍；祖叔度，金紫光祿大夫。合葬練壁霅山。第三弟彪，茂蔚，秘書郎，葬江乘白山；夫人河南陽翟褚氏成班；父方回，太傅功曹；祖叔度，雍州刺史。第四弟寔，茂軌，太子舍人；夫人琅邪臨沂王氏淑婉；父津，景淵，中書郎；祖虞，休仲，左衛將軍。合葬江乘白山。第五弟季，茂通，海陵太守，葬練壁霅山；夫人陳郡陽夏袁氏妙□；父淑，陽源，太尉、忠憲公；祖豹，士尉，丹楊尹。第一姊茂徽，嫡陳郡長平殷臧，憲郎；父元素，南康太守；祖曠，思泰，□軍功曹。重嫡琅邪臨沂王閬之，希損，鎮西主薄；父昇之，休道，都官尚書；祖敬弘，左光祿儀同。第二姊茂華，嫡盧江灊何求，子有，秘書郎；父鑠，長弘，宜都太守；祖尚之，彥德，司空、簡穆公。第三姊茂姬，嫡平昌安邱孟詡，元亮，中軍參軍離；父靈休，太尉長史；祖昶，彥遠，丹楊尹。第四姊茂姜，嫡蘭陵蕭惠徽，中書郎；父思話，征西將軍、儀同三司；祖源之，君流，前將軍。第五姊茂容，嫡蘭陵蕭贍，叔文；父斌，伯蒨，青、冀二州刺史；祖摹之，仲緒，丹楊尹。重嫡濟陽圉蔡康之，景仁，通直郎；父熙，元明，散騎侍郎；祖廓，子度，太常卿。第六姊茂源，嫡濟陽考城江遜，孝言；父湛，徽淵，左光祿儀同、忠簡公；祖夷，茂遠，前將軍、湘州刺史。重嫡琅邪臨沂王法興，驃騎將軍。父翼之，季弼，廣州刺史；祖槙之，公幹，侍中。夫人濟陽考城江氏景姞。父淳，徽源，太子洗馬；祖夷，茂遠，前將軍、湘州刺史。第一男晃，長暉，出後兄紹，封桂陽侯。第二男旻，淵高，拜臨澧侯世子。第三男屬、淵華。第四男量，淵邍，出後弟寔。第五男□，淵頴。第六男晏，淵平。第一女麗昭。第二女麗明。第三女小字僧歸，亡葬□□。

（二）宋故散騎常侍護軍將軍臨澧侯劉使君墓誌

君諱襲，字茂德，南彭城人。宋高祖武皇帝弟、景王之穆也。神姿韶雅，風譽夙懋，弱冠拜秘書郎。逮二凶肆禍，人倫道消，君

身離幽執，僅免虎口。事清還復舊職，以母憂去官。既除，又拜祕書郎，轉太子舍人。自升口二宮，令望允緝，出爲鎮蠻護軍、盧江太守，蒞政平簡，聲績兼著。遷明威將軍、安成太守。屬中流構釁，四表迷逆，君英議獨發，招會如神，故能以一口之旅，剋濟忠節，義超終古，誠冠當今。皇朝欽嘉，爵賞取榮，除輔國將軍，郢州刺史，封建陵縣開國侯，俄徵太子右衛率，加給事中，未拜。遷侍中、冠軍將軍，改封臨澧縣開國侯，鎮肅石頭，實當關要之寄。遷左衛將軍，未拜，仍除中護軍。春秋卅有八，泰始六年三月十日薨於位。聖主嗟悼，朝野傷悲，有詔：故中護軍臨澧縣開國侯，志行貞純，才用理濟，勤著於艱時，績倡乎泰運。年志始壯，奄焉凶折。悲傷惻割，實兼常懷，思加寵數，以申哀榮。可贈護軍將軍，加散騎常侍。餘如故。諡曰忠侯。粵五月廿七日庚寅將葬於琅邪之乘武岡。以悲幽明之殊隔，傷一訣而永分，仰清徽而灑淚，傃玄石而裁文。其辭曰：峨峨口口，山嶽效靈，允矣君子，誕膺休禎。支陰帝宇，締慶文明，德以行高，仁與口口。口華二宮，官政兩服，國步時屯，艱難斯屬。忠則忘家，義實光族，朝迺欽庸，以口口口。口望既歸，口寵惟口，或侍帝言，或司蕃戎。方宏互美，口口家邦，如何不口，口口口躬。口芳稍述，日月有時，考辰筮吉，玄堂啓基。深泉永穸，口口長悲，口口口口，口口口口。

9. 江蘇蘇州出土劉宋元徽元年（473）張氏墓誌〔註110〕

出土年代及具體地點不詳。宋陳思《寶刻叢編》卷十四「兩浙西路　蘇州」引有王厚之《復齋碑錄》對該誌的簡要介紹〔註111〕。明陶宗儀《古刻叢鈔》首錄誌文，後爲清嚴可均輯入《全上古三代秦漢三國六朝文》中的《全宋文》，清黃本驥《古誌石華》亦有錄文。現抄錄誌文並標點如下：

宋故臨渭縣侯、湘東太守張府君諱濟，夫人邱氏諱靜姬，第三女推兒，春秋卅有一，亡於偏憂，元徽元年十月甲辰朔十七日庚申權假窆穸於西鄉。遠葉蘭飛，濬源璿潔，履順甲辰，含章妙歲。選

〔註110〕　（明）陶宗儀：《古刻叢鈔（二種）》；（清）嚴可均輯：《全宋文》卷六十，《全上古三代秦漢三國六朝文》。

〔註111〕　其題云：「宋湘東太守張濟女雅兒墓誌」。然據《古刻叢鈔》所錄誌文，「雅兒」當爲「推兒」之誤。

史圖容，循詩範節，皎鏡冬泉，優柔春蕙。淄北忸行，營東懃藝，
冥昧慶善，窅翳壽仁。泣血實性，圃憂殲身，罷景方旦，摧華載春。
壠木已藹，墓草行陳，朱火幾燗，元夜無晨。

10. 江蘇南京出土劉宋元徽二年（474）明曇憙墓誌〔註112〕

1972 年南京太平門外堯辰果木場一磚室墓出土。墓誌發現位置，簡報未
說明。該誌爲長方形，由石灰岩刻成，長 65、寬 48 釐米，一面刻文，右讀，
凡 30 行，滿行 22 字，共 547 字。字體楷書，「穩健清秀，脫盡漢隸之窠臼。」
〔註113〕簡報僅有拓本圖版，而無釋文。後趙超《漢魏南北朝墓誌彙編》錄有
該志誌文，張敏《劉宋〈明曇憙墓誌銘〉考略》對誌文加以標點，並做有詳
細考釋。現依趙超、張敏所錄誌文，並對照拓本圖版，重新校讀如下：

> 宋故員外散騎侍郎明府君墓誌銘 ／祖儼，州別駕、東海太守。
> 夫人清河崔氏，父逞，度支尚書。／父歆之，州別駕、撫軍武陵王
> 行參軍、■梧太守〔一〕。／夫人平原■氏，父奉伯，北海太守。後
> 夫人平原杜氏，父融。／伯恬之，齊郡太守。／夫人清河崔氏，父
> 丕，州治中。後夫人勃海封氏，父惔。／第三■■〔二〕蓋，州秀
> 才、奉朝請。／夫人清河崔氏，父模，員外郎。／第四■休〔三〕
> 之，員外郎、東安東■〔四〕二郡太守。／夫人清河崔氏，父諲，右
> 將軍、■〔五〕州刺史。／長兄寧民，早卒。夫人平原劉氏，父季略，
> 濟北太守。／第二兄敬民，給事中、寧朔將軍、齊郡太守。／夫人
> 清河崔氏，父凝之，州治中。／第三兄曇登，員外常侍。夫人清河
> 崔氏，父景眞，員外郎。／第四兄曇欣，積射將軍。夫人清河崔氏，
> 父勳之，通直郎。／君諱〔六〕曇■〔七〕，字永源，平原■〔八〕人也。
> 載葉聯芳，懋茲鴻丘。晉徐／州刺史褒七世孫，檜梧府君歆之第五
> 子也。君天情凝澈，／風韻標秀，性盡沖清，行必嚴損。學窮經史，
> 思流淵嶽。少擯／簪繢，取逸琴書。非皎非晦，聲遒邦宇。州辟不
> 應，徵奉朝請。／歷〔九〕寧朔將軍員外郎、帶武原令。位頒郎戟，
> 志鈞楊馮。運其／■橐〔十〕，頗亦〔十一〕慷慨。值巨■〔十二〕滔祲，

〔註112〕南京市文物管理委員會：《南京太平門外劉宋明曇憙墓》，《考古》1976 年第 1
　　　　期；趙超：《漢魏南北朝墓誌彙編》，第 23 頁；張敏：《劉宋〈明曇憙墓誌銘〉
　　　　考略》，《東南文化》1993 年第 2 期。
〔註113〕南京市博物館：《南京市博物館藏六朝墓誌》，《東南文化》1992 年第 5 期。

鋒流紫闥。君義裂見危，身介／妖鏑。概深結纓〔十三〕，痛嗟朝野。春秋。元徽二五月廿六日／丙申。越冬十一月廿四日卯〔十四〕窆於臨沂縣壁山〔十五〕。啓奠／有期，幽穸長即，蘭釭已蕪〔十六〕，青松無，仰〔十七〕芳塵，俯銘泉側。／其辭曰：／斯文未隧，道散羣流。惟茲胄，映軌鴻丘。佇豔潤徽，皓詠／凝幽。測靈哉照，發譽騰〔十八〕。未見其止，日茂其猷。巨沴於紀，／侈侵陵拗〔十九〕。金飛輦路，玉碎宸嬛。霜酸精則，氣慟人遊。鐫塵／玄穸，志揚言留。夫人平原劉氏，父乘民，冠軍將軍、冀／州刺史。後夫人略陽垣氏，父闓，樂安太守。（圖版34）

圖版 34

〔一〕「」，當爲「蒼」之俗字（以下墓誌所見，同）。張敏作「檜梧太守」，並言「檜梧郡領廣信、猛陵、懷熙、思安等十一縣，屬廣州。」其以「蒼梧」爲「檜梧」，誤〔註114〕。

〔註114〕 《宋書》卷三八《州郡志四》云：「蒼梧太守，漢武帝元鼎六年立。《永初郡國》又有高要、建陵、寧新、都羅、端溪、撫寧六縣。建陵、寧新，吳立。

〔二〕「善」，「善」之俗字。《碑別字新編》「十二畫『善』字」條，《漢張遷碑》有與此字形體完全相同者，故釋。

〔三〕「休」，「休」之俗字（以下墓誌所見，同）。張敏照錄，不妥。據《碑別字新編》「六畫『休』字」條，《魏司馬元興墓誌》有與此字形體完全相同者，故釋。

〔四〕「莞」，「莞」之俗字（以下墓誌所見，同）。據《宋書》卷三五《州郡志一》，徐州下有東安、東莞二郡，可證。

〔五〕「冀」，「冀」之俗字（以下墓誌所見，同）。

〔六〕「諱」，趙超《漢魏南北朝墓誌彙編》（以下簡稱《彙編》）誤作「禕」。

〔七〕「憙」，「憙」之俗字。《碑別字新編》「十二畫『喜』字」條，《魏元顯魏墓誌》有與此字右部形體完全相同者，並釋爲「憙」。簡報及張敏文亦釋作「憙」，《彙編》作「憙」。然「憙」字，《說文》、《玉篇》均未收。考慮到歷代俗體字中，有變「心」底爲「忄」旁的寫法，如「憨」、「慚」相通〔註115〕。故《彙編》釋作「憙」，是。

〔八〕「鬲」，簡報、《彙編》、張敏均釋作「鬲」，然仔細比勘拓本照片，當作「鬲」。《晉武仲妻馬姜墓誌記》「其次適鬲侯朱氏」〔註116〕，「鬲」與明曇憙墓誌此字相同，故釋。

〔九〕「歷」通「歷」。《彙編》逕作「歷」，不妥。

〔十〕「珎稟」，《彙編》作「坎凜」；張敏作「玖懍」，且誤入下行。筆者以爲「珎」乃「琛（珍）」之俗字，二字合而爲「珍稟」（天賦出眾之意）。

〔十一〕「亦」，字迹較模糊，然仔細辨認尚可識。張敏讀作「亦」，是。《彙編》作「爾」，不妥。

都羅，晉武分建陵立。晉武帝太康元年，改新寧曰寧新。端溪、撫寧始見《永初郡國》。高要，何志無，餘與《永初郡國》同。徐志無建陵、寧新、撫寧三縣。何、徐二志並有懷熙一縣。思安、封興、蕩康、僑寧四縣，疑是宋末度此也。今領縣十一，戶六千五百九十三，口萬一千七百五十二。去川水八百；去京都水五千五百九十。」可證。

〔註115〕（梁）顧野王：《玉篇・心部》，《大廣益會玉篇》，中華書局據張氏澤存堂本影印，1987年，第40頁左下。

〔註116〕詳參趙萬里《漢魏南北朝墓誌集釋》第3冊圖版19；高文《漢碑集釋》，河南大學出版社，1985年第1版，1997年第2版，第20～24頁。

〔十二〕「」，「猾」之俗字。

〔十三〕「纓」，通「纓」。「結纓」，用子路「結纓而死」之典故〔註117〕。《彙編》直接作「纓」，不妥。

〔十四〕「十一月廿四日辛卯」，《彙編》作「十二月廿四日辛卯」。查陳垣《二十史朔閏表》，宋後廢帝元徽二年（474）十一月「戊辰朔」，廿四日恰爲「辛卯」；而其年十二月「丁酉朔」，廿四日則爲「庚申」，與誌文不合，故《彙編》誤。

〔十五〕「弎壁山」，《彙編》作「弋壁山」，張敏釋「戉辟山」。

〔十六〕「蕪」，《彙編》作「無」，誤。

〔十七〕「圗」，「圖」之俗字。

〔十八〕「㳂」，「休」之俗字。

〔十九〕「拗」。《彙編》釋爲「將」，張敏作「浸」，均不合銘辭之韻，誤。

11. 江蘇南京出土黃天墓誌〔註118〕

圖版 35

1966 年出土於南京中華門外油坊磨盤山南朝早期墓葬中。誌爲長方形磚質，長 34.4、寬 20、厚 5 釐米。文分 2 行，共 9 字，楷書，略具隸意。現錄文如下：

陳圀周㷒宣／毋〔一〕黃天〔二〕（圖版 35）

〔一〕「毋」，「母」之俗字。《彙編》作「毋」，誤。

〔二〕「天」，原釋爲「夫」〔註119〕，《彙編》因之。然據拓片圖版，應爲「天」。

12. 江蘇南京出土蔡冰墓誌〔註120〕

1966 年出土於南京市棲霞區棲霞山南朝早期

〔註117〕《左傳·哀公十五年》。
〔註118〕南京市博物館：《南京市博物館藏六朝墓誌》，《東南文化》1992 年第 5 期。
〔註119〕原釋還稱「此誌第二行『夫』字下可能漏刻一『人』字」。然核對該文所附圖版，「天」字甚是清楚，似不應誤作「夫」。
〔註120〕南京市博物館：《南京市博物館藏六朝墓誌》，《東南文化》1992 年第 5 期。

墓葬中。該誌爲刻文相同的 2 方，一方殘斷，一方
完整，均爲磚刻。誌作長方形，長 48.5、寬 24.8、
厚 6.9 釐米。刻文 2 行，行 4 字。書體與黃天墓誌
爲同一體勢，以楷爲主，兼有隸書遺意。現錄文如
下：

圖版 36

　　　　濟陽圉〔一〕蔡／冰〔二〕，字道堅〔三〕。（圖
版 36）

〔一〕「圉」字，《彙編》釋爲「園」，誤。

〔二〕「冰」，「冰」之俗字（以下墓誌所見，
同）。

〔三〕「堅」，「堅」之俗字。

13. 江蘇句容出土蕭齊永明五年（487）劉岱墓誌〔註 121〕

　　1969 年在江蘇句容縣袁巷公社小龍口出土，1973 年鎮江市博物館普查文
物時徵集入館。該誌爲青石質，長方形，長 65、高 55、厚 7 釐米。保存狀況
較好，誌文 361 字，清晰無損，楷書。現錄文並標點如下：

　　齊故■〔一〕餘扤〔二〕縣■府君墓誌銘。／高祖撫，字士安，
彭城内史，／夫人同郡孫茍公，後夫人高密孫女瑾〔三〕。／曾祖爽，
字子明，山陰令。夫人下邳趙叔媛。／祖仲道，字仲道，餘姚令。
夫人高平檀敬容。／父粹之，字季和，太中大夫。夫人彭城曹慧姬。
／南徐州東莞郡莒縣都鄉長貴里劉岱〔四〕，字子喬。君齠／年岐
嶷，弱歲明通，孝敬篤〔五〕友，基性自然，識量淹濟，道／韻非假。
山陰令淬太守事，左遷，尚書箹白衣監餘扤／縣〔六〕。春秋五十有
四，以永明五年太歲丁卯夏五月乙／酉朔十六日庚子遘疾，終於縣
解〔七〕。粵其年秋九月癸／未朔廿四日丙午，始創墳塋於楊州丹楊
郡勾容縣／南鄉麋里龍窟山北。記親銘德，藏之墓右。／悠悠海
嶽，綿綿靈緒。或秦或梁，乍韋乍杜。淵懿繼芳，／世盛龜組。德
万破今，道迺流古。積善空言，仁壽茫昧。／清風日注，英猷長
晦。奠設徒陳，泉門幽曖。敢書景行，／敬遺千載。／夫人樂安博

〔註 121〕鎮江市博物館：《劉岱墓誌簡述》，《文物》1977 年第 6 期。

昌任女暉，春秋五十有三。永明元年／太歲癸亥夏五月己酉朔十三
日辛酉終。／父文季，祖仲章。一女，二庶男。／女玉女適河東裴
闓。／長男希文，婦東海王茂瑛，父沈之。祖萬喜。／少男希武。（圖
版 37）

圖版 37

〔一〕「■」，「監」之俗字。

〔二〕「■」，「杭」之俗字。

〔三〕「■」，《彙編》釋爲「寇」，原釋作「寢」。據《碑別字新編》「十
一畫『寇』字」條，《魏寇治墓誌》、《魏寇宥墓誌》「寇」均作此形。故《彙
編》所釋正確。

〔四〕「■」，「岱」之俗字（以下墓誌所見，同）。

〔五〕「■」，「篤」之俗字。

〔六〕「左遷，尚書箚白衣監餘杭縣」，《彙編》作「左遷尚書箚白衣，監

餘杭縣」，斷句有誤。箚，書信，此處作動詞，爲寫信命某人做某事之意。《宋書》卷四四《謝晦傳》云：「高祖嘗訊囚，其旦刑獄參軍有疾，箚晦代之。」〔註122〕白衣，古未仕者著白衣，猶如後世稱「布衣」。《晉書》卷六六《陶侃傳》云：「侃坐免官。王敦表以侃白衣領職。」〔註123〕

〔七〕「𦆅」，「解」之俗字，通「廨」。

14. 江蘇南京出土蕭齊永明六年（488）王寶玉墓誌〔註124〕

1988 年出土於南京煉油廠基建工地一磚室墓。墓誌發現在墓室與墓道的交接處。該誌爲近正方形石質，高 46、寬 47 釐米。刻文凡 13 行，滿行 21 字，字體楷書。因誌石部分字迹漫漶不清，可識字數爲 225 字。現錄文並標點如下：

> 齊故冠軍將軍、東陽太守蕭府君側室夫人王氏墓誌／銘。／夫人姓王，字寶玉，吳郡嘉興縣曇溪里人也。漣光疊映〔一〕，／有自來矣。夫人溫朗明𤫩，神華玉麗，清規素𧻓〔二〕，夙炳芬／譽。以建元元年納於蕭氏，恭雅恬懿，尅隆美〔三〕訓，享年（不）〔四〕／永。以永明六年四月庚戌朔九日戊午卒於建䣄里中，／春秋廿有八。粵閏十月丁丑朔六日壬午，𣩠〔五〕窆於臨沂／縣之黃鵠山。齊〔六〕帳恒陰，𧻓𨖳長霧〔七〕，秘迹𨽤畝〔八〕，芳徽空〔九〕樹。／銘文 大司馬參軍事東海𧶼〔十〕行卿造。／𤪽〔十一〕寶有耀，懷德有憐，幽閒〔十二〕之懿，楷〔十三〕問宣音，薰詩潤〔十四〕禮，𨿽〔十五〕／玉𤩽〔十六〕金，沖約規行，清和佩心。陂途易水，𣩠〔十七〕數難常，中春／掩縟，半露摧芳。方𤫩〔十八〕方古，孰云不傷，𨖳昭𦑣〔十九〕烈，式讚泉／房。息昂，年六。（圖版 38）

〔一〕「漣光疊映」，《古代銘刻書法》（以下簡稱《銘刻》）及邵磊均作「建光宜映」，誤。費玲伢作「漣光疊映」，是。〔註125〕

〔二〕「𧻓」，「範」之俗字。

〔註122〕（梁）沈約：《宋書》，中華書局，1974 年，第 1347 頁。

〔註123〕（唐）房玄齡等：《晉書》，第 1771 頁。

〔註124〕莊天明、淩波主編：《古代銘刻書法》，第 110～111 頁（圖版）、第 176～177 頁（釋文）；邵磊：《南齊王寶玉墓誌考釋》，《文獻》2003 年第 4 期，後收入氏著《冶山存稿——南京文物考古論叢》；費玲伢：《南朝女性墓誌的考釋與比較研究》，《東南文化》2005 年第 2 期。

〔註125〕「漣」、「疊」，誌文此二字均漫漶不清，然筆畫輪廓尚可辨。

圖版 38

〔三〕「羡」,「美」之俗字（以下墓誌所見,同）。

〔四〕「不」字,費玲伢補,據文意可通。《銘刻》及邵磊均未讀,作「□」。

〔五〕「🔲」字,誌文漫漶不清,費玲伢釋爲「卜」,據文意可通。《銘刻》及邵磊均未讀,作「□」。

〔六〕「🔲」,「寂」之俗字。

〔七〕「🔲🔲長霧」,《銘刻》作「虛莚長霧」,邵磊作「虛□長霧」,費玲伢作「虛莚長靄」。「🔲」,「虛」之俗字;「🔲」,「莚」之俗字。「莚」,《康熙字典》「申集上艸部」云:「莚,《正韻》夷然切,音延,草名。」另有蔓延

不斷之意，如左思《蜀都賦》「風連莚蔓於蘭皋」。然聯繫上句「寂帳恒蔭」，此處「莚」似通「筵」，《說文》卷五「竹部」云：「筵，竹席也。」

〔八〕「徒」，「徒」之俗字；「留」，「留」之俗字。

〔九〕「空」，《銘刻》及邵磊均未讀作「囗」，費玲伢補，是。

〔十〕「鮑」，「鮑」之俗字。

〔十一〕「潛」，「潛」之俗字。

〔十二〕「閒」，《銘刻》及邵磊作「閉」，誤。

〔十三〕「播」，「播」之俗字（以下墓誌所見，同）。

〔十四〕「潤」，費玲伢誤作「閏」。

〔十五〕「越」，「越」之俗字。

〔十六〕「萋」，「萋」之俗字，《碑別字新編》不收，然同書「八畫『妻』字」條，《魏孫昂磚誌》有「妻」，故釋。《銘刻》及邵磊作「慕」，費玲伢作「冀」，均誤。

〔十七〕「夷」，「夷」之俗字（以下墓誌所見，同）。

〔十八〕「冥」，「冥」之俗字。

〔十九〕「追」、「昭」、「軌」，分別為「追」、「昭」、「軌」之俗字（以下墓誌所見，同）。

15. 浙江紹興出土蕭齊永明十一年（493）呂超墓誌〔註126〕

1916 年紹興螭陽謝塢出土。該誌為長方形石質，高 37.5、寬 49 釐米。刻文 15 行，行 19 字，然文字泐滅大半，可識者僅 60 餘字。坲將誌文抄錄如下：

　　……將軍㑪郡王國中軍呂府君諱超……東平人……古胄興自姜維有……今居會稽山陰……早宣故孝……猷日新而……歲在己巳夏五月廿三……其年冬十一月丙寅……中軍將軍劉……金石口誌風烈……青……白芸……。

16. 江蘇南京出土蕭齊海陵王墓誌〔註127〕

宋沈括《夢溪筆談》卷十五《藝文二》云：

　　慶曆中，予在金陵，有饗人以一方石鎮肉，視之，若有鐫刻。

〔註126〕趙萬里：《漢魏地北朝墓誌集釋》，第 1 冊第 20 頁，第 3 冊圖版 20。

〔註127〕（宋）沈括：《夢溪筆談》卷十五，文淵閣四庫全書本。然自宋黃伯思《東觀餘論》考證此誌為「齊海陵王誌」後，後人皆從其說。

試取石洗濯，乃宋海陵王墓銘，謝朓撰並書。其字如鍾繇，極可愛。余攜之十餘年，文思副使夏元昭借去，遂託以墜水，今不知落何處。此銘朓集中不載，今錄於此：「中樞誕聖，膺歷受命。於穆二祖，天臨海鏡。顯允世宗，溫文著性。三善有聲，四國無競。嗣德方衰，時唯介弟。景祚雲及，多難攸啓。載驟載獵，高闡代邸。庶闈欣欣，威儀濟濟。亦既負扆，言覩帝則。正位恭己，臨朝淵嘿。虔思寶締，負荷非克。敬順天人，高遜明德。西光已謝，東旭又良。龍蠡夕儼，葆挽晨鏘。風搖草色，日照松光。春秋非我，晚夜何長。」

此後，宋歐陽修《集古錄跋尾》、歐陽棐《集古錄目》、陳思《寶刻叢編》及清黃本驥《古誌石華》均有對該誌的著錄及簡要考證。

17. 江蘇南京出土梁天監元年（502）蕭融及天監十三年（514）王纂韶墓誌〔註128〕

1980 年在南京太平門外張家庫蕭融夫婦墓出土。由於早年被毀，墓葬內的遺物被盜掘一空，僅在甬道中出土兩方石刻墓誌，分別屬於梁桂陽王蕭融及其妃王纂韶。

梁桂陽王蕭融墓誌，矩形，長 60、寬 60、厚 9 釐米。一面刻文，凡 20 行，滿行 28 字，共 528 字。除開頭部分殘損缺字外，其餘保存基本完好。誌文楷書，然字體的某些筆畫略見隸書之遺意。現據《書法叢刊》所附墓誌拓本圖版，抄錄誌文並標點如下：

（梁桂陽王）墓誌銘序〔一〕 ／（公諱）融，字□達，蘭陵郡蘭陵縣都鄉中都里人〔二〕，／（太祖文）皇帝之第五子也〔三〕。王雅亮通明，器識韶潤，清情秀氣，峨然自高，峻／□□衿，□〔四〕焉未聞。佩觿璇珓，則風流引領；勝冠鳳起，則繪冕屬目。齊永明／元年，大司馬、豫章王府僚清重，引爲行參軍署法曹。隆昌元年，轉車騎鄀／陽王行參軍。建武元年，□□初闢，妙選時英，除太子舍人。頃轉冠軍、鎮軍、／車騎三府參軍署（外兵）〔五〕。又爲車騎、

〔註128〕南京市博物館、阮國林：《南京梁桂陽王蕭融夫婦合葬墓》，《文物》1981 年第 12 期；《梁桂陽王蕭融夫婦墓誌》，《書法叢刊》第 4 輯，文物出版社，1982 年 9 月。另，《全梁文》卷四十四錄有蕭融墓誌銘文 40 字，引自《藝文類聚》卷四十五「撫軍桂陽王墓誌銘」，實際上均爲墓誌銘文（142 字）的節錄。

江夏王主簿。頃之，除太子洗馬，不拜。元／昆丞相長沙王，至德高勳，居中作宰，而凶昏在運，君子道消，□直醜止，懼／茲濫酷。王春秋卅，永元三年十二月十二日奄從門禍。中興二年追贈給／事黃門侍郎。皇上神武撥亂，大造生民，冤恥既雪，哀榮甫備，有詔：／亡弟齊故給事黃門侍郎融，風標秀特，器體淹和；朕繼天紹命，君臨萬寓，／祚啓郇滕，感興魯衛，事往運來，永懷傷切；可贈散騎常侍、撫軍將軍、桂陽／郡王；天監元年太歲壬午十一月乙卯一日窆於弍碎山〔六〕，禮也。懼金石有／朽，陵谷不居，敢撰遺行，式銘泉室。梁故散騎常侍、撫軍大將軍、桂陽／融謚簡王墓誌銘。長兼尚書吏部郎中臣任昉奉敕撰。於昭帝／緒，擅美前王，綠〔七〕圖丹記，金簡玉筐。龕黎在運，業茂姬昌，蟬聯寫丹，清／越而長。顯允初筮，邁道宣哲，藝單漆書，學窮繡稅。友於惟孝，閒言無際，郇／釋異家，龍趙分藝。有一於此，無競惟烈，信在鬪金，清由源口，齊嗣猲狽，惟／昏作孽，望口高翔，臨河永逝，如何不弔，報施冥滅，聖武定鼎〔八〕，地居魯／衛，沛易且傅，楚詩將說。桐珪誰戲，甘棠何憩，式圖盛軌，宣美來裔。

梁桂陽王妃王纂韶墓誌，矩形，長 49、寬 64.4、厚 7.5 釐米。一面刻文，凡 31 行，滿行 23 字，共 696 字，楷書。保存較好。現錄誌文並標點如下：

　　梁桂陽國太妃墓誌銘，吏部尚書領國子祭酒王暕造。／太妃姓王，諱▨〔九〕韶，南徐州琅琊郡臨沂縣都鄉南仁里人也。／周儲命氏，世載▨〔十〕德，清源華幹，派別綿昌。祖深，新安太守，父／僧聰，黃門郎〔十一〕。冠冕承業，映遵前軌。太妃識備幽閒，體含貞粹，／履四德之淳範，播七行之高風。皇基積祉，本枝克盛，岐／陽之功載遠，隆▨〔十二〕之祚在焉。禽幣思賢，允歸卿▨〔十三〕。既宵燭有／行，降禮中饋，親理澂漠，躬事組紃。處不踰閫，行必待傅。閫儀／觀則，娣列承風。齊季昏▨〔十四〕，時惟交喪，蘭玉俱摧，人▨〔十五〕已絕。太／妃援鏡貶▨〔十六〕，鴻鵠興辭，▨〔十七〕深恭姜，慟均杞室。我皇啓聖御／天，應符受命，眕〔十八〕言唐衛，利建維城。簡王無嗣，以宣武王第九／子象繼世，承封爲桂陽王。天監三年十二月策命拜桂陽王／太妃，文曰：於戲，維爾令德克昭，

靜恭靡忒，式儀█〔十九〕序，允樹芳／徽。是故遵以朝序，用申彝服。往欽哉。其茂休烈，可不慎歟。太／妃禮秩愈重，身志彌約，奉上謙恭，率下沖素。傍無薰餝〔二〇〕，服有／皁縑，慈撫均愛，弘斯教範。雖斷機貽訓，平反有悅，無以加焉。／報施空雲，暉塵儵謝。天監十三年十月丙子朔廿日乙未薨。／春秋卅二。有詔曰：桂陽國太妃奄至薨隕，追痛切割，今便／臨哭。喪事所█〔二一〕，隨由備辨。鴻臚持節監護喪事。粵其年十一／月丙午朔十日乙卯祔窆█辟里█辟山。年序雲邁，陵谷徂／遷，俾茲不朽，茂烈是鑴。其辭曰：悠哉洪緒，基口口口，奄／藹世猷，蟬聯餘慶。亦誕徽音，稟茲淑行，藏圖踐言，口史成口。／婦德載宣，女師以鏡，言歸王室，作嬪君子。聲穆口口，譽流口／汜，運屬屯夷，義冠終始。帝曰周親，維翰斯俟，門寓嗣口，／顯茲錫履。輻軒式耀，寵服有章，母儀蕃國，化緝蘭房。凤騫口／祉，戢景淪芳，靜枝標慕，停引哀傷。祖行撤奠，緋柳在庭，寒原／眇默，松嶂█〔二二〕青。輟驂夕輦，罷吹晨扃，留芳昭代，永勒沈冥。／息男象，字世翼，襲封桂陽王。年十七。天監十二年閏三月十／二日詔除寧遠將軍、丹楊尹。／妃張氏寶和，年十九。亡祖父安之，楊州主簿。／亡父弘策，車騎將軍、洮陽愍侯。／息惜，年二。

〔一〕墓誌首題「（梁桂陽王）墓誌銘序」，簡報認爲首缺三字，作「口口口」。然依王纂詔墓誌例，似缺四字，故補。

〔二〕此行首殘缺二字，依蕭敷墓誌例可補「（公諱）」。

〔三〕「█」，「幼」之俗字。據《梁書》卷二二《太祖五王列傳》、《南史》卷五一《梁宗室上》，桂陽簡王蕭融，李太妃所生，爲梁文帝第五子，武帝蕭衍二弟。墓誌所載蕭融字幼達，可補史闕。

〔四〕「█」，「窅」之俗字。

〔五〕誌文「（外兵）」二字漫漶不清，其中「外」字尙隱約可識。然簡報均未讀，作「口口」。《彙編》從之。據《南齊書》卷十六《百官志》，鎮軍、車騎將軍下有外兵、法曹等十八曹，其中外兵曹署正參軍、法曹署行參軍。聯繫上文「引爲行參軍署法曹」，此處「頃轉冠軍、鎮軍、車騎三府參軍署外兵」行文甚合，故可補「外兵」二字。

〔六〕「弍辟山」簡報作「弋辟山」，《彙編》從之。「弍」，張敏釋作「戍」

〔註129〕。然據《碑別字新編》「六畫『戎』字條」,《魏寇演墓誌》有與此字相同者,故或可作「戎辟山」（以下所見,同）。前述明曇憙墓誌「■壁山」,或與此同指一地。

〔七〕「緣」字,簡報誤讀為「綠」。

〔八〕「聖武定鼎」,《全梁文》卷四十四引《藝文類聚》卷四十五「撫軍桂陽王墓誌銘」作「世載臺鼎」,誤。

〔九〕「■」,「纂」之俗字〔註130〕。《彙編》逕作「纂」,不妥。

〔十〕「■」,「厥」之俗字（以下墓誌所見,同）。

〔十一〕「父僧聰,黃門郎」,僧聰,王深之子,東晉丞相王導五世孫,《世說新語・人名譜》等文獻均未載,可補史闕。

〔十二〕「■」,「姬」之俗字。據《碑別字新編》「九畫『姬』字條」,《魏任城文宣王太妃馮墓誌》有與此字完全一致者,故釋。

〔十三〕「■」,「族」之俗字。

〔十四〕「■」,「虐」之俗字。

〔十五〕「■」,「綱」之俗字。

〔十六〕「■」,簡報釋作「皀」。《彙編》釋為「皃」,是,費玲伊從之〔註131〕。

〔十七〕「■」,「操」之俗字（以下墓誌所見,同）。

〔十八〕「晰」,簡報誤作「瞻」,《彙編》從之。

〔十九〕「■」,「蕃」之俗字（以下墓誌所見,同）。

〔二〇〕「餝」,「飾」之俗字,另見蕭敷墓誌。簡報作「餝」,誤。唐顏元孫《干祿字書》云:「餝、飾,上俗,下正。」可證。

〔二一〕「■」,「須」之俗字。

〔二二〕「■」,「蔥」之俗字。

〔註129〕 張敏:《劉宋〈明曇憙墓誌銘〉考略》。

〔註130〕 參見前述江蘇南京出土東晉李纂墓誌注[一]。王纂詔誌下文「靜枝標慕,停引哀傷」中的「慕」與此處之「纂」字形並不相同,此其一;其二,北朝與該志略當同時的幾方墓誌均有與此字字形完全相同者,如北魏延昌四年（515）姚纂墓誌、正光二年（521）穆纂墓誌、孝昌元年（525）元纂墓誌及孝昌二年於纂墓誌（參見趙萬里《漢魏南北朝墓誌集釋》）。故「慕」、「纂」並非同一字,蕭融妻名當為王纂（纂）詔。前人習稱之「王慕詔墓誌」有誤,應予以糾正。

〔註131〕 費玲伊:《南朝女性墓誌的考釋與比較研究》。

18. 江蘇南京出土梁普通元年（520）蕭敷墓誌〔註132〕

宋代出土，具體時間、地點不詳。墓誌原石早已亡佚，世傳宋代拓本也幾經輾轉，後入吳湖帆手，但知者甚少。趙萬里在編輯《漢魏南北朝集釋》時，因吳不肯借給拓本，「世傳宋拓本今藏吳湖帆家，以湖帆珍惜備至，未允借影，附識於此，以俟將伯之助」，而未能收錄，引以爲憾。1982 年，《書法從刊》第 5 輯公開發表了上海博物館所藏蕭敷夫婦墓誌的拓本，將誌文及其題跋、旁白影印出版。另，明陶宗儀《古刻叢鈔》亦錄有蕭敷夫婦墓誌誌文，然字數略少。後清嚴可均《全梁文》又將《古刻叢鈔》錄文輯入。據羅宗眞考證，以上三者中，以上海博物館藏拓本爲最早且最爲可靠。

現發表的拓本因已剪裱成冊，原墓誌具體形制已無從窺見。然據吳湖帆題跋「原石永陽王誌凡三十行，行三十六字」，「王誌石高六十公分，闊五十八公分」，墓誌爲近正方形石質。字體楷書，略具隸意。《彙編》已作標點，現錄誌文並重新標點如下（參照剪裱本及《全梁文》抄錄，無法分行）：

故侍中司空永陽昭王墓誌銘。尚書右█射太子詹事臣徐勉奉敕撰。公諱敷，字仲達，蘭陵蘭陵人，皇帝之次兄也。炳靈聖緒，體自琁源。積德景仁之基，配天經營之業，固以詳乎二█〔一〕，載在六詩，今無得而稱矣。公夙挺珪璋，早標時譽。羽儀口明，神容淵凝。孝友天至，率由而盡〔二〕。義讓因心，無待傍旨〔三〕。行爲表綴，動成鎔範〔四〕。斟酌流品，詳█羣藝，〔五〕莫不采其英華，振其█〔六〕領。雖墻宇重刃，而溫其如玉；氣屬秋霜，而體含春露。故口之者口識涯涘，挹之者虛往實歸〔七〕。加以沖謙下物，傾躬接士，愛好閒靜，雅善談諷。寵辱不干懷抱，喜慍口滯匈衿。汪汪焉，靁靁焉，固不可量已。解褐齊後軍長沙王行參軍。武陵王始開戎號，妙口口口〔八〕。又行參冠軍征虜二府軍事，入爲太子舍人。濯纓承華，清風載█〔九〕。衡陽王冠婚禮備，問口彼口〔十〕。以公爲文學，稱爲盛選。俄遷太子洗馬，又爲南海王友。洗馬之職，既口儀形；會友口任，口弘斧藻。長虞公幹，莫或加焉。出補丹楊尹丞，復入爲太子中舍人。三口龍樓，仍歷坊禁。清談口論，咸以爲榮。司部濱接蠻

〔註132〕（清）嚴可均校輯：《全梁文》卷五十，《全上古三代秦漢三國六朝文》；《梁蕭敷、王氏墓誌銘》，《書法叢刊》第 5 輯，（北京）文物出版社，1982 年 12 月；羅宗眞：《梁蕭敷墓誌的有關問題》，《考古》1986 年第 1 期；趙超：《漢魏南北朝墓誌彙編》，第 27 頁。

虜，亟有充斥，漢東之國，貽夏西顧。以公兼資文武，出爲建威將軍、■〔十一〕郡內史。下車贍恤，威德大著。時獷猘侵逼義陽，四山卒相影響。郡內孤危，兵糧□弱。公□加獎督，視險若夷，拎是百姓相攜入城，城中殆無復相容處。咸曰：賊■■〔十二〕來，必爲府君死戰。物情如□，□□遂息。於是關抵清夷，民俗殷阜。進號寧朔將軍，內史如故。久之，徵爲後軍盧陵王諮議參軍。從容諷味，雅有弘益。天不慭遺，遠塗未至。以齊建武四年八月六□薨，春秋■〔十三〕悴。聖上應期革命，受終文祖。覽周南而雪涕，詠常棣而興哀。天監元年四月八日詔曰：亡兄齊故後軍諮議參軍，德履沖粹，識業淵通。徽聲嘉譽，風流藉甚。道長世短，獨塵緬邈。感惟既往，永慕慟心。可追贈侍中司空永陽郡王，食邑二千戶，謚曰昭王，禮也。子恭王伯■嗣，恭王早世〔十四〕，子隆嗣。昭王之妃王氏，於本國爲大太妃。以今普通元年十一月九日薨。其月廿八日舉祔葬之典〔十五〕。又下詔曰：亡兄故侍中司空永陽昭王，墳塋當開，靈筵■設〔十六〕。追慕摧慟，不能自勝。可遣使奉祭，言增感哽。惟公體道淵塞，風格峻遠，履信基仁，自家形國。寶運勃興，地隆魯衛，茂冊徒然，神猷永戢。今幽埏■啓，■餚■陳〔十七〕。皇情深孔懷之悲，縉紳仰人百之慟。爰詔司事，式改明■〔十八〕。迺作銘曰：惟山峻極，群峰以構，惟海泱泱，百流是湊。赫矣皇業，昭哉洪冑，布□分□，如彼列宿。恭惟茂德，英明在躬，該茲學行，穆是清風。令問不已，羽儀克隆，若林之蔚，若川之沖。資以實〔十九〕，乘心而蹈，立人之美，亦符前誥。泰靡華情，約不移操，■〔二〇〕覩其涯，■窺其奧。爰初理翰，振■〔二一〕騰光，出高蓄採，入映華坊。且文且會，煥彼周行，言貳河輔，綽有餘芳。關■■〔二二〕未息，亂■〔二三〕宜理，作守漢濱，威懷斯俟。既弭烽□，又清獄市，樹績來歸，優游衡里。孰云與■，遙途始半，■〔二四〕萃繁霜，遽■〔二五〕華館。歲時茬苒，松陰行□，□□□飛，典章有爛。姬公垂制，祔禮載申，幽扃斯啓，容物■陳。窮泉□□，拎焉反真，我皇□□，□德攸新。俾諸來葉，永鑒清塵。

〔一〕「■」，「策」之俗字。「詳乎二策」，與下文「載在六詩」對仗。《全梁文》不誤。《彙編》作「許子一策」，據拓本，其釋讀有誤，且文意亦不通。

〔二〕「盡」,《全梁文》釋。誌文此字漫漶不清,僅上部可辨。《彙編》未讀,作「□」。

〔三〕「旨」,《彙編》釋。誌文此字上部漫漶難辨,下部可識爲「曰」。《全梁文》作「習」。

〔四〕「範」,《全梁文》釋。拓本不清,然經仔細核對,似。《彙編》未讀,作「□」。

〔五〕「」,「核」之俗字。「斟酌流品,詳覈羣藝」,《全梁文》爲「斟酌流品,□核羣藝」。誌文雖漫漶不清,然字迹依稀可辨如此,此處「詳」字與上文甚似,故釋。《彙編》作「□的必中,□校羣藝」,誤。

〔六〕「」,「綱」之俗字(以下墓誌所見,同)。

〔七〕此處誌文泐滅頗多,《全梁文》釋「故□之者□識涯涘,挹之者虛往實歸」,較爲通順,筆者從之。《彙編》作「故在□□□議涯涘挹之者嶮然賢歸」,文意不通,且錯訛較多。

〔八〕「武陵王始開戎號,妙□□□。」《全梁文》後四字均未讀。《彙編》作「武陵王始問戎號,妙簡賢□。」

〔九〕「」,「穆」之俗字(以下墓誌所見,同)。

〔十〕「衡陽王冠婚禮備,問□彼□。」《全梁文》釋。《彙編》作「衡陽王冠婚禮何問□□有。」

〔十一〕「」,「隨」之俗字(以下墓誌所見,同)。

〔十二〕「」,「若」之俗字;「」,「能」之俗字(以下墓誌所見,同)。

〔十三〕「」,「殄」之俗字。《全梁文》逕讀。《彙編》作「彌」,誤。

〔十四〕「」,「遊」之俗字。「子恭王伯遊嗣,恭王早世」,《全梁文》釋。《彙編》作「子恭王伯遊,明恭□早世。」從上下文來看,不妥。

〔十五〕「舉袝葬之典」,《彙編》釋。《全梁文》爲「申袝葬之典」,誤。

〔十六〕「」,「蹔」之俗字,通「暫」(以下墓誌所見,同)。「墳塋當開,靈莚設」,「莚」當通「筵」〔註133〕。《彙編》作「墳塋當問,靈筵暫設」,《全梁文》爲「墳塋當開,靈筵蹔設」。

〔十七〕「餝」,當爲「裝飾」。《彙編》作「哀餝」。「」,「虛」之俗字(以下墓誌所見,同)。

〔註133〕參見《王寶玉墓誌》注〔七〕。

〔十八〕「■」,「旌」之俗字。

〔十九〕此處誌文漏刻一字。

〔二○〕「■」,「莫」之俗字（以下墓誌所見,同）。

〔二一〕「■」,「藻」之俗字。

〔二二〕「■」,「侯」之俗字。

〔二三〕「■」,「繩」之俗字。

〔二四〕「■」,疑爲「熏」之俗字,通「薰」。

〔二五〕「■」,「捐」之俗字。

19. 江蘇南京出土梁普通元年（520）永陽敬太妃王氏墓誌〔註134〕

宋代出土,與蕭敷墓誌同出一墓,具體時間、地點不詳。原石早佚,今上海博物館藏有拓本。據吳湖帆題跋「敬太妃誌二十六行,行三十一字」,「妃誌高闊均五十公分」,墓誌爲正方形石質,字體楷書。《彙編》已作標點,現錄誌文並重新標點如下（參照剪裱本及《全梁文》抄錄,無法分行）:

故永陽敬太妃墓誌銘。尚書右■射、太子詹事臣勉奉敕撰。永陽太太妃王氏,琅耶臨沂人也。其先周靈王之後,自秦漢逮於晉宋,世載光口〔一〕,羽儀相屬。既以備〔二〕於前誌,故可得而略焉。祖粹,給事黃門侍郎;父儼,左將軍司馬、壽陽內史,並見稱時輩。太妃體〔三〕中和之氣,稟華宗之烈,蹈此溫恭,表茲淑愼。孝敬資於實〔四〕發,仁愛口於自然。至乎四教六訓之間,工言貞婉之德,無待教成,罔不該備。故景行著於口口,淑問顯於言歸。作嬪盛德,實光輔佐。親縫幕之用,躬服瀚之勤。及■〔五〕世釐居,遺孤載藐,提攜撫育,逮乎成備。斷織之訓既明,■〔六〕門之禮斯洽〔七〕。劬勞必盡,曾不移志。用能緝睦於中外,亦以弘濟乎艱難。雖魯姜之勤節,曹妃之敬讓,方之蔑如也。皇業有造,愍憂啓聖,追惟魯衛,建國永陽。恭王■嗣,■號式顯,廷拜爲太妃。策曰:維天監二年六月甲午十日癸卯,皇帝遣宗室員外散騎侍郎、持節、兼散騎常侍蕭敬寶策命永陽王母王氏爲國太妃,曰:於戲,惟爾茂德,內湛粹〔八〕範,外昭國序,凝芬蕃庭,仰訓是用,式遵舊典,

---

〔註134〕（清）嚴可均輯:《全梁文》卷五十,《全上古三代秦漢三國六朝文》;《梁蕭敷、王氏墓誌銘》,《書法叢刊》第5輯;羅宗真:《梁蕭敷墓誌的有關問題》;趙超:《漢魏南北朝墓誌彙編》,第29頁。

載章徽服。往欽哉。其肅茲烋烈，可不慎歟。備褕瑱之華，而降心彌約〔九〕，居千乘之貴，而處物愈厚。既而恭王不永，禮從又缺〔十〕。訓▨〔十一〕嗣孫，載光榮祉。年高事重，志義方隆。宜永綏福履，而奄奪鴻慶。以普通元年十月廿三日遘疾，十一月九日乙卯薨於第，春秋五十有九。詔曰：永陽太太妃奄至薨逝，哀摧忉割，不能自▨〔十二〕，便出敘哀。可給東園祕器。喪事所須，隨由備辦〔十三〕。祖行有辰，式〔十四〕弘茂典。又詔曰：故永陽大太妃，禮數有殊，德行惟光。訓▨蕃嗣，式盛母儀。即遠戒期，悲懷抽割。可詳典故，以隆嘉謚，禮也。粵其月廿八日戊戌祔▨〔十五〕於琅耶臨沂縣長干里黃鵠山。用宣風烈，以昭弗朽。迺爲銘曰：清瀾悠邈，其儀尚矣，龍光疊照，風流世祀。猗歟岡匱，扵〔十六〕昭不已，誕資仁淑，作嬪君子。幽閒表操，明德自躬，推厚處薄，秉默居沖。參差採芼，揜映言工，鑒昭彤管，識懋▨〔十七〕風。凝芬載湛，芳猷允塞，徒舍爲訓，止閨成則。曹號母儀，豈伊婦德，▨〔十八〕茲閨閫，形於邦國。龍飛集運，禮數攸鍾，憲章盛典，車服有容。泰而愈約，貴則彌恭，蕃祉方茂〔十九〕，纂嗣克重。巾帨若池，朝夕咸事，雖曰任傳，承〔二〇〕請斯備。是惟仁姑，▨〔二一〕德可庇，恂恂濟濟，蘭芬瓊祕〔二二〕。光陰易晚，祺福難留，閨儀罷映，褕華奄收。奠遷朱邸，駕指行楸，芳▨是勒，大夜方攸〔二三〕。

〔一〕「▨」，誌文漫漶難識，《全梁文》不讀。《彙編》作「華」。

〔二〕「備」，拓本不甚清楚，《全梁文》釋。《彙編》未讀，作「□」。

〔三〕「軆」，《全梁文》、《彙編》均作「體」，不妥。

〔四〕「實」，《全梁文》讀作「冥」，《彙編》釋爲「賓」，均誤。

〔五〕「▨」，「星」之俗字。《全梁文》讀作「早」，誤。

〔六〕「▨」，「闈」之俗字。

〔七〕「洽」，《彙編》作「舍」，誤。

〔八〕「粹」，《彙編》作「淑」，誤。

〔九〕「約」，《彙編》未讀，作「□」。

〔十〕「又缺」二字，《彙編》釋，《全梁文》未讀，作「□□」。

〔十一〕「▨」，「導」之俗字。

〔十二〕「▨」，「勝」之俗字。

〔十三〕「隨由備辦」，《全梁文》作「隨由口辦」，《彙編》作「隨時備辦」。

〔十四〕「式」，《全梁文》作「武」，誤。

〔十五〕「■」，「葬」之俗字。《全梁文》作「瘞」，誤。

〔十六〕「扲」，《彙編》未讀，作「口」，誤。

〔十七〕「■」，同「烋」，「休」之俗字

〔十八〕「■」，「穆」之俗字。

〔十九〕「茂」，《彙編》未讀，作「口」。

〔二○〕「承」，《全梁文》作「永」，誤。

〔二一〕「■」，「厥」之俗字。

〔二二〕「瓊祕」，《彙編》誤作「增秘」。

〔二三〕「大夜方攸」，《全梁文》作「大口方攸」，《彙編》作「大夜方口」。

20. 江蘇南京出土梁普通二年（521）輔國將軍墓誌〔註135〕

1978 年 5 月，南京中央門外燕子磯附近的　座南朝殘墓出土。墓誌具體發現位置不詳。該誌爲矩形石灰石質，長 100、寬 80、厚 8 釐米。單面刻文，凡 65 行，滿行 57 字，楷書。因長期遭受水蝕風化，部分文字已經漫漶不清。發掘簡報對該誌內容亦僅作簡要介紹，且未附拓本圖版。現將簡報所介紹的內容抄錄如下：

> ……普通二年八月七日窆於琅耶郡臨沂縣……輔國將軍……曾祖謨，魏尚書左丞、司徒左長史，冀州大……太守，祖韻，冀州刺史、口律定侯，夫人清河崔氏……父斌，本州別駕……夫人清河張氏……大女季鏡適清河崔緩……天子爰以祖載之日詔蘭臺謁者……致祭，又遣宣傳左右姚曇……護……事遠至墓所，百僚會喪，朝野必集……。

21. 江蘇蘇州出土梁普通七年（526）陸倕墓誌〔註136〕

宋陳思《寶刻叢編》卷十四「兩浙西路蘇州」引王厚之《復齋碑錄》云：

〔註135〕南京市文物保管委員會：《南京郊區兩座南朝墓清理簡報》，《文物》1980 年第 2 期；南京市博物館：《南京市博物館藏六朝墓誌》，《東南文化》1992 年第 5 期。

〔註136〕（宋）陳思編：《寶刻叢編》卷十四。

梁太常卿陸倕墓誌，從子襄序，湘東王蕭繹銘，前一半磨滅，僅有姓氏，名字、官爵皆不復存；後有普通七年除太常卿字。以其年七月卒，葬吳縣陵山鄉。碑末列祖父、二兄、四男名及官爵。以《南史》考之，乃陸慧曉之子陸倕也。按史，倕字佐公，累遷至太常卿卒。

《南史》卷四八《陸慧曉傳附子倕傳》僅云：「累遷太常卿，卒。」不及陸倕卒年，墓誌「普通七年七月卒」，可補史闕。

22. 江蘇南京出土梁普通七年（526）鄱陽忠烈王墓誌〔註137〕

宋陳思《寶刻叢編》卷十五「江南東路建康府」引王厚之《復齋碑錄》云：「梁侍中司徒鄱陽忠烈王墓誌，梁張纘奉勅造，普通七年二月二十五日葬。」

23. 江蘇南京出土梁大通三年（529）蕭子恪墓誌〔註138〕

2008年南京棲霞區仙林靈山南朝墓（編號08NQXLM2）出土。墓誌出土時位於棺床前部偏左側，石灰石質，長90.3、寬70.5、厚9釐米。墓誌首題「梁故侍中中書令寧遠將軍吳郡太守□」，次刻題名「五兵尚書南昌縣開國侯琅琊王規□」和「仁威將軍晉陵太守陳郡謝舉制銘」，其後即為墓誌正文。簡報僅發表墓誌局部拓本（約1／26，參見圖版39），據稱，誌石漫漶極甚，具體行數不清，滿行38字，現將邵磊所釋誌文抄錄如下：

> 君諱〔子恪〕，字景沖，南蘭陵郡蘭陵縣都鄉中都里人也，祖□□□□□□神武睿哲□明為□□功／超□□為君則咸加四海。父丞相文宣王□真體道含章□□□□□陶甄□邵好善□□□歸遂／□已備昭□□□□版牒君稟氣中和蹟鄰□善詔容令□□□□□之□清徽淑□風播□追之／□禮□著於□□就辭敕□□也□□□□散箹含裳蔚雲□而競緣司徒文宣王／雅好篇仕餝館禮賢開閣求士唐染□趨□枚競湮□制高松之□者成群君乃斐然□□□□／便就新聲逸□貫滄時流文□辭□咸加歡□君雅□□□聞於進止從容□□觀者相趨□□□／嵩正之聲□多慚色□□得風□之□不能邁也及世□嗣□特駕

〔註137〕（宋）陳思編：《寶刻叢編》卷十五。
〔註138〕南京市博物館：《南京市靈山南朝墓發掘簡報》，《考古》2012年第11期；邵磊：《南京靈山梁代蕭子恪墓的發現與研究》，《南京曉莊學院學報》2012年第5期。

□□□□愍勳起家爲寧朔將軍淮陵太守仍遭天□毀廣□基□□□□
□／軍□以大吳□震□□肩髀首蕭賢救莫或居之遂□組昌□分□／
政□□弼□也訟息煩賞□／□齊儲□□樂□／太原□除太子中□官
□季□／□雖時過道□／□□代所□□入□／□以／中□□□□
司以□石／□王交文□／□□□道□／□開□□□□之疑□／□
之□□歷□求□出□／□轉□選部□／□君□／□古許□□□□還□／
次□／□怠所以嘉□允□／□吳郡太守仕官□／□不其宣室邁□／
□死□□□春秋五十有二其年秋八月□成□／□君□□□舉檢□和
平奄□／□□□以□惠事□行□／生而□之□□昔□／□／□／□
□／□氏／□年□／□佐郎□／……

圖版 39

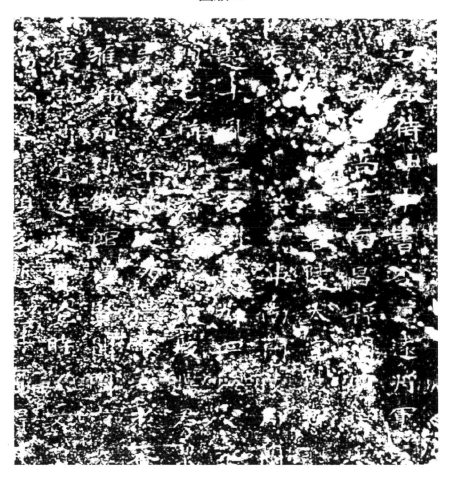

— 145 —

24. 江蘇南京出土梁大同二年（536）蕭象墓誌 〔註139〕

1988 年南京煉油廠西面劉家塘南朝墓出土。墓誌發現於石門前甬道。該誌爲長方形石墓誌，長 75、寬 63、厚 9 釐米。單面刻文，凡 40 行，其中 38 行每行 35 字，加首行 21 字及末行 4 字，共計全文應有 1,357 字。因受浸蝕，墓誌表面漫漶嚴重，目前所能辨認的僅 600 字左右。墓誌以高度成熟的楷書鐫刻而成，結體峻整，筆致精勁。惜因該誌風化嚴重，大部分字迹模糊，簡報未作相應釋讀，故其具體內容無從窺知。

25. 江蘇宜興出土梁大同三年（537）許府君墓誌 〔註140〕

宋陳思《寶刻叢編》卷十四「兩浙西路常州」引王厚之《復齋碑錄》云：「梁許府君墓誌，郡太守河南褚翔造，大同三年太歲丁巳正月丁酉朔十九日乙卯葬，在宜興。」

26. 湖北襄陽出土梁太清三年（549）程虔墓誌 〔註141〕

新中國成立以前出土，具體時間、地點不詳。該誌爲長方形石質，長約 56.8、寬 31.2 釐米，文凡 9 行，滿行 18 字，楷書。現依拓本圖版，將誌文抄錄並標點如下：

> 梁故威猛將軍諮議參軍、益昌縣開國男、宋新／巴晉源三郡太守程▨〔一〕，字子猷，陰時六十八。扶／業承基，辯和意績，素品積屛。安▨〔二〕南陽白土人／也。少烈，才過崇謀。自敢▨〔三〕率六戎，鎮翼羆▨〔四〕。馨／聲甘風，歌示之國寶。四▨▨〔五〕僕，萬化美同。是故／忠誠三王，獻聞天子，授印爵，班三品，食邑封侯。／邦之▨▨〔六〕夢，世馨保金存。捨身恭造，乘願正道。／詔表之神道。／太歲己巳丁亥朔〔七〕二月廿八日辛▨〔八〕管記事〔九〕口……（圖版 40）

〔一〕「▨」，「虔」之俗字。

〔二〕「▨」，「定」之俗字。

〔三〕「▨」，「驅、驅」之俗字。

〔四〕「▨」，「虎」之俗字。

〔註139〕 南京博物院：《梁朝桂陽王蕭象墓》，《文物》1990 年第 8 期。

〔註140〕 （宋）陳思編：《寶刻叢編》卷十四。

〔註141〕 趙萬里：《漢魏地北朝墓誌集釋》，第 2 冊，第 570 頁，第 3 冊，圖版 570；趙超：《漢魏南北朝墓誌彙編》，第 31 頁。

圖版 40

〔五〕「?」，「悌」之俗字；「?」，「向」之俗字。《彙編》未釋，作「□□」。

〔六〕「?」，《彙編》釋作「婚」；「?」，《彙編》未釋，作「□」，細察拓片，當係「蜀」之俗字。

〔七〕「丁亥朔」三字應在「二月」後，可能爲誤刻。

〔八〕「?」，「寅」之俗字。

〔九〕「管記事」，《彙編》作「管記□」。

27. 江蘇南京出土梁陶隱居墓誌〔註142〕

宋陳思《寶刻叢編》卷十五「江南東路建康府」引王厚之《復齋碑錄》云：「梁陶隱居墓誌，梁昭明太子蕭統撰，蕭綱書。無立石年月。」

28. 江蘇南京出土梁蕭偉墓誌〔註143〕

1979 年南京堯化門一座南朝梁代陵墓出土。該墓共出土石墓誌 4 方，其中 1 方墓主簡報推測爲蕭偉。蕭偉墓誌，長 1.06、寬 0.83、厚 0.13 米。墓誌在石門後甬道中出土，出土時斜臥在甬道中，上面散有零星的陶器，有字的一面壓在下面，被腐蝕了一道道織槽，槽裏擁滿了白螞蟻。墓誌一面刻文，字體楷書，每字約大 2×1.9 釐米，滿志可達 2,250 字左右，因殘泐過甚，出土時僅殘留 112 字尚可識讀。現將殘留誌文抄錄於下：

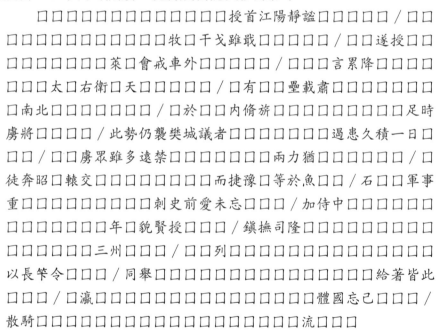

與蕭偉墓誌同時出土的其他 3 方墓誌，均爲長方形。第一方長 1.07、寬 0.84、厚 0.125 米，出土時側立在後甬道西壁，墓誌上存「氛」、「悲」、「尚」、「靜」幾個字；第二方長 1.08、寬 0.75、厚 0.12 米；第三方長 1.16、寬 0.86、厚 0.09 米。後兩方出土時分別側立在石門前甬道的東西兩壁，字迹均剝蝕無存。其中一方靠牆的一面竟蝕掉 2～3 釐米厚，蝕的部分裏也擁滿了

〔註142〕（宋）陳思編：《寶刻叢編》卷十五。
〔註143〕南京博物院：《南京堯化門南朝梁墓發掘簡報》，《文物》1981 年第 12 期。

白螞蟻。

29. 江蘇南京出土陳天嘉元年（560）尼慧仙墓誌〔註144〕

宋陳思《寶刻叢編》卷十五「江南東路建康府」引歐陽棐《集古錄目》云〔註145〕：

> 陳尼慧仙銘，碑首稱前安東諮議參軍，而其下缺減，不見撰者姓名，宣成三國常侍陳景哲書。慧仙姓石氏，譙人也，爲尼居慧福寺，碑以天嘉元年立。

30. 江蘇常熟出土陳太建二年（570）衛和墓誌〔註146〕

民國初年出土，然具體時間、地點與形制、尺寸均不詳。單面刻文，楷書，12 行，行 12 至 16 字不等。誌石原歸江蘇常熟沈煦孫（1867～1942）所有，拓本流傳甚少，顧氏金佳石好樓曾有原大整紙印本。初拓本石未斷裂，不久即斷。現北京圖書館藏有拓本。《彙編》錄有誌文，並作標點；華人德主編《三國兩晉南北朝墓誌》收有拓本照片，並作考釋。現依拓本照片，綜合趙超與華人德二人所釋，將誌文抄錄如下：

> 陳故🔲〔一〕將軍墓誌銘並序。／君🔲〔二〕和，衛🔲〔三〕，平陵人也。其先🔲〔四〕讐／來南沙，遂家焉。君少孤🔲〔五〕毅〔六〕，有／膂力，抱風木之悲，裒〔七〕馬革〔八〕之志。／🔲景竄餘〔九〕🔲入海。君預🔲〔十〕🔲〔十一〕上／🔲〔十二〕，不🔲〔十三〕渡，遂被🔲〔十四〕。司徒王僧辯知／之，召爲🔲〔十五〕鋒將軍。會高祖與僧／辯不睦。知有🔲〔十六〕，稱病🔲里，耕鑿以終。／🔲四十二，於太建二年歲次🔲〔十七〕寅十一月／葬於河陽邨引🔲〔十八〕池上。銘曰：／蒼天不弔，靳與🔲〔十九〕考。黃土毋情，／長埋忠孝。樹茲碩🔲，終焉食報〔二〇〕。
>
> （圖版 41）

〔一〕「🔲」，「衛」之俗字（以下墓誌所見，同）。

〔二〕「🔲」，「諱」之俗字。

〔註144〕（宋）陳思編：《寶刻叢編》卷十五。

〔註145〕然筆者核檢清黃本驥編《集古錄目》（五卷）、民國繆荃孫輯校本《集古錄目》（十卷），發現均未著錄該誌。

〔註146〕（清）方若撰、王壯弘增補：《增補校碑隨筆》，上海書畫出版社，1984 年，第 225 頁；趙超：《漢魏南北朝墓誌彙編》，第 33 頁；華人德主編：《三國兩晉南北朝墓誌》，劉正成主編《中國書法全集》第 13 卷，（北京）榮寶齋，1995 年，圖版 14，第 41 頁，誌文考釋 14，第 202～203 頁。

圖版 41

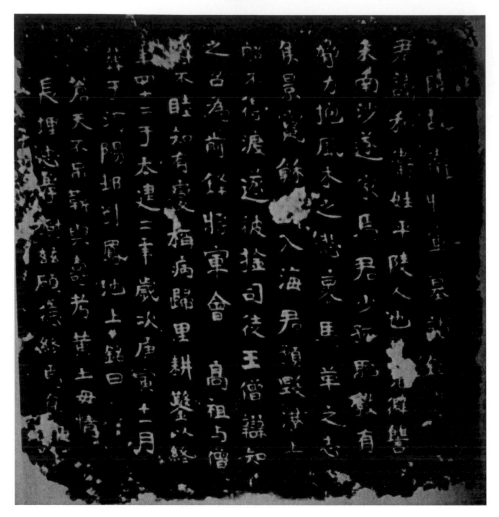

〔三〕「娃」，「姓」之俗字。

〔四〕「辟」，「僻」之俗字，通「避」。

〔五〕「耽」，「耽」之俗字。

〔六〕「斅」（學），《彙編》釋爲「教」，誤。《說文·攴部》云：「斅（學），覺悟也。從教冂。冂，尙矇也。臼聲。」段注云：「胡覺切。三部。後人分別斅，胡孝反；學，胡覺反。」〔註147〕

〔七〕「裹」，「懷」之俗字。

〔註147〕 （漢）許愼撰，（清）段玉裁注：《說文解字注》，第 127 頁。

〔八〕「■」，「革」之俗字。

〔九〕「■」，「蘇、穌」之俗字。

〔十〕「■」，「毀」之俗字。

〔十一〕「■」，「港」之俗字。

〔十二〕「■」，「船」之俗字。

〔十三〕「■」，「得」之俗字。

〔十四〕「■」，「擒」之俗字，《彙編》逕釋。

〔十五〕「■」，「前」之俗字。

〔十六〕「■」，「變」之俗字。

〔十七〕「■」，「庚」之俗字。

〔十八〕「■」，「鳳」之俗字。

〔十九〕「■」，「壽、壽」之俗字。

〔二〇〕「報」，華人德釋，拓本誌文不清，僅右部可識。《彙編》未讀，作「□」。

31. 江蘇南京出土陳太建八年（576）黃法氍墓誌〔註148〕

1989 年南京市雨花區西善橋鎮磚瓦廠內的一座南朝磚室墓出土。墓誌發現位置不詳。該誌爲長方形，長 65、寬 75、厚 10 釐米。單面刻文，字體楷書，因墓誌表面漫漶嚴重，可明確辨識的字迹不多。現據簡報所附誌文，並參照王素校證，重新抄錄並標點如下：

（陳故司空義陽郡公黃府）君墓誌銘〔一〕。左民尚書江摠製。

太子（率）更令（領大著作）東宮舍人顧野王（撰）〔二〕。冠軍長史謝眾書。

（公諱法氍，字仲昭，巴山新建人也）〔三〕。□□本軒轅之□。□益□宇，江漢胙土。惟黃爲楚，□□曰□。□□□□□□□曰著姓。遷來新建，復爲冠族。□□□，□□□任征北府參軍。父僧□，□□□□□□府□□參軍。□□初，追贈給事中。□□□□□□任決有成嚴。弱年時□無□□□□因事□命延超□□燕，超禮過於延壽。弱冠，郡命□□並辟，功曹□□□□□□□或□□□□

〔註148〕南京市博物館：《南京西善橋南朝墓》，《文物》1993 年第 11 期；王素：《陳黃法氍墓誌校證》，《文物》1993 年第 11 期。

□□而□□鄉黨前輩齊□□敬而服之。□□□□□□□□□□□
□□□□□□事。於是□□□備守□□□四戰之地，一邦寧□，□
之力也。及侯景□□，刺□□陽□人心，授公中兵參軍、新淦縣令。
公率親兵屯授新淦。南屆大庾之北，□□□之南，□□□地□□
郡，憚公威武，自然清肅。時有前高州刺史李遷仕援臺，□□□，退
營大皋邑，有異志，須□□□。公乃遣密□言於高祖。高祖遣周文
育進西昌。而□□□□□入，鄉曲眾至。公遣千人以助文育。文育大
喜，一鼓便平，虜偽儀同於慶由豫章□新淦。□□□□　□□□□
□　□。虜逕□吉陽。公乃親率精銳□陷吉陽。慶□知。公此後密
遣陽椿□□。新淦□人懼□□而固請□師。公徐命傳食。已而□□
日，未移容。醜□威武□□馳歸。椿亦□退。會高祖又遣文育討慶，
軍於□巴丘，擁兵不前，頗有疑色。公□馬□入，使□腹心陳說□
謀。若□諸軍乃方軌並進，□□笙屯。西臺承制，即授假節、超猛
將軍、交州刺史，領新淦縣令，封巴山縣開國子，食邑三百戶。高
祖既定豫章，命公率□□輪飛□輗粟連輈，□七十萬石。□千金不
□。□平虜偽，此之由也。承聖三年，詔加戶二百，並前爲五百戶，
改子爲縣矦，餘並如故。□年，改授明威將軍、雲騎將軍，餘如故。
天成元年，詔授持節、左驍騎將軍，領雲騎校尉，餘如故。敬帝即
位，改封新建縣開國矦，食邑如前。太平元年，割江州四郡置高州，
詔公爲刺史，兼散騎常侍、使持節都督高州諸軍事、信武將軍，餘
如故。屯巴山城。曲江公勃遣□連□□□□夜攻巴山。公□□□□
□□□□□□□內□唯□□□　□□□□□□。大陳受命。永定二
年，王琳督樊猛、李孝欽、余孝頃等圍周迪。公乃□□□□。迪又
□前之□□□□□□□□□□□□□□□□□□□□□□□□□□□
□□□□□□□□□□□將軍，增邑並前一千戶，□□□□□□，
餘如故。□□□□□□□□□□□□□。十月丁酉，詔授平南
將軍、開府儀同三司，餘並如故。三年六月，熊曇朗反於金口。公
與周迪之攻之。□□□□□□□□□□□，改授安南將軍，餘如故。
天嘉元年三月，□□□□□寇□□□□□□□□□□□□□□□□
中喪次□□□□哀客□□並爲過禮□□□□□□□□□□□□□□
□□高州刺史，改授鎮南將軍，餘如故。□□□贈母□□□□□□

□□□□□□□□□□□□□恭□□□命即蒞方鷙。三年，周迪
反，□□□□□□□□□□□麾下□□□□□□。公功居多，□
徵公爲使持節、鎮北大將軍、□□都督南徐州諸軍事、南徐州刺史，
加散騎常侍，餘如故。未拜，改授鎮南大將軍、江吳二州諸軍事、
江州刺史，餘並如故。天康元年，徵爲中衛大將軍。改封新建縣開
國公，食邑□□，給扶二人，餘並如故。光大元年，□使持節、都
督南徐州諸軍事、南徐州刺史，餘並如故。二年，□爲都督郢巴武
三州諸軍事、鎮西將軍、郢州刺史，餘並如故。太建元年，進號征
西大將軍，餘並如故。二年，詔徵公爲侍中、中權大將軍，餘如故。
四年，除使持節、散騎常侍、南豫州刺史、都督南豫州□江諸軍事、
征南大將軍，餘並如故。五年，大舉北伐。詔公□□□　□□□
□而公□□□□使於太峴□□□厤陽□□□等統□□□□□□□□
□□　□□□□□。大□□□□，盡□其戍卒。□□□□□馬亦歸。
暨居厤陽，□□□□（以下殘缺）

〔一〕墓誌首題缺數字，現據《陳書》卷十一、《南史》卷六六本傳補「陳
故司空義陽郡公黃府」。「司空」是法氍死後最高贈官，「義陽郡公」爲其生前
最高封爵。

〔二〕據《陳書》卷三十《顧野王傳》，顧野王「(陳太建) 六年，除太
子率更令，尋領大著作，掌國史，知梁史事，兼東宮通事舍人」，故補。

〔三〕誌文首句脫，現據本傳補。「氍」，《康熙字典》「辰集下毛部」云：
「氍，《集韻》氍或作氍。」

32. 江蘇南京出土陳朝佚名墓誌〔註149〕

1981 年南京市邁皋橋一座早年被毀的南朝墓葬出土。墓誌爲長方形石
質，半圓首碑形，下有龜趺與誌身相連，通高 61 釐米，誌身長 43、寬 26、
厚 4 釐米。惜誌漫漶過甚，僅首行存一「陳」字，第二行存一「君」字，字
體楷書。

〔註149〕南京市博物館、阮國林：《南京發現一座陳墓》，《文物資料叢刊》1983 年第
8 輯。

第三章 東晉南朝墓誌的地域分佈與形制特徵

　　如前所述，作為墓葬中出土的祔葬品之一，墓誌不僅僅是單純的文字材料，它還包含墓誌的外在表現形式（形制）、使用群體、設誌方式、等級制度、禮制內涵等豐富信息。欲充分挖掘這些信息，有必要將墓誌與墓葬聯繫起來，進行考古學意義的深入考察。同時，結合墓誌的出土與分佈情況，總結墓誌的分佈特點，也有助於我們從整體上認識東晉南朝墓誌在不同歷史時期、不同地域的特徵及其內涵，進而明瞭其發展過程與演變規律。

第一節　地域分佈

　　73 方東晉南朝出土墓誌材料，除東晉《莫龍編侯墓誌》1 方出土地域不明外，餘皆可考。就現行行政區劃而言，主要分佈於江蘇南京、鎮江、溧陽、蘇州、句容、宜興、常熟、浙江紹興、湖州、安徽馬鞍山、湖北襄陽、山東益都等 5 省 12 市（縣）（參見表 5）。

表 5：《東晉南朝墓誌地域分佈統計表》

地域＼數量＼材質＼朝代	東晉			宋			齊			梁			陳		
	磚	石	不詳	磚	石	不詳	磚	石	不詳	磚	石	不詳	磚	石	不詳
江蘇南京	21	4	3	5	2	3		1	1		8	2		2	1

江蘇鎮江	3								
江蘇溧陽	1		1						
江蘇蘇州		1			1			1	
江蘇句容						1			
江蘇宜興								1	
江蘇常熟									1
浙江紹興	1					1			
浙江湖州			2						
安徽馬鞍山	1	1							
湖北襄陽							1		
山東益都				1					

　　據上表，東晉、南朝墓誌的地域分佈呈現出一種以南京爲中心，向四周輻射和傳播的態勢。在 72 方可知出土地域的墓誌中，江蘇南京占 53 方，百分之七十三強，而其他地區出土墓誌寥寥無幾，所佔比例甚小。很顯然，作爲東晉、南朝政治中心的都城建康及其附近是當時使用墓誌最多的地區，而其他距都城較遠的地區對墓誌的使用則相對較少。東晉、南朝墓誌高度集中於京畿地域的原因，大概有以下三個方面。

　　其一，因都城建康是政治中心所在，聚集有大量官員貴族，出現較多的具有較高規格的墓葬是很正常的現象。聯繫西晉以來高級官員、皇室貴族階層中已悄然興起的使用墓誌之風，東晉、南朝京畿地域發現比較多的墓誌，也就不足爲奇。考諸都城建康及其附近地區所出土的 53 方東晉南朝墓誌，墓主身份大多數是位居將軍、太守、刺史，或享有爵位的高級官員及其配偶，未曾入仕或職官等第較低者也是宗室貴族或世族大姓子弟（參見表 6）。而都城無疑是這些人的首要居住地。所以，京畿地域也自然就成爲墓誌的集中出土地。同時也表明，在東晉、南朝喪葬禮儀制度的發展變化中，墓誌已非僅爲標明墓主姓氏、籍貫而設，而是逐漸演化成爲標榜士族門第與等級身份的一種重要標誌。如陳郡謝氏、琅邪王氏、彭城劉氏、蘭陵蕭氏等世家大族諸人墓誌，即爲顯例。

表6：《東晉南朝墓誌墓主性別、卒歲、籍貫、葬地、身份統計表》

朝代	編號	墓主	性別	卒歲	籍　　貫	葬地 （或出土地）	身　　　份
東	01	謝鯤	男	43	陳國陽夏	南京戚家山	豫章內史
	02	張鎮	男	80	吳國吳	吳縣張陵山	蒼梧、吳二郡太守，奉車都尉，興道縣德侯
	03	溫嶠	男	42	并州太原祁縣仁義里	南京郭家山	使持節、侍中、大將軍、始安忠武公
	04	管氏	女			浙江湖州	中大夫劉造妻
	05	王興之	男	31	琅耶臨沂都鄉南仁里	南京象山	征西大將軍行參軍、贛令
	06	宋和之	女	35	西河界休都鄉吉遷里	南京象山	王興之妻
	07	劉氏	女	34	琅耶	南京老虎山	安成太守顏謙妻
	08	莫龍編侯	男				
	09	王康之	男	22	琅耶臨沂	南京象山	男子
	10	何法登	女	51	廬江潛	南京象山	王康之妻
	11	高崧	男		廣陵	南京仙鶴觀	鎮西長史、騎都尉、建昌伯
	12	謝氏	女		會稽	南京仙鶴觀	高崧妻
	13	劉剋	男	29	東海郡都鄉容丘里	江蘇鎮江市東郊4.5公里	
	14	李緝	男		廣平郡廣平縣	南京呂家山	平南參軍、湘南鄉侯
	15	李摹	男		廣平郡廣平縣	南京呂家山	中軍參軍
晉	16	李纂	男		魏郡肥鄉	南京呂家山	宜都太守
	17	武氏	女		穎川長社縣	南京呂家山	李纂妻
	18	何氏	女		東海郯縣	南京呂家山	李纂妻
	19	王閩之	男	28	琅耶臨沂都鄉南仁里	南京象山	男子
	20	王丹虎	女	58	琅耶臨沂	南京象山	散騎常侍、特進、衛將軍、尚書左僕射、都亭肅侯王彬長女

東	21	周闓	男		陳留郡雍丘縣都鄉	浙江湖州	太學博士
	22	李意如	女	70	廣漢	浙江紹興	琅耶王獻之保母
	23	卞氏王夫人	女			南京趙士崗	
	24	王仚之	男	39	琅耶臨沂	南京象山	丹楊令、騎都尉
	25	王建之	男	55	琅耶臨沂縣都鄉南仁里	南京象山	振威將軍、鄱陽太守、都亭侯
	26	劉媚子	女	53	南陽涅陽	南京象山	王建之妻
	27	溫式之	男		并州太原祁縣仁義里	南京郭家山	溫嶠子
	28	孟府君	男		平昌郡安丘縣	安徽馬鞍山市南佳山	始興相、散騎常侍
	29	夏金虎	女	85	琅耶臨沂	南京象山	衛將軍、左僕射、肅侯王彬繼室夫
	30	虞道育	女		濟陽	安徽馬鞍山	弘農楊劭妻
晉	31	謝琰	男		豫州陳郡陽夏縣都鄉吉遷里	江蘇溧陽果園	駙馬都尉（奉）朝請、溧陽令、給事中、散騎常侍
	32	謝重	男		豫州陳郡陽夏縣都鄉吉遷里	江蘇南京	驃騎大將軍、開府、儀同三司、長史
	33	謝溫	男		豫州陳郡陽夏縣都鄉吉遷里	南京司家山	
	34	謝球	男	31	豫州陳郡陽夏縣都鄉吉遷里	南京司家山	輔國參軍
	35	王德光	女		琅耶臨沂	南京司家山	謝球妻
	36	史府君	男			江蘇南京	尚書、左民郎、建安太守
	37	卞壼	男		濟陰冤句	江蘇南京	尚書令、假節、領軍將軍、贈侍中
	38	呂府君	男			江蘇溧陽	尚書、起居郎、廬陵太守
	39	劉庚之	男		彭城郡呂縣	鎮江諫壁	司吾令
	40	徐氏	女			鎮江諫壁	彭城郡呂縣劉碩之妻
劉宋	41	謝珫	男		豫州陳郡陽夏縣都鄉吉遷里	南京司家山	海陵太守、散騎常侍
	42	晉恭帝	男				

劉宋	43	宋乞	男		揚州丹楊建康都鄉中黃里領豫州陳郡陽夏縣都鄉扶樂里	南京鐵心橋	
	44	謝氏	女			南京戚家山	陳郡謝氏族人
	45	劉夫人	女			江蘇南京	散騎常侍、荊州大中正、洮陽縣侯宗愨母
	46	謝濤	男	49	揚州丹楊郡秣陵縣西鄉顯安里領陳郡陽夏縣都鄉吉遷里	江蘇南京	散騎常侍
	47	劉懷民	男	53	青州平原郡平原縣都鄉吉遷里	山東平原縣	建威將軍，齊、北海二郡太守，笠鄉侯、東陽城主
	48	劉襲	男	38	南彭城	江蘇南京	散騎常侍、護軍將軍、臨澧侯
	49	張推兒	女	31		江蘇蘇州	臨渭縣侯湘東太守張濟第三女
	50	明曇憙	男	30	平原鬲	南京堯辰果木場	員外散騎侍郎
	51	黃天	女		陳留	南京油坊橋	周叔宣母
	52	蔡冰	男		濟陽圉	南京棲霞山	
蕭齊	53	劉岱	男	54	南徐州東莞郡莒縣都鄉長貴里	江蘇句容	山陰令、白衣監餘杭縣
	54	王寶玉	女	28	吳郡嘉興縣曇溪里	南京甘家巷	冠軍將軍、東陽太守蕭崇之側室夫人
	55	呂超	男		東平？會稽山陰？	浙江紹興	□□將軍、隋郡王國中軍
	56	蕭昭文	男			江蘇南京	海陵王
蕭梁	57	蕭融	男	30	蘭陵郡蘭陵縣都鄉中都里	南京甘家巷	桂陽王
	58	王纂紹	女	42	南徐州琅琊郡臨沂縣都鄉南仁里	南京甘家巷	桂陽國太妃
	59	蕭敷	男	37	蘭陵蘭陵	江蘇南京	侍中、司空、永陽昭王
	60	王氏	女	59	琅耶臨沂	江蘇南京	永陽敬太妃
	61	？	男			南京燕子磯	輔國將軍
	62	陸倕	男			江蘇蘇州	太常卿

	63	？	男			江蘇南京	侍中、司徒、鄱陽忠烈王
蕭	64	蕭子恪	男	52	南蘭陵郡蘭陵縣都鄉中都里	江蘇仙林靈山	侍中、中書令、寧遠將軍、吳郡太守
	65	蕭象	男			南京甘家巷	桂陽王
	66	許府君	男			江蘇宜興	
梁	67	程虔	男	68	安定南陽白土	湖北襄陽	威猛將軍諮議參軍，益昌縣開國男，宋新（興）、巴、晉源（原）三郡太守
	68	陶隱居				江蘇南京	
	69	蕭偉	男			南京堯化門	中府將軍、開府儀同三司、侍中、散騎常侍
	70	慧仙	女		譙	江蘇南京	尼
陳	71	衛和	男	42	平陵	江蘇常熟	前鋒將軍
	72	黃法氍	男		巴山新建	南京西善橋	司空、義陽郡公
	73	？				南京邁皋橋	

其二，隨晉室南遷的流寓貴族多僑寄建康及京口等地，而他們正是大量使用墓誌的社會群體。從籍貫來看，建康及其附近所出土的 53 方東晉南朝墓誌的墓主絕大部份為南來之北方僑姓高門及其後裔。這批流寓貴族「雖因政治和軍事上的失敗而被迫南來，但故有的生活習慣、喪葬禮俗，在他們的思想意識中仍佔有一定的地位」〔註1〕，使用墓誌的風習自然也會影隨而至。據表6，南京地區出土的 28 方東晉墓誌中，籍貫明確之北人占23 方，而南人僅高崧及其妻謝氏 2 方，可證。相比聚集京畿地域的世族高門，其他繼續南進至今閩廣、雲貴地區的則多為門第較低的庶族寒門，他們既無煊赫的家世譜系可資標榜，亦無卓著的仕宦名迹用以追述，使用墓誌的需求就大為降低。迄今閩廣、雲貴地區尚未發現東晉、南朝墓誌，即為明證。據此，東晉南朝墓誌集中發現於都城及其附近亦在情理之中。

其三，東晉、南朝時期歿於外地的功臣勳舊多喪還京師，歸葬京畿。如東晉江、荊、豫三州刺史，征西將軍，假節庾亮出鎮武昌後，「薨於鎮，以喪還都葬」〔註2〕；平南將軍、荊州刺史、武陵侯王虞病卒，「喪還京都」〔註3〕；

〔註 1〕 李蔚然：《南京六朝墓葬的發現與研究》，第 68 頁。
〔註 2〕 《晉書》卷二八《五行志中》。
〔註 3〕 《晉書》卷七六《王虞傳》。

振威將軍、鄱陽太守王建之及其妻劉媚子均「薨於郡官舍」，後「遷神」，「喪還都」，「合葬舊墓」。甚至還存在先葬外邑，多年後仍遷葬建康的情況，如使持節、侍中、大將軍、始安忠武公溫嶠卒後「初葬於豫章」，「其後嶠後妻何氏卒，子放之便載喪還都。詔葬建平陵北」〔註4〕；太子洗馬衛玠「永嘉六年卒」，「葬於南昌」，「咸和中改塋於江寧」〔註5〕，等等。這在一定程度上也促成了東晉南朝墓誌集中於京畿現象的出現。

就南京地區所出土的 53 方東晉南朝墓誌而言，其分佈則往往呈「塊狀」集中的特點。如琅邪王氏墓誌發現於南京北郊象山，廣平李氏墓誌發現於南京東北郊的呂家山，蘭陵蕭氏墓誌發現於南京東北郊的甘家巷，琅邪顏氏墓誌發現在南京挹江門外東北之老虎山，陳郡謝氏墓誌多發現於南京南郊戚家山及其以南之土山（一名東山）、司家山一帶。這一現象的出現，當同東晉、南朝士族門閥生前聚族而居、死後聚族而葬的習俗有很大關係。

聚族而葬的喪葬習俗，淵源久遠，新石器時代的氏族墓葬中已是常見。至漢代出於集權統治的需要，獨尊儒術，崇尚孝悌，家族宗法關係大為加強，加以土地兼併的加劇，門閥豪族因之而興起。門閥豪族之興起，主要依據的力量是其家族與祖業，故多聚族而居。表現在喪葬制度上，即為歸葬祖先舊塋與家族祔葬，從而形成大型的家族葬區〔註6〕。至東晉時期，漢魏以來的門閥士族制度達到頂峰，士族門閥聚族而葬的情形仍是十分盛行。如《梁書》卷五一《何點傳》附《何胤傳》云：「何氏過江，自晉司空充並葬吳西山。」另外，建國以來江蘇地區的考古發現中，琅邪王氏、顏氏、陳郡謝氏、廣陵高氏、廣平李氏、宜興周氏、蘭陵蕭氏等家族或皇室墓地的發現，也證實了這一點〔註7〕。

當然，以上所述並不代表除都城建康及其附近地區外，其他地方就不使用墓誌，只是相對較少而已。如此種種，在某種程度上也反映了當時對墓誌的使用階層可能存在一定的限制〔註8〕，墓誌的使用範圍也存有一定的地域差

〔註4〕《晉書》卷六七《溫嶠傳》。
〔註5〕《晉書》卷三六《衛玠傳》。
〔註6〕詳參土去非、趙超：《南京出土六朝墓誌綜考》，《考古》1990 年第 10 期。
〔註7〕詳參鄒厚本主編：《江蘇考古五十年》「三國、兩晉、南北朝」部份第三章「世家大族墓地」，南京出版社，2000 年；黃瀟：《南京市區六朝墓葬分佈研究》，南京大學 2011 年碩士學位論文。
〔註8〕這種限制可能既有客觀上的相應喪葬規制，又有主觀上的思想觀念。前者因士族與寒門、官吏與平民的身份等第及家境財力的差異而可能存在，後者則

異。個中原因，當與喪葬風俗的流播、固有地域文化的影響等有密切關聯。

第二節　形制特徵及其演變

弄清楚墓誌的不同類型、各類別之間的差異及其發展演變的過程，可謂詳細考察東晉南朝墓誌的特徵及其內涵的一個重要步驟。而墓誌的形制（包括形狀、材質、刻文方式等）特徵，因爲是研究者觸目可及，能即刻感受到的一個重要方面，所以也是本書對東晉南朝墓誌進行分類與分期的重要依據之一。

關於東晉南朝墓誌的形制問題，學界或多或少已有所論及〔註9〕。然而或因材料有限，泛泛而言，難免流之籠統；或因研究側重不同，略有所及，亦失之粗簡。將東晉南朝墓誌從形制上進行詳細地分類與分期，進而考察其特徵與內涵者，迄今未見。

從材質上看，東晉、南朝出土墓誌可分爲石質和磚質兩類。以下即在前列表2、表3的基礎上，按磚、石兩種材質分類，並進行列表統計，以便進一步的分析、考察（參見表7、8）。

表7：《東晉南朝磚質墓誌統計表》

朝代	編號	紀　年	出土地點	尺寸（長×寬×厚，單位：釐米）	長寬比例	可識字數	備　註
東晉	03	咸和四年（329）	江蘇南京	45.0×44.0×6.0	1.02：1	104	
	06	永和元年（345）	江蘇南京	32.0×14.5×4.5	2.20：1	24	
	07	永和六年（350）				14	
	08	永和十二年（356）	江蘇南京	50.0×25.0×7.0	2：1	44	
	09	永和十二年（356）	江蘇南京	50.5×25.2×6.0	2：1	40	字口塗硃

因喪葬意圖（是否有使用墓誌的必要？）的不同而產生。

〔註9〕可參前揭之王俊、邵磊《百濟武寧王墓誌與六朝墓誌的比較研究》，窪添慶文《墓誌的起源及其定型化》，王佳月《試論兩晉墓誌的演變和等級性》。

東	10	升平元年（357）	江蘇鎮江	27.0×15.5×3.5 28.0×15.5×4.5	1.74：1 1.81：1	30	兩塊，內容相同，兩面刻文
	11	升平元年（357）	江蘇南京	31.4×14.5～14.9×5～5.4	2.11：1	43	字口塗硃，正側兩面刻文
	12	升平元年（357）	江蘇南京	30.7×15.1×5.1	2.03：1	34	同上
	13	升平元年（357）	江蘇南京	31.2×15.1×5.3～5.6 31.1×14.8×5.3～5.6	2.06：1 2.11：1	30	一合兩塊，餘同上
	14	升平二年（358）	江蘇南京	42.3×19.8×6.5	2.14：1	84	兩面刻文
	15	升平三年（359）	江蘇南京	（正）48.0×24.8×6.2 （反）49.5×25.0×6.2	1.93：1 1.98：1	65	正反兩面長寬不一，正面小於反面
	17	興寧三年（365）	浙江紹興				
	18	太和元年（366）	江蘇南京	48.1×24.8×5.7	1.53：1	31	字口塗硃
	19	太和元年（366）	江蘇南京	31.0×7.0×4.5	4.41：1	11	正、側兩面刻文
	20	太和三年（368）	江蘇南京	51.0×26.0×7.0	1.96：1	88	
	21	太和六年（371）	江蘇南京	51.0×26.0×7.0	1.96：1	144	橫長縱短
晉	23	太和六年（371）	江蘇南京	55.2×30.4	1.81：1	265	圓首碑形，額有穿，兩面刻文，盝頂座
	25	寧康三年（375）	江蘇南京	29.7×14.5×4.8	2.05：1	21	字口塗硃
	26		江蘇南京	29.4×14.5×4.7	2.02：1	8	字口塗硃
	27	太元元年（376）	安徽馬鞍山	35.0×17.0×5.0	2.05：1	29	五塊，內容相同
	28	太元十四年（389）	江蘇南京	49.0×23.5×7.0	2.08：1	79	
	29	太元十七年（392）	江蘇南京	50.8×23.7×5.8	2.14：1	86	

朝代		編號	紀年	出土地點	尺寸	長寬比例	可識字數	備註
東 晉		31	太元廿一年 （396）	江蘇溧陽	31.0×24.5×6.0	1.26：1	79	
		33	義熙二年 （406）	江蘇南京	46.4×23.0×6.5	2.01：1	98	
		34	義熙三年 （407）	江蘇南京	45.0×23.0×6.0	1.96：1	221	正側兩面刻文
		35	義熙十二年 （416）	江蘇南京	30.0×15.0×4.0	2：1	29	
		39		江蘇鎮江	32.5×15.2×4.5	2.14：1	12	三塊，內容相同
		40		江蘇鎮江	32.5×15.2×4.5	2.14：1	11	二塊，內容相同
南 朝	宋	01	永初二年 （421）	江蘇南京	33.0×17.0×4.5	1.94：1	681	六塊拼合，尺寸相同
		03	元嘉二年 （425）	江蘇南京	34.0×16.6×4.0 33.7×16.4×4.0 33.0×16.4×4.0	2.05：1 2.05：1 2.01：1	112 109 127	三塊，內容基本相同，一塊正側兩面刻文
		04	大明年間 （457～464）	江蘇南京				
		11		江蘇南京	34.4×20.0×5.0	1.72：1	9	
		12		江蘇南京	48.5×24.8×6.9	1.96：1	8	兩塊，內容相同

表 8：《東晉南朝石質墓誌統計表》

朝代	編號	紀年	出土地點	尺寸（長×寬×厚，單位：釐米）	長寬比例	可識字數	備註
東晉	01	太寧元年 （323）	江蘇南京	60.0×16.5×11.0	3.63：1	67	
	02	太寧三年 （325）	江蘇蘇州	68.1（誌身高 45.6，趺高 12.5）×29.5×13.5（趺 34.5×19.0）	1.54：1 （趺 1.81：1）	98	圓首碑形，額有穿，盝頂形趺，兩面刻文
	05	咸康六年 （340）	江蘇南京	37.3×28.5×1.1	1.31：1	203	橫長縱短，兩面刻文
	22	太和六年 （371）	江蘇南京	45.0×35.0×2.5	1.28：1	171	橫長縱短
	24	咸安二年 （372）	江蘇南京	47.0×28.0×5.0	1.68：1	275	橫長縱短，兩面刻文
	30	太元廿一年 （396）	安徽 馬鞍山			25	兩面刻文

南朝	宋	02	永初二年（421）	江蘇南京	125.0×30.0×30.0	4.16：1	26	
		07	大明八年（464）	山東平原	52.5×49.0	1.07：1	224	橫長縱短
		10	元徽二年（474）	江蘇南京	65.0×48.0	1.35：1	660	橫長縱短
	齊	13	永明五年（487）	江蘇句容	65.0×55.0×7.0	1.18：1	361	橫長縱短
		14	永明六年（488）	江蘇南京	47.0×46.0	1.02：1	225	橫長縱短
		15	永明十一年（493）	浙江紹興	49.0×37.5	1.30：1	67	橫長縱短
		16		江蘇南京				
	梁	17	天監元年（502）	江蘇南京	60.0×60.0×9.0	1：1	528	
		18	天監十三年（514）	江蘇南京	64.4×49.0×7.5	1.31：1	696	橫長縱短
		19	普通元年（520）	江蘇南京	60.0×58.0	1.03：1		
		20	普通元年（520）	江蘇南京	50.0×50.0	1：1		
		21	普通二年（521）	江蘇南京	100.0×80.0×8.0	1.25：1		橫長縱短
		24	大通三年（529）	江蘇南京	90.3×70.5×9.0	1.28：1	317	
		25	大同二年（536）	江蘇南京	75.0×63.0×9.0		600左右	橫長縱短
		27	太清三年（549）	湖北襄陽	56.8×31.2	1.82：1	148	
		29		江蘇南京	106.0×83.0×13.0 107.0×84.0×12.5 108.0×78.0×12.0 116.0×86.0×9.0	1.27：1 1.27：1 1.38：1 1.34：1	112	四塊，均殘，橫長縱短
	陳	32	太建八年（576）	江蘇南京	75.0×65.0×10.0	1.15：1	1000左右	橫長縱短
		33		江蘇南京	61.0（誌身高43.0）×26.0×4.0	1.65：1	2	半圓首碑形，龜趺

　　據表 7、8，磚質墓誌多見於東晉及南朝宋大明（457～464）以前〔註10〕，石質墓誌則多發現於南朝宋元徽（473～477）以後。當然，在東晉、南朝這一比較長的歷史時期內，石質、磚質墓誌的使用並不存在截然兩分的年代界線。如南朝宋元徽（473～477）以前，石質墓誌也時有發現，雖然在數量上遠較磚質墓誌少，但其使用卻是斷斷續續地貫穿了這一整個歷史時段〔註11〕。

　　從形狀上看，東晉、南朝墓誌基本上可分為長方形、正方形、碑形三類。其中，以長方形墓誌居多〔註12〕。但長方形墓誌在縱橫比例上又存有差異，出現縱長橫短的豎狀與橫長縱短的橫狀兩種樣式。東晉 28 方長方形墓誌（磚質 24 方，石質 4 方）中，除王建之及其妻劉媚子 3 方墓誌為橫長縱短的橫狀以外，其餘 25 方均為縱長橫短的豎狀。而南朝 16 方長方形墓誌（磚質 4 方，石質 12 方）中，豎狀 7 方，橫狀 9 方。尺寸上，磚質墓誌大致有兩種規格（單位：釐米）：一種為 30.0×15.0×5.0 左右；一種為 50.0×25.0×6.0 左右。縱、橫長度比例基本保持在 2：1 左右。前者往往取材普通墓磚，直接刻製或稍加打磨後再刻；後者為特別燒製的墓誌磚，較普通墓磚大。石質墓誌的尺寸規格不一，通常因誌文字數的多寡而不同，但總體上看比特製磚墓誌還要大。縱、橫長度比例基本在 1.4：1 左右，比磚質墓誌小〔註13〕。

　　就長方形墓誌而言，東晉、南朝墓誌存在自豎狀向橫狀演變發展的傾向，尺寸亦由小漸大。至於石質與磚質墓誌在縱、橫長度比例上存在差異的現象，其原因很大程度上是受製作工藝的限制。可以想像得到，以當時的手工製作技術與條件，按正常尺寸，石質墓誌如果縱、橫長度比例過大，則不易採集與製作；而磚質墓誌則不存在這種情況，只要製造一定比例的磚模進行燒製即可。此外，在論及豎狀墓誌向橫狀墓誌逐漸演變的現象時，有學

〔註10〕南京油坊橋及棲霞山出土的南朝宋黃天、蔡冰 2 方墓誌，均為磚質，雖無確切紀年，然據其形制、內容仍可判斷為劉宋初期之物。

〔註11〕南朝宋元徽（473～477）以前出土墓誌中可知材質者41方，其中磚質33方，石質 8 方。然此 8 方石質分別為東晉太寧年間（323～326）2 方，咸康（335～342）、太和（366～371）、咸安（371～372）、太元（376～396）、劉宋永初（420～422）、大明（457～464）年間各 1 方。

〔註12〕東晉南朝出土墓誌形狀明確者共 52 方，其中長方形 44 方、正方形（或近正方形）5 方、碑形 3 方。

〔註13〕東晉謝鯤墓誌的縱、橫長度比例為3.63：1，南朝宋晉恭帝石碣的縱、橫長度比例為4.16：1，均超出其他石質墓誌及磚質墓誌的正常比例，可謂特例。

者認為「豎式顯然是承襲地面碑的遺風，而橫式則可能是受晉代『帖學』之風的影響」〔註 14〕。對此，筆者以為豎狀向橫狀的演變雖然不乏受到「碑」與「帖」的影響，然而根本原因還在於誌文字數多寡的限制。因為，無論是「帖」還是「碑」，在當時書寫、鐫刻都是遵循「自上而下，從左至右」的習慣，字數少，則佔用空間小，左右寬度必然較小而趨於豎狀；字數多，則佔用空間大，左右寬度必然拉大而趨向橫狀發展〔註 15〕。

正方形（或近正方形）墓誌發現很少，僅 5 方（東晉溫嶠 1 方，南朝齊王寶玉、蕭敷、蕭融及永陽敬太妃等 4 方）。從使用時間上看，主要是東晉及南朝齊以後。正方形墓誌的使用，可能與墓主的等級身份存在一定的關係。溫嶠官至使持節、侍中、大將軍、始安忠武公，為東晉出土墓誌中墓主等級身份最高者；南朝 4 方正方形墓誌的墓主均係蘭陵蕭氏族人，屬宗室貴族。然考慮到南朝王纂紹、蕭子恪、蕭象等其他宗室貴族墓誌並不作正方形，因而可以認為南朝墓主的等級身份對使用正方形墓誌的限制已不像東晉時期那麼嚴格。

碑形墓誌建國以來發現雖然不在少數，但誌文多漫漶嚴重而隻字不存，現所知尚存文字者僅 3 方（東晉張鎮、溫式之等 2 方，南朝陳佚名 1 方）〔註 16〕。然而，此 3 方碑形墓誌在具體特徵上則又存在差異，主要表現在碑首（圓首、半圓首）與趺（盝頂形趺、方趺、龜趺）兩方面。如東晉太寧三年（325）張鎮墓誌出土時保存最為完好，形制無損，作圓首碑形，額有穿，下有盝頂形趺，誌身與趺之間以榫槽相連接；太和六年（371）溫式墓誌出土時雖已碎為數塊，然拼合後其形制仍可窺見，為圓首碑形帶榫，下有盝頂形座與誌身相連；陳佚名墓誌出土時形制完整，為半圓首碑形，下有龜趺。如果從三者的具體特徵來看，張鎮、溫式之 2 方墓誌，與洛陽出土的西晉和國

〔註14〕 詳參袁道俊：《六朝墓誌的若干特點》，《第五屆中國書法史論國際研討會論文集》，第 137～144 頁。

〔註15〕 對於筆者的這一合理推測，劉天琪《關於墓誌形制的幾個問題》（《絲綢之路》2009 年第 18 期）認為雖然有些牽強，然在沒有例證予以其他更為精確闡釋外，亦可備一說。

〔註16〕 王志高《六朝墓誌及買地券書法述略》（《第五屆中國書法史論國際研討會論文集》，第 121～136 頁）一文曾提到，南朝尤其是齊、梁、陳三朝圓首碑形、下有龜趺座形制的墓誌發現數量不在少數，只是誌文多漫漶嚴重而隻字不存。南京司家山謝氏家族墓 M1（南朝墓）曾出土碑形、半圓首、龜趺石墓誌 1 方，通高 58 釐米，誌文隻字不存，可證。如此，則南朝宋以後碑形墓誌還是比較盛行的。

仁、菅洛、裴祗、郭槐、徐美人等墓誌的形制十分相近；南朝龜趺碑形墓誌與同時期陵墓前的神道碑（如梁始興忠武王蕭憺神道碑）相似。可見，東晉碑形墓誌主要是繼承了西晉同類墓誌的特點，而南朝碑形墓誌則更多是受當時神道碑的影響。

從刻文方式來看，東晉、南朝墓誌均為豎刻右讀。然而在刻面上二者又存在不同：東晉墓誌存在刻面較多的特點，主要有單面刻文、正側兩面刻文、正反兩面刻文等三種；而南朝墓誌除宋元嘉二年（425）宋乞 3 方磚質墓誌中的 1 方為正側兩面刻文外，餘皆為單面刻文，刻面趨向單一。綜觀多面刻文的墓誌，或為尺寸較小，如升平元年（357）劉剋墓誌等；或為刻文較多，如咸康六年（340）王興之夫婦墓誌等；或受形狀約束，如太寧元年（323）張鎮、太和六年（371）溫式之墓誌。可見，出現刻文方式多樣化的根本原因在於受誌石尺寸的限制，在誌文字數較多而單面無法刻滿的情況下，不得已而採取多面刻文這一補救措施。當然，其中也存在比較特殊的情況，如南京呂家山出土的東晉升平元年（357）李緝、李摹、李纂妻武氏 3 方墓誌同為正側兩面刻文，然而僅李緝墓誌因正面刻滿而在側面續刻紀年，另 2 方卻在正面完全可以刻完的情況下，仍採取另在側面續刻紀年。這可能同刻工的鐫刻風格及習慣有關〔註 17〕。再從正側兩面、正反兩面所刻的內容來看，也存在一定的差異。正側兩面刻的墓誌，多簡略，側面一般為紀年文字，且多刻在左側面，如趙士崗卞氏王夫人墓誌、呂家山李氏 3 方墓誌等〔註 18〕；正反兩面刻的墓誌，則相對繁複，反面不僅有紀年文字，還包含正面無法刻完的其他內容。

〔註 17〕由於墓主同為李氏家族成員，且葬於同一年份，此 3 方墓誌可能出自同一刻工之手，鐫刻風格相近亦在情理當中，從而導致這一現象的出現。

〔註 18〕東晉、南朝側面刻文的墓誌主要刻於左側面，僅謝球 1 方墓誌例外，居右側。謝球墓誌的側面刻文為「晉故輔國參軍豫州謝球安厝丹楊郡牛頭山」，居右側，與其他墓誌側面多為紀年文字、居左側有異，比較特殊。聯繫刻文內容與所在位置，此側面文字似乎含有「題名」之意，即與此後不久的謝琰墓誌首題「墓誌」的做法相同。首先，刻文居誌石右側面，從東晉、南朝墓誌均為豎刻右讀的習用格式來看，右側誌文當先於正面誌文而刻；其次，右側刻文所記「墓主職官、籍貫、姓名、葬地」等內容十分簡練，而這些內容在正面刻文中均有詳細地敘述，所以從內容上看，右側刻文可謂起到了概括全篇誌文的作用，類似此後定型墓誌的「題額」；再者，謝球墓誌刊於東晉義熙三年（407），與首題「墓誌」的宋永初二年（421）謝琰墓誌，相去甚近。據此可以推斷，謝球墓誌的側面刻文應是「墓誌」這一名稱出現的前身。

從紋飾上看，東晉、南朝墓誌較爲簡陋，不如北朝墓誌紋飾變化繁多、內容豐富。一般是在石、磚上直接刻文，或稍加打磨後再刻，但部分墓誌也有一些簡單的裝飾，如磚面印有粗繩紋、施以黑色漆狀物、刻有細線方格、字口填塗硃砂等〔註19〕。雖然這些墓誌的紋飾仍顯粗略、簡單，但較之其他不作任何修飾而直接刻文的墓誌來說，裝飾的意圖還是比較明顯的。

基於以上從材質、形狀、刻文方式及紋飾等方面的詳細考察與分析，我們進而可以將東晉、南朝墓誌形制的發展演變過程，大體劃分爲以下三個階段：

第一階段爲東晉至南朝宋大明（457～464）以前。該時期磚質墓誌流行，石質墓誌少見；呈現出形狀多樣，紋飾不一，尺寸小，刻面多等特點，表明這一階段的墓誌形制尚未定型。分佈範圍比較穩定，限於今江蘇、安徽、浙江三省，其中以江蘇南京最多。

第二階段爲南朝宋大明（457～464）至元徽（473～477）之間。是磚質墓誌逐漸消失，石質墓誌開始廣泛使用的過渡時期；墓誌的形狀漸趨統一，尺寸增大，刻面減少，紋飾少見，表明這一階段的墓誌形制開始定型。分佈範圍有所擴大，已拓展至山東地區。

第三階段爲南朝宋元徽（473～477）以後至陳朝。墓誌的材質、形狀、尺寸、刻文方式、紋飾等基本統一，表明這一階段的墓誌形制已完全定型、成熟。分佈範圍進一步擴展，湖北地區也開始發現。

第三節　相關問題探討

本章前二節主要從地域分佈與形制兩方面詳細考察了東晉南朝墓誌的特徵及其發展演變，在具體論述過程中爲了避免枝蔓過多，對其他相關問題，

〔註19〕　這些簡單的紋飾主要見於部分東晉墓誌，南朝墓誌基本上是不作任何修飾的。字口填塗硃砂的現象見於南京仙鶴觀高崧家族墓和呂家山李氏家族墓出土的 7 方墓誌，有學者認爲「這與六朝買地券常見塗硃或者直接用硃砂書寫的性質相似，可能和當時道教的流行有關。因爲丹砂在當時常被神仙家用來煉取黃白、金丹，但也可能是當時葬制的規定。」（羅宗眞、王志高：《六朝文物》，南京出版社，2004 年，第 222 頁）筆者以爲，使用硃砂除了可能與宗教信仰與葬制規定有關外，還有更爲簡單實用的目的。蓋因硃砂顏色鮮豔且不易消褪，將其填塗於字口或界格內，則刻文更加醒目、清晰，保存時間也爲更爲久遠。筆者老家皖西農村至今尚見以硃砂描摹墓碑刻文以防漫漶的現象，道理相通。

如東晉南朝墓誌的淵源、擺放位置、紀時格式及「一誌多方」現象等，均未展開深入分析。現專闢一節對與墓誌特徵相關的問題予以討論，冀對東晉南朝墓誌的特徵及其內涵的認識更加系統、全面。

一、東晉南朝墓誌溯源

迄今爲止，不僅在考古發掘中，南方地區東吳、西晉墓葬中未曾發現衹葬墓誌的例證，在傳統金石文獻的著錄中亦未見有任何相關記載。南方地區發現最早的墓誌，是東晉太寧元年（323）謝鯤墓誌，時值晉室南來不久。再據表6，南京地區出土的28方東晉墓誌中，籍貫明確之北人占23方，而南人僅高崧及其妻謝氏2方。因此，在某種程度上可以說，使用墓誌的這種葬俗是隨晉室南渡而在江南出現的，將西晉時期中原地帶使用墓誌的喪葬風習傳播到長江流域的主要載體，也正是那些隨晉室南遷的僑姓世族。這就表明，東晉墓誌的出現是直接承襲西晉，江南使用墓誌的風習無疑是受中原喪葬文化發展和影響的結果。東晉、南朝使用墓誌的葬俗源自西晉，已爲目前學界大多數學者所認同〔註20〕。

然而，近年來有學者提出「東晉初年及其以前，江南隨葬墓誌的葬俗淵源有自」，並據1987～1988年間浙江嵊縣浦口鎮大塘嶺村東吳墓（嵊M101）出土的兩塊墓銘磚（內容基本相同，爲「太平二年歲在丁丑七月六日建中校尉會稽剡番（潘）億作此圖冢師未（朱）珧處」），認爲「與以往發現的六朝早期銘文磚不同的是，如此之多的磚銘文字並非模印於墓磚側面或端面，而是刻於墓磚平面上，形制已與後來的東晉墓誌相屬，內容又與墓主相關，或可視爲六朝早期墓誌之濫觴。」此外，還將近年浙江餘姚九頂山西晉墓出土的一塊模印「會稽孝廉故郎中周君都船君子也」的銘文磚與墓誌等而視之，逕稱之爲墓誌〔註21〕。

這一「新見」值得商榷。因爲墓銘磚（包括內容與東晉極其簡略的墓誌近似的誌墓磚銘）與墓誌在用途功能、行文格式、墓中的擺放位置等方面均存在根本上的差異，二者不可混爲一談〔註22〕。儘管我們在分析東晉墓誌較西

〔註20〕 詳參李蔚然：《南京六朝墓葬的發現與研究》，第52～53頁；王志高：《六朝墓誌及買地券書法述略》；羅宗眞、王志高：《六朝文物》，第223～224頁。

〔註21〕 詳參邵磊：《冶山存稿——南京文物考古論叢》，第121～122頁。

〔註22〕 對此，前人已有頗多精闢論述，可參趙超：《古代墓誌通論》、《漢魏南北朝墓誌彙編》及《墓誌溯源》（《文史》第21輯）；范淑英：《漢三國兩晉南北朝磚

晉出現某些新變和差異的原因時，也認識到東吳、西晉時期南方流行使用墓銘磚的喪葬習俗對東晉、南朝墓誌存在一定的影響，如東晉墓誌普遍尺寸小、字數少、刻面多、選材簡單，以磚質爲主等特點，與某些誌墓磚銘就十分近似。然僅爲一外在影響因素，而不能據此以之爲東晉墓誌的內在淵源。

　　筆者以爲東晉墓誌出現的內在原因，是受西晉已經形成的使用墓誌的風習的影響，源自西晉；而其所呈現出的外在特徵，卻又受到南方使用誌墓磚銘的喪葬習俗，以及東晉時期特殊的政治環境與社會背景等多種因素的影響。

　　以東晉太寧三年（325）張鎮墓誌爲例。張鎮墓誌無論是形制還是內容，均與西晉徐美人墓誌、王浚妻華芳墓誌基本相同，可以說是承襲了西晉墓誌的風格與特徵。這表明，西晉墓誌所具備的那種相當成熟的墓誌體例，在東晉初年即已傳播至江南。然而，絕大多數東晉墓誌卻沒有採取或仿傚張鎮墓誌的體例，無論是形制還是內容都遠不如後者之成熟，原因何在呢？這可能與多數學者所認爲的那樣：東晉時期碑禁較嚴，且僑寄江南的中州士族時刻心存收復中原、回歸故土的企盼，權把建康當作假葬之地有關〔註23〕。

　　從東晉出土墓誌的墓主身份來看，絕大部份爲南來之北方流寓貴族。聯繫東晉初年北方流人「寄人籬下」的心境與「回歸故土」的意願，他們使用粗簡的「假葬」墓誌，爲日後「歸葬祖塋」以做標示的心理甚爲明顯，故其不以成熟的西晉墓誌爲準繩，轉而傚仿南方地域本即流行的誌墓磚銘的做法，也是容易理解的。再者，誠如邵磊所言，「江左士族的勢力終究遠遜於南渡士族，而南渡士族簡約粗率的墓誌形式流風所及，恐亦漸次『同化』了江左士族的傳統墓誌形制。」〔註24〕）當然，這或許同東晉崇尚簡約、不尚繁縟、不拘禮法的社會風習的影響也不無關聯。如此種種，東晉時期罕見張鎮墓誌那樣形制、體例均較爲完備的墓誌，也就不足爲奇了。

二、東晉南朝墓誌的擺放位置

　　墓誌作爲一種比較特殊的祔葬品，在墓葬中的擺放位置也有其自身特點。與東晉至南朝墓誌發展、定型的過程相吻合的是，墓誌的擺放位置也同樣經歷了從不穩定到穩定的變化過程。

　　　　銘誌墓習俗的發展及演變》。
〔註23〕羅宗眞、王志高：《六朝文物》，第 223 頁。
〔註24〕邵磊：《冶山存稿——南京文物考古論叢》，第 124 頁。

　　東晉出土墓誌，絕大多數都發現於墓室的前部，然擺放位置不穩定。除部份墓誌因墓葬曾遭盜擾和破壞，隨葬品的原始位置有所移動，而不能確定其最初位置外，其他墓誌的擺放還是比較有規律的，大體有五種情況：或平置於棺床前，字面朝上，如南京象山 9 號墓出土的王建之及其劉媚子 2 方石墓誌分別平放於墓主棺前；或平放在墓室前端祭臺邊，如鎮江諫壁 21 號墓出土的劉庚之墓誌 3 方分別平放於祭臺兩側，鎮江出土劉剋墓誌 2 方出土時橫置於祭臺前側；或傍倚在墓室前壁，字面朝外，如南京仙鶴觀 2 號墓出土的高崧及其妻謝氏墓誌分別斜倚在墓室前壁兩側，南京象山 3 號墓王丹虎墓誌側倚墓室前壁右側；或埋設於甬道填土中，如謝鯤墓誌、夏金虎墓誌及呂家山李氏家族 1、2 號墓所出土的李緝等人 4 方墓誌〔註25〕；另外，還有十分特殊的如安徽馬鞍山市出土的孟府君墓誌 1 方 5 塊，棺床前及墓室四角各置 1 塊，「這似乎又兼起著辟邪和鎮墓的作用了」〔註26〕。

　　南朝前期墓誌的擺放位置與東晉時期差別不大，既有如謝珫墓誌 1 方 6 塊，出土於棺床前左、右兩壁底部，每側分置 3 塊，皆平置；也有如晉恭帝玄宮石碣埋設於墓道填土之中。而齊梁以後，墓誌位置則相對穩定，由墓室轉移至甬道，通常置於甬道內兩側。如南齊永明六年（488）王寶玉墓誌即發現於墓室與甬道的交接處；梁天監元年（502）蕭融及天監十三年（514）王纂紹墓誌均發現於甬道中。《南史》卷三三《裴松之附裴子野傳》云：裴子野梁中大通二年卒，「及葬，湘東野王為之墓誌銘，陳於藏內。邵陵王又立墓誌，埋於羨道。羨道立志，自此始焉。」〔註27〕表明最遲至梁中大通二年（530）時，墓誌擺放於甬道中已經成為一種習慣，然而還不甚嚴格，如新近發現之梁大通三年（529）蕭子恪墓誌即出土於棺床前部偏左側〔註28〕。

〔註25〕　李氏家族墓雖曾遭盜擾破壞，但墓誌為普通墓磚製成，於盜墓賊而言毫無價值，雖有移動位置的可能，但尚不至於從墓室內攜至甬道中再棄之的道理。至於南京象山 9 號墓出土的劉媚子磚墓誌，筆者從張學鋒「廢棄在墓坑填土中」的說法（詳參張學鋒：《南京象山東晉王氏家族墓誌研究》，牟發松主編《社會與國家關係視野下的漢唐歷史變遷》，第 319～336 頁）。

〔註26〕　羅宗真：《略論江蘇地區出土六朝墓誌》，《南京博物院集刊》1980 年第 2 期。

〔註27〕　《儀禮‧既夕禮》賈公彥疏曰：「羨道，謂入壙道，上無負土為羨道。」羨道實即墓道。其實，「羨道列誌」在東晉時期即已出現，只是《南史》作者不明就理而有此誤斷而已。

〔註28〕　邵磊更是認為「羨道列誌」的做法，「至蕭梁中大通二年始漸成為一種制度」（《冶山存稿——南京文物考古論叢》，第 123 頁）。然據蕭子恪墓誌的出土情況，將南朝「羨道列誌」的習慣提升至「某種制度」，恐怕還不合適。

三、東晉南朝墓誌的紀時格式

　　墓誌中的紀年文字，是確定墓葬年代的重要材料和可靠依據，往往爲學者們所重視。然而對墓誌紀時格式的特點及其發展演變過程，前人卻關注不多。筆者在梳理東晉南朝墓誌材料過程中，發現墓誌的紀時格式在不同時期也存在一定的差別，其總體發展經歷了一個由簡單到繁雜、變化多樣到穩定統一的過程，與整個東晉南朝墓誌體例的發展演變過程基本相符。

　　東晉南朝墓誌中除個別墓誌無紀年文字（如溫嶠墓誌），以及部分因金石文獻著錄不全或出土時誌文泐滅過多而不見紀年文字，其紀時格式亦無從窺見外，其餘大部分墓誌的紀時格式基本明瞭。

　　東晉墓誌的紀時相對簡略，然格式多樣，大體有以下五種情況：

　　第一種爲「年號紀年＋月＋日」，如謝鯤墓誌云「太寧元年（323）十一月廿八」。此爲大多數東晉墓誌所採用的一種紀時格式，其使用的時間延續最長，至東晉末年仍可見，如謝球妻王德光墓誌云「義熙十二年（416）六月四日」。

　　第二種爲「年號紀年＋月＋日＋干支」，如李摹、李緝及李纂妻武氏墓誌所云「升平元年（357）十二月廿日丙午」。在第一種的基礎上稍有變化，應用不廣，筆者所知僅此 3 方。

　　第三種爲「年號紀年＋太歲紀年＋月＋日」，如王獻之保母墓誌云「興寧三年（365）歲在乙丑二月六日」；或無月日，如張鎮墓誌云「太寧三年（325），太歲在乙丑」，亦少見。

　　第四種爲「年號紀年＋太歲紀年＋月＋日＋干支」，如虞道育墓誌云「太元廿一年（396）丙申歲六月廿二日甲午」、謝重墓誌云「隆安三年（399）己亥六月二十二日丙午」。是綜合前三種的特點演化而成的紀時格式，於東晉中、前期墓誌中不見，似出現於東晉後期。

　　第五種爲「年號紀年＋月＋朔日干支＋日＋干支」，如劉媚子石墓誌云「泰和六年（371）六月戊戌朔十四日辛亥」，王建之墓誌云「泰和六年（371）閏月丙寅朔十二日丁丑」、「咸安二年（372）三月甲申朔十四日丁未」。紀時中增加了朔日干支，較其他墓誌更爲繁複，於東晉時期罕見。

　　南朝墓誌的紀時總體相對繁複。從墓誌的紀時格式存在不同的特點來看，其發展過程大體可分爲兩個階段：劉宋、蕭齊時期；蕭梁至陳朝。劉宋、蕭齊時期墓誌的紀時格式仍呈現出多變的特點，基本上存在四種情況：

第一種爲「年號紀年＋太歲紀年＋月＋朔日干支＋日＋干支」，如晉恭帝石碣云「永初二年（421）太歲辛酉十一月乙巳朔七日辛亥」；或稍有變化，在月前添加季節名稱，如謝琰墓誌云「永初二年（421）太歲辛酉夏五月戊申朔七日甲戌」，劉岱墓誌云「永明五年（487）太歲丁卯夏五月乙酉朔十六日庚子」、「粵其年秋九月癸未朔廿四日丙午」。比較常見。

第二種爲「年號紀年＋太歲紀年＋月＋日」，如宋乞墓誌云「元嘉二年（425）太歲乙丑八月十三日」，少見；或略有變動，如謝濤墓誌云「元嘉十八年（441）歲次屠維月依林鍾十七日」，更是罕見。

第三種爲「年號紀年＋月＋日干支」，如劉懷民墓誌云「大明七年（463）十月己未」、「粵八年（464）正月甲申」。亦不多見。

第四種爲「年號紀年＋月＋朔日干支＋日＋干支」，如張推兒墓誌云「元徽元年（473）十月甲辰朔十七日庚申」，王寶玉墓誌云「永明六年（488）四月庚戌朔九日戊午」。

蕭梁至陳朝的墓誌紀時的格式基本統一，主要有「年號紀年＋月＋朔日干支＋日＋干支」與「年號紀年＋太歲紀年＋月＋朔日干支＋日＋干支」兩種，偶有詳略不同的情況，然總體變化不大。

四、「一誌多方」現象

東晉中期至南朝初年出土墓誌中，還出現了「一誌多方」的現象，即同一墓主擁有內容基本相同或完全相同的數方墓誌，如東晉劉剋墓誌 2 方、劉媚子墓誌 2 方、劉庚之墓誌 3 方、劉碩之妻徐氏墓誌 2 方、孟府君墓誌 5 方、南朝劉宋宋乞墓誌 3 方。

對於「一誌多方」現象，前人解釋不一：或以爲「是爲了防止墓誌湮失難找，便於遷葬時辨認墓主骸骨而設」〔註 29〕；或以爲「兼起著辟邪和鎮墓的作用」〔註30〕；或以爲「是與死者關係不同的親屬，分別作誌悼念死者」〔註 31〕。其解釋雖各自有據，不乏合理之處，然均是據某一方墓誌而作判斷，不免有以偏概全之嫌。

就劉媚子墓誌 2 方而言，不僅質地不同（1 石 1 磚），刻工有異（石誌刻

〔註29〕 邵磊：《冶山存稿——南京文物考古論叢》，第 131 頁，注 17。

〔註30〕 羅宗眞：《略論江蘇地區出土六朝墓誌》。

〔註31〕 袁道俊：《六朝墓誌的若干特點》，第 137～145 頁。

工精美，磚誌較爲潦草），擺放位置不同（石誌平置於棺床前，磚質出自墓坑填土中），而且誌文內容也存在細微的差別（石誌紀時比磚誌多出干支朔日，並增補了劉媚子祖父的官職名諱）。聯繫誌文，劉媚子先於其夫王建之半年「薨於官舍」，後「喪還都」，「倍葬舊墓」，並「刻石爲識」，設置墓誌 1 方，此誌即爲出自墓坑填土中的磚墓誌。俟王建之死後棺柩還都，夫婦二人合葬，並各作石墓誌 1 方，此 2 方墓誌不僅擺放位置、紀時格式完全相同，書法字體更是如出一轍，無疑出自同一人之手筆。由此，劉媚子 2 方墓誌所刻時間有先後之分，是可以肯定的。對於劉媚子初葬時所刻磚墓誌的用意，發掘簡報作者如是推測，「劉媚子比王建之早去世半年，估計在墓坑填土中埋設磚墓誌是爲了日後合葬時便於尋找而有意設置的。」〔註 32〕對此，張學鋒在仔細分析劉媚子、王建之二人卒葬時間上的差異後，提出異議，認爲劉媚子初葬時所設磚誌並非有意放置於墓坑填土中，僅因合葬時重刻有略作增補的石誌，故被廢棄在此〔註 33〕。後者的解釋更爲合理〔註 34〕。至於劉媚子初葬時設有 1 方磚誌，合葬時又另刻 1 方石誌的做法，筆者以爲很大程度上是由於其家人對墓誌內容的完整性、刻工的精細程度的重視，而做出的隨意選擇。

與劉媚子墓誌不同的是，劉尅、劉庚之、劉碩之妻徐氏、孟府君等人墓誌不僅材質均爲磚質，出土時位置明確〔註 35〕，而且數塊內容完全相同，僅在分行、布白上稍稍存在差別。然其內容均十分簡略，臨時標識的功能比較突出，設置多塊，可能有「爲了防止墓誌湮失難找，便於遷葬時辨認墓主骸骨而設」的用意；若根據墓誌的擺放位置，尤其是孟府君墓誌與劉碩之妻徐氏墓誌，也不排除有「兼起著辟邪和鎮墓的作用」的可能。

〔註 32〕　南京市博物館：《南京象山 8 號、9 號、10 號墓發掘簡報》，《文物》2000 年第 7 期。

〔註 33〕　張學鋒：《南京象山東晉王氏家族墓誌研究》。

〔註 34〕　聯繫東晉同時期的王康之夫婦、高崧夫婦等合葬墓中的出土墓誌情況，亦可證簡報作者推測有誤。如王康之夫婦、高崧夫婦的卒、葬年份也有先後之分（王康之夫婦相隔 33 年、高崧夫婦相隔 10 年），其先逝者兩次下葬的可能性也非常大，然而出土墓誌均是夫婦二人各 1 方，並沒有發現類似劉媚子墓誌存在 2 方的情況。

〔註 35〕　劉尅墓誌 2 方出土時橫置於祭臺前側；劉庚之墓誌 3 方分別平放在墓室前端祭臺的兩側，左邊 1 方，右邊 2 方；徐氏墓誌 2 方，分別豎置墓室前頭的左右兩角，緊貼墓壁；孟府君墓誌 5 方，出土時墓室中前部偏左部 1 方，四隅各 1 方。

　　至於宋乞 3 方磚墓誌，因其具體出土位置不明，是否「兼起著辟邪和鎮墓的作用」，無法判斷；其內容又較劉剋、孟府君等人墓誌詳細，臨時標識的功能不明顯，「便於遷葬時辨認墓主骸骨而設」的可能性不大；而根據 3 方墓誌所記內容上的差異，推測「是與死者關係不同的親屬，分別作誌悼念死者」，恐怕也難以成立〔註36〕。聯繫 3 方墓誌書寫均顯急促、草率，誌文存在較多缺漏的現象，筆者以為宋乞墓誌出現 3 方的原因，還在於鐫刻工匠的粗心，經過 3 次鐫刻仍無法求得完整的刻文所致〔註37〕。

〔註36〕 袁道俊《六朝墓誌的若干特點》在談及「一誌多方」現象時，首先歸納出宋乞 3 方磚誌所記內容的差別，「誌一記載了『宋乞妻、一女、二子於江寧石泉里建』；誌二記載了『宋乞的一女、二子於江寧石泉里建作』；誌三記載了『宋乞妻、一女、二子及二個兒媳於江寧石泉里建成再冢一所』」，並據此認為「這三方磚誌所建冢作誌的人顯然不同，磚誌一為妻子、兒女建作；磚誌二為兒女建作；磚誌三為妻子、兒女、兒息建作。」然筆者仔細檢核誌文後，發現袁氏立論的基礎有問題，其對誌文的釋讀與理解有誤。為便於討論，現錄誌文如下：

誌一：亡祖父儉，本郡功曹史、關中侯。／亡父遠，本郡主簿、河內郡河陽縣右尉。／揚州丹[陽]建康都鄉中黃里領豫州陳郡陽夏縣／都鄉扶樂里宋乞，**妻丁　丹楊建康丁騰女**。／息女草，適丹楊黃子秋。息伯宗，本郡良吏。／息駉，本郡功曹史、征虜府參軍、濮陽令。／**元嘉二年太歲乙丑八月十三日於江寧石泉里建**

誌二：亡祖父儉，本郡功曹史、關中侯。／亡父遠，本郡主簿、河內郡河陽縣右尉。／揚州丹陽建康都鄉中黃里領豫[州]陳郡陽夏縣／都鄉扶樂里宋乞，**字口懷，泰元中亡**。／息女草，適丹楊黃子秋。息伯宗，本郡良吏。／息駉，本郡功曹史、征虜府參軍、濮陽令。／**元嘉二年太歲乙丑[八]月十三日於江寧[石]泉里建作**

誌三：（正面）亡祖父儉，本郡功曹史、關中侯。／亡父遠，本郡主簿、河內郡河陽縣右尉。夫人黃氏。／揚州丹陽建康都鄉中黃里領豫州陳郡陽夏縣／都鄉扶樂里宋乞，**妻丁丹楊建康丁騰女**。／息女草，適丹楊黃子秋。息伯宗，本郡良[吏]。／息駉，本郡功曹史、征虜府參軍、濮陽令。／**元嘉二年八月十三日於江寧石泉里建口口冢一所**（側面）**伯宗妻丹楊王氏　駉妻丹陽陳氏**

據誌文，3 方墓誌在「建冢」年月前均記有宋乞的親屬，僅詳略有所不同。但並不能將誌文所載妻子、兒女、媳婦分別作為各誌的「建作」人，因為東晉南朝墓誌中記載墓主配偶、子女及其職官、婚媾的情況十分普遍，即便配偶、子女有早於墓主而逝者，亦列於誌中，如夏金虎墓誌等。再者，3 方墓誌在其他方面也存在其他差異（見誌文中的斜體加粗部份）。因此，袁氏僅據 3 誌所記宋乞親屬的詳略不同，即斷言其為不同親屬所作，顯然有誤。

〔註37〕 宋乞 3 方墓誌的內容雖然大部分相同，但差異也很明顯，各自均有缺漏與側重，並不完整，如果綜合 3 方墓誌所記則宋乞墓誌的內容就十分完整了。

　　綜上所述，東晉、南朝墓誌中的「一誌多方」現象，雖然比較特殊，但大多具有很強的隨意性與偶然性，且出現的時間也不穩定。因此，在尚無確鑿例證予以證實的情況下，推斷其出於某種葬俗或觀念，雖有一定的啓發意義，然多少仍有些勉強。

第四章　東晉南朝墓誌的書法藝術

　　墓誌，作爲喪葬文化的一部分，文字刻寫具有其自身特點，呈現出多姿多彩的面貌，雖無法反映當時書法的全部情況，然作爲書法藝術之一種，墓誌書法則無疑又具有其所處時代的特徵，從其發展與演變過程中，仍可窺見彼時書法藝術之一斑。

　　東晉、南朝上承曹魏、西晉，是我國書法發展史上十分重要的時期，書法繁榮，名家輩出，精品紛呈〔註1〕。東晉時期，不僅出現以王羲之、王獻之父子爲代表的一大批書家，而且還出現了以王、謝、庾、郗爲代表的書法世家；東晉書風亦受「二王」影響，由「古質」變爲「今妍」，千餘年來流風餘韻至今不衰。至南朝書風更盛，上自帝王，下至士庶，篤好書法蔚然成風，書法藝術繼續發展，留下許多溫潤優美的書帖，並出現頗有理論深度的《書品》等書論著作。然歷經千餘年的兵燹災禍，東晉、南朝著名書家的書法眞迹大都泯滅不存，王、謝書法的流風遺韻也只能在唐宋人廓塡本或鈎摹的閣帖本中去探尋。較之這些失眞的歷代閣帖翻刻本，東晉南朝出土墓誌無疑是更爲眞實可靠的實物資料。

第一節　「蘭亭論辨」與墓誌書法研究

　　唐宋以來，由於歷代出土東晉南朝墓誌罕見，治書法者言及東晉、南朝

〔註 1〕關於東晉、南朝書法藝術之繁榮，書壇之盛況，前人多有論述。可參劉濤：《中國書法史‧魏晉南北朝卷》，江蘇教育出版社，2002 年；胡舜慶：《六朝時期南京書壇概況》，《第五屆中國書法史論國際研討會論文集》，文物出版社，2002 年，第 400～499 頁。

書法藝術時，無不以帖學爲尊，認爲東晉、南朝書家重視尺牘，因此往往把當時的尺牘墨本視爲珍品，翻刻臨習。如保存至今的唐人雙鉤、宋人刻帖流傳的各種名家手迹等，即備受重視。中華人民共和國建國以後，隨著東晉、南朝出土墓誌數量的不斷增多，墓誌的書法藝術也逐漸受到學術界的更多關注，相關研究亦隨之越來越多、越來越深入。

回顧前人對東晉、南朝墓誌書法的關注與研究，不能不提及四十年前那場轟轟烈烈的「蘭亭論辨」。

1965 年，郭沫若根據其對南京地區此前出土的王興之夫婦、謝鯤等數方墓誌基本上是隸書體的考證，撰文《由王謝墓誌的出土論到蘭亭序的眞僞》〔註2〕，推論傳世王羲之《蘭亭序》爲他人依託之作。郭氏此文一出，在文物界和書學界即刻引起軒然大波。高二適認爲，郭氏所論「驚心動魄」，「此乃不啻在帖學上作了一個大翻身」〔註3〕。章士釗驚呼：「夫如是，吾誠不知中國書法史，經此一大破壞，史綱將如何寫法而可！」〔註4〕。以高二適、章士釗爲代表的部分學者相繼撰文，與郭沫若及支持郭氏觀點的學者展開了《蘭亭序》書帖的眞僞之辯，「蘭亭論辨」由是而起〔註5〕。論辨雙方均資以出土實物，鉤沈古籍，持論甚嚴，惜受時局影響，學術受到政治干擾，未能進一步深入〔註6〕。

〔註 2〕郭氏此文最初發表於 1965 年 6 月 7 日的《光明日報》，繼而刊於《文物》1965 年第 6 期，後又收入文物出版社 1973 年編輯、1977 年出版的《蘭亭論辨》。

〔註 3〕高二適：《〈蘭亭序〉的眞僞駁議》，《蘭亭論辨》（下編），文物出版社，1973 年編輯，1977 年。

〔註 4〕章士釗：《柳文指要》，中華書局，1971 年，第 1919 頁。

〔註 5〕當時參與這場論辨的多爲國內文史專家，持否定論者有郭沫若、宗白華、王一羽、龍潛、啓功、于碩、徐森玉、趙萬里、李長路、史樹青等，但學者間的觀點也存有一定分歧；持肯定論者有高二適、章士釗、商承祚、唐風等。由於受到政治時局和社會思潮的干擾，反駁郭沫若等人的文章不多，且輿論普遍支持否定論者，對高二適等人的駁議持批判態度，不予刊載。如高二適寫於 1972 年 10 月的《〈蘭亭序〉僞之再駁議》一文，遲至 1982 年 1 月才得以在《書法研究》上公開發表。參與論辨的論文，後均收入 1977 年 10 月文物出版社編輯出版的《蘭亭論辨》，分上、下兩編，「上編」十五篇，即郭沫若以及與之觀點一致的文章，「下編」三篇，是與郭沫若等觀點相對立的具有代表性的文章。

〔註 6〕《蘭亭論辨》所收論辨雙方的論文數量相差之懸殊，本身就說明這並不是一場學術動機單純、平等而暢所欲言的學術討論。且《蘭亭論辨》的編者在出版說明裏明顯流露出偏袒郭沫若一方的傾向，「郭沫若同志的看法在學術界引起了熱烈討論，報刊發表了不少文章，多數文章贊同郭沫若同志意見，支持

　　1976 年文革結束後，至整個 80 年代，國內政治氛圍相對寬鬆，「蘭亭論辨」餘波再起，文物界、史學界、書學界等不同領域的學者們，圍繞《蘭亭序》的眞僞問題做出了進一步的研究和討論，出現了相當多的研究論文〔註7〕。跨學科和多視角的綜合考察，促使論辨向縱深發展，並達到一個新的高度。討論的基本傾向是絕大多數學者肯定《蘭亭序》爲王羲之所作，而堅持否定論的學者已是爲數寥寥，呈現出一種維護傳統、駁議否定論者的動向。這一時期，學者們不僅致力於《蘭亭序》眞僞的考證，而且開始對此前的那場論辨進行客觀冷靜的反思與分析。

　　20 世紀 90 年代以來，隨著學術領域的不斷拓展，書學界開始聚焦於新興的書法美學和書法學學科的建立，不再糾纏於《蘭亭序》書帖本身的眞僞問題，前後綿延 20 餘年的「蘭亭論辨」復歸沉寂。但仍不乏有相當水準的研究論文，爲《蘭亭序》眞僞的進一步論證提供了新的研究視角〔註8〕。同時，還出現了一些「蘭亭論辨」的綜述論文，系統總結前人成果，反思得失，對書法研究的梳理起到了很大作用〔註9〕。

　　　他以辯證唯物主義的批判態度推翻歷代帝王重臣的評定；但也有文章相反的觀點，『蘭亭』眞僞之爭，由此進入一個新階段。」「這種爭論反映了唯物史觀同唯心史觀的鬥爭」，將論辨雙方分別置以「唯物史觀」與「唯心史觀」的對立境地，無疑給這場論辨作出了學術以外的定性。

〔註7〕如侯鏡昶：《論鍾王眞書和〈蘭亭序〉的眞僞》，《南京大學學報》1977 年第 3 期；喻蘅：《從懷仁集〈聖教序〉試析〈蘭亭序〉之疑》，《復旦學報》（社會科學版）1980 年第 2 期；周紹良：《〈蘭亭序〉眞僞考》，《中國社會科學》1980 年第 4 期；周傳儒：《論〈蘭亭序〉的眞實性兼及書法發展方向問題》，《中國社會科學》1981 年第 1 期；朱鑄禹：《〈蘭亭序〉再議》，《南開學報》1981 年第 3 期；翁闓：《〈蘭亭序〉之管見》，庾人俊：《關於晉朝的書體問題》，馬里千：《晉代書體與〈蘭亭序帖〉》，《書法研究》1982 年第 1 期，等等。

〔註8〕如王玉池：《王羲之與道教和〈蘭亭序〉文章問題》，《中國書法》1993 年第 4 期；清水凱夫：《王羲之〈蘭亭序〉不入選問題的研究》，《河北大學學報》（哲社版）1994 年第 2 期；卞孝萱：《〈蘭亭序〉墨迹是怎樣從佛寺進入宮廷的》，《東南文化》1998 年第 4 期；王元軍：《從六朝士人不屑碑誌看「蘭亭論辨」的失誤》，《光明日報》1998 年 12 月 4 日，等等。

〔註9〕20 世紀 90 年代以來，學術界對「蘭亭論辨」進行了客觀的反思與回顧，可參喻蘅：《〈蘭亭序〉論戰廿五年綜析與辨思》，《復旦學報》（社會科學版）1991 年第 3 期；毛萬寶：《1965 年以來蘭亭論辨之透視》，《書法研究》1994 年第 4 期；鄭重：《回眸〈蘭亭論辨〉》，《文匯報》1998 年 11 月 26 日；紀紅：《「蘭亭論辨」是怎樣的「筆墨官司」》，《書屋》2001 年第 1 期；陳雅飛：《中國大陸〈蘭亭序〉眞僞論辨回顧》，《浙江大學學報》（人文社會科學版）2004 年第 3 期等。

　　四十年過去了，今天當我們再次回顧「蘭亭論辨」時，不難發現，若就《蘭亭序》書帖眞僞的討論本身而論，其學術價值並不大。然而，其牽涉面之廣，引發問題之多，堪稱書法史研究之冠，圍繞「蘭亭論辨」所提出的諸多問題，後人在研究中國書法發展史時是無法迴避的。

　　就東晉、南朝墓誌的書法藝術而言，其價值得到學界的正視，在某種程度上還得歸功於「蘭亭論辨」。儘管郭沫若《從王謝墓誌的出土論到蘭亭序的眞僞》在論證角度和思維方式上，或多或少存在一些問題，但其研究方法已突破傳統金石學著錄題跋的窠臼，所提出的墓誌書法問題，在客觀上引起了當時及後來的很多學者的關注和反響。東晉、南朝墓誌的書法在「蘭亭論辨」中被廣爲徵引，即爲明證。因此，東晉、南朝墓誌書法研究可謂因「蘭亭論辨」而起，且在此後不斷的辨析與論證過程中，得以向縱深發展。這從 20 世紀 80 年代至今的六朝書法與六朝墓誌的相關研究論著中，亦可以窺知一二。

　　1980 年，羅宗眞發表《略論江蘇地區出土六朝墓誌》〔註 10〕一文，對截止當時作者所見的 20 方東晉、南朝出土墓誌做了細緻梳理和整體論述，文中依據作者對墓誌文字書法的分析，「出土文物證明：一是東晉時期隸楷行草並存。二是當時流行的行草，是民間盛行的字體」，提出「爲什麼一定要與王謝墓誌和『二爨』墓碑相仿的隸書筆意，才是王羲之的眞迹呢？！」「所以《蘭亭序帖》是僞託的論點，現在看來是站不住腳的。」並確認墓誌是研究六朝書法的可靠材料，同時定位墓誌書體是民間書體，墓誌書法是民間書法。該文不僅將「蘭亭論辨」中高二適提出的「碑刻字體例，固與蘭亭字迹無可通耳」〔註 11〕的觀點予以繼承發揮，而且首次論及東晉南朝出土墓誌的書法藝術價值。

　　1982 年，庾人俊《關於晉朝的書體問題》、馬里千《晉代書體與〈蘭亭序帖〉》、翁鬧《〈蘭亭序〉之管見》三篇論文〔註 12〕，在闡釋所謂王羲之「工草隸」，「尤善隸書」，即工今行草和楷書，肯定《蘭亭序》的產生是魏晉書法在歷史性大變革下的必然結果的同時，均對謝鯤、顏謙婦劉氏、劉剋、孟府君

〔註 10〕　《南京博物院集刊》1980 年第 2 期。

〔註 11〕　高二適：《〈蘭亭序〉的眞僞駁議》，原載 1965 年 7 月 23 日《光明日報》，《文物》1965 年第 7 期將手稿縮印刊載，後文物出版社 1973 年編輯《蘭亭論辨》時，依據《文物》縮印手排重排收入。

〔註 12〕　此三篇論文均刊於《書法研究》1982 年第 1 期。

等幾方東晉墓誌的書法有不同程度的分析和引證。其中，馬里千還從鍾繇書有三體說起，論證了墓誌書體等所謂「銘石之書」與尺牘簡箚的「章程書」因用途不同而引起的差異。

1985 年，應成一《從社會文化發展觀看〈蘭亭序〉書體發生並存在於東晉時代之可能性》〔註 13〕，提出石刻與毛筆兩種不同工具的使用，導致包括墓誌在內的碑刻字體與毛筆書寫的尺牘書法，從不同途徑發展的差異，進一步對「碑」、「帖」書體之異作了論證；汪慶正《南朝石刻文字概述》〔註 14〕，在分析包括墓誌在內的南朝石刻文字的書法後，提出「以上石刻文字，表明楷書在劉宋時期已是通用書體，只是由於用途不同和書者掌握楷書筆法的熟練程度不同，在書法上表現了差別。」開始了南朝墓誌書法的初步探討；而阮國林《從新出墓誌看南朝書法體勢》〔註 15〕依據新出土的南朝墓誌材料，進一步分析了南朝書法藝術的一些特徵，不僅打破了此前「南朝墓誌（書法）少有問津」的局面，而且提出「從這些端莊的文字中，人們所看到六朝書體發展的脈絡，不是很符合邏輯的嗎？不是與我們根據文獻資料的研究所得到的線索十分一致嗎？」對南朝墓誌書法的藝術價值與地位有了一定的認識，並給予比較公允的評價。

1987 年，沙孟海在「中日書法討論會暨 1987 年中日蘭亭書會」（浙江紹興，1987 年 4 月 9 日）上宣讀論文《兩晉南北朝書迹的寫體與刻體：〈蘭亭帖〉爭論的關鍵問題》，文中列舉了兩晉南北朝各種石刻、磚刻、陶刻及木簡、木牘等十八個典型例子，分類分體，加以觀察比較，詳盡分析了書寫與刀刻的明顯差異，進而指出「蘭亭論辨」爭論的關鍵是沒有將寫與刻明辨開來、區別對待，將寫手與刻手混爲一談〔註 16〕。該文不僅繼承了商承祚 1965年發表的《論東晉的書法風格並及〈蘭亭序〉》一文中提出的觀點，「書寫工具與書法效果有其密切的聯繫」，「寫在磚刻、石刻上的墨迹儘管是圓筆，但在施工時每將之刻方」，《王興之夫婦墓誌》並不存在所謂「隸意盎然」的情況〔註 17〕，而且在補充了許多前人未曾觸見的新材料的基礎上，對商承祚的

〔註13〕　《書學論集》，上海書畫出版社，1985 年，第 127～151 頁。

〔註14〕　《文物》1985 年第 3 期。

〔註15〕　《書學論集》，第 167～170 頁。

〔註16〕　「歷屆蘭亭書法節回顧」，http://bs.sxdx.zj.cn/lt/20/，沙孟海此文後刊於《新美術》（《浙江美術學院學報》）1990 年第 3 期。

〔註17〕　原載《中山大學學報》（哲學社會科學版）1966 年第 1 期，後收入《蘭亭論

觀點有所發揮，從而將前人關於「銘刻類」書體與尺牘書體存在差異的認識推向深入。

1993 年，虞衛毅《虛佇神素　脫然畦封──略論〈程虔墓誌〉的書藝特徵》〔註18〕，專門就單方南朝墓誌書法的藝術特徵進行了探討和賞評，稱「南誌如《程虔墓誌》雖屬鳳毛麟角，而風神爽俊，意境高遠，堪稱誌中美玉。」並在詳細分析《程虔墓誌》的書法筆意與藝術特徵後，推斷「此誌極有可能爲梁朝大書家蕭子雲所書」。虞氏此文雖因其個人對墓誌書法的欣賞與推崇，而不乏過譽之辭，然在一定程度上也表明書學界對南朝墓誌的書法藝術有了進一步的認識和更濃厚的興趣。

1995 年，華人德《論東晉墓誌兼及蘭亭論辨》〔註19〕，根據謝鯤等 17 方出土墓誌及謝重等 3 方著錄墓誌，考察了東晉墓誌的形制和書風特徵，並依照其對東晉墓誌設置意圖的推論，提出「東晉墓誌因僅僅是臨時埋設而作爲遷葬時辨認棺木用的記識，不可能有書法家參與書寫，而是任由民間石匠書刻」，「故刊刻的刀法十分簡單，甚至粗率」；而「南朝墓誌『視同碑策』，撰文者往往爲皇帝、太子、諸王及大臣，故相應的書寫亦必是好手」，「除了少數誌文簡單僅作記識用的墓誌書刻較粗率外，大多墓誌書刻均工致精美」。該文的論述雖然比較簡單，觀點上亦存在一些問題，但是從東晉墓誌的形制與書風特徵的分析入手，聯繫埋設墓誌的意圖，對東晉、南朝墓誌的書法進行綜合品評，無疑較前人研究有所突破和提高。

1996 年，邵磊《南朝墓誌書人身份辨析》〔註20〕，在充分肯定南朝墓誌書法的藝術價值的基礎上，對前人關於南朝墓誌的書人身份的陳說提出質疑，通過對 1980 年以後出土的蕭融、王纂紹、黃法氍等墓誌的考察，並聯繫存世之始興忠武王蕭憺碑及安成康王蕭秀碑的題名，指出南朝墓誌的書者多爲身份較低的書吏，而非學界通常認爲的具有一定社會聲望的名書家。

1998 年，王元軍《從六朝士人不屑碑誌看『蘭亭論辨』的失誤》〔註21〕，

辨》（下編）。
〔註18〕　《書法賞評》1993 年第 3 期。
〔註19〕　華氏此文初刊於（臺灣）《故宮學術季刊》1995 年第 1 期，復刊於《書法研究》1997 年第 6 期，後又相繼收入華人德、白謙愼主編《蘭亭論集》，蘇州大學出版社，2000 年；華人德著《六朝書法》，上海書畫出版社，2003 年。
〔註20〕　《蘇州大學學報》（哲學社會科學版）1996 年第 2 期。
〔註21〕　《光明日報》1998 年 12 月 4 日。

從新角度對老問題進行了探討。作者通過對六朝士人的社會地位及其具有的門閥觀念的考察，論定他們不可能也不屑於參與碑誌的撰寫，認爲「六朝尤其是東晉時期，士人的門閥觀念相當濃厚。他們視尺牘書法爲展現風流的藝術，而對於技藝性的碑誌書法卻不屑一顧。」進而提出「由於沒有充分認識到這一點，導致以出自平民之手的碑誌書法與士人尺牘書法相提並論，從而使蘭亭序眞僞的論爭失去了根基」，「郭沫若從當時出土的幾方墓誌以及磚刻文字書法與《蘭亭序》有明顯的不同就斷言《蘭亭序》不是當時社會的產物，這種觀點具有一定的局限性。」其對「六朝士人不屑碑誌」的論斷，間接印證了華人德「東晉墓誌因僅僅是臨時埋設而作爲遷葬時辨認棺木用的記識，不可能有書法家參與書寫，而是任由民間石匠書刻」的觀點，及邵磊對南朝墓誌書人身份的界定。

　　20 世紀 90 年代後期，南京地區相繼出土了溫嶠、高崧等東晉勳舊墓誌，以及琅邪王氏、廣平李氏、陳郡謝氏等家族墓誌，這不僅爲東晉、南朝墓誌的書法研究提供了新的實物資料，也爲《蘭亭序》摹本眞僞的考訂提供了新線索〔註 22〕。墓誌的書法藝術因此受到更多關注，已不再囿於作爲「蘭亭論辨」的例證而被簡單引用的範疇，墓誌書法的研究逐步趨向多維和成熟。

　　2000 年，胡舜慶、姜林海《南京出土東晉王氏四方墓誌書法評析》〔註 23〕，充分肯定了東晉墓誌書法的藝術價值，稱之爲「眞實可靠的從墓誌刀法追溯筆法的實物標本」。該文對南京象山出土的王仚之等四方東晉琅邪王氏墓誌逐一進行評析，認爲墓誌書法不會像碑文那麼受重視，「但名門望族，對墓誌也

〔註22〕　1999 年 1 月 17 日《中國文物報》頭版刊登了題爲《六朝家族墓地考古有重大收穫》的文章，對 1998 年 6 月發掘的南京仙鶴觀高崧墓作了報導。該報導稱，根據有關專家論證，《高崧墓誌》是目前南京市博物館，乃至整個南京及周邊地區收藏的六朝墓誌中楷書最早、刻功最好的一方，它爲研究中國楷書的起源提供了有力的證據；由於高崧與王羲之爲同時代人，因此，《高崧墓誌》的出土又爲「天下第一行書」《蘭亭序》的眞實性提供了佐證資料。但它是否可以證明《蘭亭序》帖的眞實性，有待學者們進一步的考證和探討。如王玉池在 1999 年「《蘭亭序》國際學術研討會」（江蘇蘇州）上談到《高崧墓誌》，對這方墓誌是否是「國內迄今發現的最早的楷書遺迹」表示懷疑，指出報導對郭沫若的論點多有誤會，最後認爲《高崧墓誌》的出土不可能爲蘭亭論辨畫上句號（王玉池：《有關「蘭亭論辨」二題》，華人德、白謙愼主編《蘭亭論集》，蘇州大學出版社，2000 年，第 279～283 頁）。

〔註23〕　《書法叢刊》2000 年第 4 期。

不會過於草率」，「（此四方墓誌）均由當時具有一定書藝水平的書吏書丹、工匠鑱刻，頗爲講究」。將名門望族的墓誌書法與普通士族的墓誌書法區別對待，使墓誌書法研究開始走向細化，惜未作深入論述。

王志高、胡舜慶《南京出土東晉李氏家族墓誌書法評析》〔註24〕，則對南京呂家山出土的五方廣平李氏家族墓誌的書法藝術進行品評、分類，指出雖爲同一家族墓誌，然因刻寫時間有早晚之別，而導致墓誌書體呈現不同特徵，在刻工粗細程度上也存在差異，進而提出墓誌書人也存在「具有一定書法素養的書吏——民間書家」與「普通工匠」的區分，對東晉墓誌的書人身份作出了推測。

羅宗眞《魏晉南北朝突破性發展的書法碑誌》〔註25〕，系統論述了魏晉南北朝時碑誌書法的特徵，及碑誌書體的發展與演變。將東晉、南朝墓誌書法置於整個魏晉南北朝時期碑誌書法發展的總體格局中進行討論，在一定程度上拓寬了墓誌書法研究的視野。

叢文俊《關於魏晉書法史料的性質與學術意義的再認識——兼及「蘭亭論辨」》〔註26〕，從史料的解析入手，考證了文獻所見魏晉士大夫書法風尙的眞實狀態，並對碑文、磚石墓誌、紙簡陶文等魏晉出土文字遺迹的性質，及其在書法研究中所具有的學術意義，作了詳盡分析；最後在回顧「『蘭亭論辨』所見錯誤舉例分析」的基礎上，從世傳《蘭亭》摹刻本、文字出入及帖本流傳情況三方面，對《蘭亭》僞託說提出質疑，認爲「現有資料還不足以證明《蘭亭》必僞」。文中對出土墓誌書法所論不多，然立論新穎，從史料學的角度來論證墓誌書迹的性質與學術意義，對思考東晉南朝墓誌書法藝術的價值與地位，無疑具有相當的啓發作用。

劉濤《東晉銘刻書迹的體態及相關問題——兼談神龍本〈蘭亭〉》〔註27〕，從「東晉立碑設誌的風氣」、「東晉銘刻書迹的體態類型」、「東晉銘刻書迹中存在的『變態現象』」、「東晉『方筆隸書』的流變與淵源」及「由『北碑』和『南帖』看東晉的銘刻書法」幾個方面，對墓碑、墓闕、墓誌、墓券和墓磚文等東晉銘刻書迹的體態進行論述，認爲東晉的銘刻書法還處在「隸書時代」，「準確地說，是處於隸書時代的尾聲。」作者綜合考察包括墓誌在內的

〔註24〕 《書法叢刊》2000 年第 4 期。
〔註25〕 《東南文化》2000 年第 8 期。
〔註26〕 華人德、白謙愼主編《蘭亭論集》，第 230～259 頁。
〔註27〕 華人德、白謙愼主編《蘭亭論集》，第 298～309 頁。

各種銘刻書迹，力求對這些非隸非楷的書迹體態做出合乎歷史邏輯的判斷和解釋，在一定程度上肯定了銘刻書迹（尤其是墓誌）的價值與意義。

2002 年 8 月，「第五屆中國書法史論國際研討會」在南京召開，圍繞六朝書法的主題，與會代表根據南京新發現的墓誌、刻石等文物，綜合前人研究，闡述了各自的觀點，從墓誌到書法的討論又起高潮。會後結集出版的《「第五屆中國書法史論國際研討會」論文集》中，有若干專門論及東晉、南朝墓誌書法的論文，可以說明近些年墓誌書法研究的動向，現擇要略述如下。

阮國林《從南京出土墓誌看東晉、南朝書體之特點》〔註 28〕，對南京地區出土的東晉南朝磚、石墓誌書體進行分析考察，論述了東晉、南朝墓誌書法藝術演變與發展的特點，指出「東晉墓誌書法基本上還屬於隸書體段，而在結構和筆劃方面有的已突破隸書的規範，朝著楷書方向發展」，而南朝墓誌書法已屬楷書範疇，「可以說在墓誌書法藝術前進的道路上，墓誌的書法已由野轉爲文，由俗轉爲雅。」

王志高《六朝墓誌及買地券書法述略》〔註 29〕，在全面搜羅各地考古出土的六朝墓誌、買地券資料的基礎上，探討了此兩類出土遺物的書體風貌及所涉書人身份問題。作者將墓誌與買地券這兩種不同性質的出土遺物的書法，分別予以研究，從分析各自在不同時期的書體特徵，論述到各自的發展演變軌迹，並對六朝墓誌與買地券書法作比較分析，「無疑會爲探討當時簡牘與銘刻類書法之關係提供有益的線索」。無論是研究思維的發散，還是論證方法的創新，均不乏可取之處。

邵磊《六朝墓誌摭談》〔註 30〕依據考古新出土材料，從「六朝早期墓誌舉隅」、「羨道列誌」、「南朝龜趺碑形墓誌溯源」、「南朝墓誌的書人身份」、「從出土墓誌看六朝時期南北銘石書法的交流」、「南朝墓誌書法與彼時總體書法格局的關係」等幾個方面，對前人的諸種舊說進行辨析，提出自己的新觀點。將墓誌書法置於當時南北文化關係與文化變遷的大框架中進行考察，不僅拓展了東晉南朝墓誌書法的研究範圍與視野，也爲今後更加科學地評價東晉南朝墓誌書法的意義和價值提供很好的參照。

〔註 28〕　《第五屆中國書法史論國際研討會論文集》，文物出版社，2002 年，第 114～120 頁。

〔註 29〕　《第五屆中國書法史論國際研討會論文集》，第 121～136 頁。

〔註 30〕　《第五屆中國書法史論國際研討會論文集》，第 150～165 頁；後收入氏著《冶山存稿——南京文物考古論叢》，第 121～132 頁。

　　尹一梅《從建康出土的東晉墓誌看書體的地方風格》〔註31〕，將建國以來南京地區出土的 20 方墓誌，分磚質和石質兩類進行比較，分析其書法特徵，進而綜括東晉時期建康地區銘刻的書法風格，並將之與五涼（前、後、南、北、西）時期，河西及新疆吐魯番地區的二十餘件書迹的「北涼體」進行比較，以突出同一時代不同地區的不同書法風格。

　　以上就筆者所掌握的材料，對自 20 世紀六十年代「蘭亭論辨」以來，東晉、南朝墓誌書法的研究成果作擇要介紹和分析，雖然還談不上全面和系統，但從此番學術回顧中，我們仍不難發現東晉南朝墓誌書法，是如何逐步受到學界重視？相關研究的開展又是如何被引發而逐步走向深入的？學術的發展離不開對前人研究成果的學習和繼承，東晉南朝墓誌書法研究亦是如此。

第二節　墓誌書法的體態類型

　　魏晉南北朝時期是中國書法藝術空前發展的時代。書法體態上承漢代隸書遺緒，下啓隋唐楷書新風，總體上處於由隸變楷的階段，隸書逐漸走向衰弱，楷書日趨成熟起來，但同時又是隸、楷、行、草諸體並存的時期。東晉南朝墓誌書法，作爲書法藝術之一種，其體態類型與當時書法藝術的總體面貌基本相符，然不同時期、不同地區的出土墓誌書法又存在一定的差異和變化。

　　從書迹體態來看，東晉南朝墓誌書法呈現出多樣化的特點，既有規整的隸書，又有典型的楷書，然多數介於隸、楷之間，字體特徵比較模糊。前人在界定此類隸、楷之間的書體時，一般統稱爲「隸楷」或「楷隸」〔註32〕。其實，考察墓誌書法的筆意，不難發現其「隸意」或「楷意」是有強弱之別的，或「以隸書爲主」，或「以楷書爲主」。同時，即便在墓誌書體大體相同的情況下，由於某種原因，其刻寫仍存在隨意草率和講究精緻的不同，進而導致書法風格也有粗率和規整的差別。因此，筆者以爲根據墓誌書法的主要特徵是以哪一種規範爲基調，即隸、楷筆意的強弱，並結合其刻劃風格，然

〔註31〕　《第五屆中國書法史論國際研討會論文集》，第 166～172 頁。

〔註32〕　對於基本上是以隸書規範寫就而又雜以楷、行筆意的書體，啓功、裘錫圭均稱之爲「新隸體」（可參啓功：《古代字體論稿》，文物出版社，1999 年，第36 頁；裘錫圭：《文字學概論》，商務印書館，1988 年，第 89～93 頁）。

後將之歸併到相應的書體類屬中去，則更爲妥當。〔註33〕

東晉、南朝墓誌書法的體態，大致可以分爲以下六類：

第一類爲沿襲曹魏、西晉隸法傳統的隸書，所見有謝鯤墓誌（323）、溫嶠墓誌（329）、高崧妻謝氏墓誌（356）、李緝墓誌（357）、李纂妻武氏墓誌（357）、李摹墓誌（357）、高崧墓誌（366）〔註34〕、晉恭帝玄宮石碣（421）。此類墓誌書法基本承襲曹魏、西晉「波磔斬截，如用編筆劃成，有造作之氣」〔註35〕的隸法傳統，結體規整，字形方扁，筆意舒展，筆畫遒勁，波挑分明，「橫畫寬結」的態勢明顯，書法具古樸典雅之意。如謝鯤墓誌，撇、

〔註33〕 王志高《六朝墓誌及買地券書法述略》（《第五屆中國書法史論國際研討會論文集》，第 121～136 頁），曾將六朝墓誌書法分爲四類：第一類隸書；第二類以隸書爲主，兼有一定的楷書筆意；第三類以楷書爲主，兼有一定的隸書或行書筆意；第四類爲日臻完善的楷書。此外，王氏還從宏觀上考察了六朝墓誌書法發展的軌迹，將之劃分爲三個階段：第一階段爲東晉早期，主要流行第一類隸書墓誌；第二階段從東晉中期至南朝劉宋早期，主要流行隸楷兼雜的第二、三類墓誌；第三階段從劉宋中晚期至南朝晚期，主要流行以比較成熟的楷書爲特點的第四類墓誌。其對墓誌書體類型的劃分及墓誌書迹的演變考察，雖然比較詳細，但在墓誌書體類型的具體劃分，墓誌書法尤其是南朝墓誌書體的演變過程的考察，墓誌刻劃特徵等方面，尚有值得商榷之處。
袁道俊《六朝墓誌的若干特點》（《第五屆中國書法史論國際研討會論文集》，第 137～145 頁），在談及六朝墓誌的書法特點時，分爲前後兩期，予以考察：前期爲東晉至劉宋永初年間，「此間書體多爲隸楷或楷隸，從書體風格來講，又可分爲三類：第一類方整古雅，結體縝密；第二類率真自然，任性而書；第三類是界於第一類和第二類之間的，書風率真質樸，又不失一定的規矩，講究書寫法則，又不拘泥法度」；後期從南朝劉宋元嘉年間至陳，「墓誌書體皆爲標準的楷書」。無論是對東晉南朝墓誌書體特徵的把握與分析，還是對墓誌書體發展過程的論述，均顯粗疏。
劉濤《中國書法史·魏晉南北朝卷》第八章第一節「東晉銘刻書迹的體態類型」、第九章第六節「南朝書迹述略·四南朝的『銘石體』」，對東晉、南朝銘刻書迹的體態類型作了分類考察，所論對象綜括墓碑、神道闕、墓誌、墓券及模印的墓磚文。雖非東晉南朝墓誌書法的專門研究，論述也比較簡單，然其對銘刻書法的分類準則與考察角度均有較多的啓發性。在其研究的基礎上，筆者試圖專門就東晉南朝墓誌書法作進一步的分類考察，冀能有所補充和深入。

〔註34〕 高崧夫婦墓誌出土時曾被認爲其書體屬楷書，尤其是「都、廣、昌、高、崧、和」六字類似成熟之楷書，然誌文多數字爲隸法寫就，字體橫扁，具「平劃橫結」之勢，故近年來學界一般認爲其屬隸書體段。可參王志高《六朝墓誌及買地券書述略》、劉濤《中國書法史·魏晉南北朝卷》，第 242～243 頁。

〔註35〕 啓功：《啓功叢稿》，中華書局，1981 年，第 344 頁。

捺的收筆向上呈翻飛之勢，撇筆「折刀頭」的特徵明顯，但橫畫起筆斜截如楷式，已不作「折刀頭」狀，其書體及用筆均與西晉《左棻墓誌》（300）近似。

第二類爲方筆隸書，典型的如張鎮墓誌（325）、王興之夫婦墓誌（340）、劉剋墓誌（357）、王閩之墓誌（358）、王丹虎墓誌（359）、王建之妻劉媚子墓誌（371，2 方，1 石 1 磚）、王建之墓誌（372）等。此類墓誌書法最顯著的特徵是結體縝密，字形方整，筆畫厚重而棱角分明，已無漢隸的舒展風韻。鐫刻方式多採用方截平直的雙刀覆刻法。具體筆畫上，如橫畫以方頭斜截如楷式起筆，收筆隸波厚而短，無向上翻挑之態；豎畫的上下兩端方整齊平，中間筆態略細，整體狀如竹節；豎鈎一律作平腳；點畫呈三角形；撇筆作尖筆，捺筆用方捺，均具濃厚的楷書筆意。

第三類爲草率的隸書，刻工多草率，一般不加修飾，「折」多「轉」少，筆畫顯得生硬僵化，翻挑分張的筆式特徵並不明顯，甚至某些字還夾雜楷書寫法，但基本保留了隸書「橫平豎直」的方勢。如王康之（356）墓誌、王康之妻何法登墓誌（389）、卞氏王夫人（366）墓誌、王企之墓誌（368）、溫式之墓誌（371）、李纂墓誌（375）、李纂妻何氏墓誌、孟府君墓誌（376，五方，有三方書體屬隸書）、劉庚之墓誌、劉碩之妻徐氏墓誌等。其中王康之墓誌及劉碩之妻徐氏墓誌中的部份字體，與方筆隸書很近似，然用筆摻入圓筆而顯靈動，可視爲方筆隸書的流變。

第四類爲草率的楷書，多用單刀衝刻而成，筆畫比較平直，形態無粗細的變化，結體平正，呈「斜劃寬結」的態勢，與成熟楷書「斜劃緊結」的體態有所不同。如顏謙婦劉氏墓誌（345）、孟府君墓誌（376，5 方，有 2 方書體屬楷書）、夏金虎墓誌（392）、虞道育墓誌（396）、謝琰（396）、謝溫墓誌（406）、謝球墓誌（407）、謝球妻王德光墓誌（416）、謝珫墓誌（421）、宋乞墓誌（425）、黃天墓誌、蔡冰墓誌等。根據時代的早晚，此類墓誌書法在字體形態上還或多或少保留著一定的隸書特點，如顏謙婦劉氏墓誌中的「耶」字，起筆橫畫很長，爲明顯的隸書用筆。同時，部份墓誌因書寫隨意草率，還兼雜行書筆意。

第五類爲方筆楷書，所見僅劉懷民墓誌（464）1 方。其顯著特點是筆形方銳，撇、鈎一類的筆畫保留翻挑，橫畫雖已具斜劃之勢，作左低右高狀，但結體仍呈橫平之態，具有隸書遺韻。

　　第六類爲典型的楷書，以「斜劃緊結」爲特徵，楷法完備，結體緊密；用筆起落自如，技法純熟；字體柔和妍媚，溫潤婉雅。劉宋明曇憙墓誌（474）及其以後之齊、梁、陳出土墓誌的書體均屬此類，然又各具特色，如明曇憙墓誌凝重樸實；劉岱墓誌（487）、王寶玉墓誌（488）、呂超墓誌（493）端莊秀麗；蕭融墓誌（502）、王纂紹墓誌（514）、蕭敷墓誌（520）、梁永陽敬太妃王氏墓誌（520）、輔國將軍墓誌（521）、蕭子恪墓誌（529）遒勁俊秀；程虔墓誌（549）厚拙恣肆；黃法氍墓誌（576）工整質樸〔註36〕。

　　若進一步考察以上六類不同墓誌書法體態使用時段的變化，可以看出東晉南朝墓誌書體由隸而楷的這一基本演變過程：第一類沿襲曹魏、西晉隸法特點的隸書，主要流行於東晉中前期；第二類方筆隸書和第三類草率的隸書，流行東晉中後期；第四類草率的楷書和第五類方筆楷書，流行於東晉後期至劉宋大明（457～464）以前；典型的楷書，流行於劉宋大明以後。

　　同時，也可以發現東晉南朝墓誌書法的演進情況比較複雜，往往在某一時段呈現多種書體並存使用的現象，如東晉中期傳統隸書與方筆隸書共存，東晉後期至劉宋大明以前草率的隸書與草率的楷書並行。個中原因，也許正如王志高所言，「書體的演進並不是一個汰舊布新的過程，而往往呈新舊並存的態度。一種書體產生後，舊書體並未消亡，而完全有可能因書者個人喜好長期使用」〔註37〕。

第三節　相關問題探討

　　討論東晉、南朝墓誌的書法藝術，如果僅僅停留於墓誌書體形態層面的分類與考察，是遠遠不夠的。若有所深入，必然會涉及一些相關問題，如墓誌的書人身份，家族墓誌書法的特點，墓誌書法的特殊性及其藝術價值，等等。

一、墓誌的撰者、書人與刻工

　　前人在品評東晉‧南朝墓誌的書法藝術時，通常會提到墓誌書人的身份

〔註36〕　黃法氍墓誌書體雖爲十分成熟的楷書，然其橫畫末端卻出現了此前南朝墓誌所未見的隸筆波挑，有某種復古傾向。（詳參邵磊：《冶山存稿——南京文物考古論叢》，第 129 頁）

〔註37〕　王志高：《六朝墓誌及買地券書法述略》。

問題。南朝墓誌的書人身份，或以爲出自具有一定社會聲望的名書家之手，進而對墓誌書法大加讚賞和褒揚〔註38〕；或以爲「南朝墓誌的書者多爲身份較低的書吏」〔註39〕。對於東晉墓誌的書人身份，通常認爲出自工匠之手，「如果說南朝墓誌書人只是一些中下級官佐，那麼從出土東晉墓誌概未見題書人亦可推知東晉墓誌的書人身份可能更低」，鐫刻工整的墓誌爲「熟練的專業刻工造設」，刻寫隨意草率的墓誌則是「普通匠人率爾操觚之作，其書法無甚藝術價值可言」〔註40〕。

也有根據墓誌設置的目的，撰者的身份來推斷墓誌的書人，認爲「東晉墓誌因僅僅是臨時埋設而作爲遷葬時辨認棺木用的記識，不可能有書法家參與書寫，而是任由民間石匠書刻」，「故刊刻的刀法十分簡單，甚至粗率」，墓誌書法「呆板而無生氣」，「給人以拙劣狼籍的感覺」；而「南朝墓誌『視同碑策』，撰文者往往爲皇帝、太子、諸王及大臣，故相應的書寫亦必是好手」，「除了少數誌文簡單僅作記識用的墓誌書刻較粗率外，大多墓誌書刻均工緻精美」〔註41〕。

此外，還有通過對六朝士人的社會地位及其具有的門閥觀念的考察，論定他們不可能也不屑參與碑誌的撰寫，認爲「六朝尤其是東晉時期，士人的門閥觀念相當濃厚。他們視尺牘書法爲展現風流的藝術，而對於技藝性的碑誌書法卻不屑一顧。」王興之墓誌等六朝墓誌「刻工極爲粗劣」，「它的出土只證明當時對墓誌書法並不重視，決非像王羲之這樣的名流所書」，而是「出自平民之手的民間書法」〔註42〕。

以上前人對東晉、南朝墓誌書人身份問題的諸種辨析與討論，雖然是以墓誌的書人身份爲主題，但在具體論述過程中，又往往對墓誌的撰者、書人、刻工糾纏不清。或以爲墓誌的撰、書、刻均出自一人之手，統而言之；或依據撰者的身份推斷書人的身份；或根據墓誌設置的目的、「六朝士人不屑碑誌」

〔註38〕 此爲學界通常所持觀點，具體表述可參南京市博物館：《南京梁桂陽王蕭融夫婦合葬墓》，《文物》1981 年第 12 期；阮國林：《從新出墓誌看南朝書法體勢》；羅宗眞：《梁蕭敷墓誌的有關問題》，《考古》1986 年第 1 期；虞衛毅：《略論程虔墓誌的書藝特徵》等。

〔註39〕 邵磊：《南朝墓誌書人身份辨析》；《冶山存稿——南京文物考古論叢》，第 125 ～127 頁。

〔註40〕 王志高：《六朝墓誌及買地券書法述略》。

〔註41〕 華人德：《論東晉墓誌兼及蘭亭論辨》。

〔註42〕 王元軍：《從六朝士人不屑碑誌看「蘭亭論辯」的失誤》。

的個人認識等，間接斷定書人爲一般工匠、平民，各執一端，莫衷一是。對此，筆者以爲，如果首先弄清楚墓誌文字的形成與刊刻的具體過程，即是否存在墓誌撰者、書人與刻工的分工，然後綜合考察東晉、南朝士人參與墓誌書寫活動的可能性，以及東晉、南朝墓誌設置目的的變化，如此不僅明晰了東晉、南朝墓誌的書人身份問題，也使東晉南朝墓誌書法的藝術價值能夠得到比較客觀的評價。

現存地面的南京堯化門外甘家巷一帶的梁故始興忠武王蕭憺神道碑，其碑文末題有：「侍中尙書右僕射宣惠將軍東海徐勉造，前正員將軍吳郡張法明監作，吳興貝義淵書，丹陽房賢明刻字，防閣吳興卲元明上（立）石。」〔註43〕「東海徐勉造」之「造」字，無疑是「撰文」或「制文」之義〔註44〕。蕭憺神道碑撰者、書人、刻者的職官、籍貫、姓名俱存，分工明確。同時，也可看出神道碑經過了撰、書、刻、上（立）碑等四道程序。1989 年南京西善橋出土「陳故司空義陽郡公黃法氍墓誌銘」，題名署「左民尙書江總製、太子率更令領大著作東宮舍人顧野王撰、冠軍長史謝眾書」〔註 45〕，撰者、書人俱列。由此推而論之，則東晉南朝墓誌在文字形成與刊刻過程中，亦理應存在撰者、書人與刻工的不同分工。以下即分別予以考察。

（一）東晉南朝墓誌的撰者

在現有出土實物資料中，東晉墓誌的撰者並無明確記載。然從墓誌所載內容來看，如墓主的姓名、籍貫、職官、家族世系、婚姻等情況，可以肯定是由墓主親屬提供或親自撰寫的。以常理論，無論是王興之夫婦、王建之及其妻劉媚子等刻文字數較多的墓誌，還是顏謙婦劉氏、卞氏王夫人等內容簡要的墓誌，在刊刻之初即有一書面手稿還是極有可能的。即使如後者內容十分簡單的墓誌沒有書面手稿，關於墓主的相關情況也只能是由墓主的親屬口述，再由他人刊刻。

由墓主親屬撰寫墓誌的做法，文獻可徵。《唐故東海徐府君夫人彭城劉氏

〔註43〕 朱希祖：《六朝建康冢墓碑誌考證》，朱希祖、朱偰編《六朝陵墓調查報告》，「中央古物保管委員會調查報告第一輯」，（南京）中央古物保管委員會，民國二十四年（1935）。

〔註44〕 以「造」爲「撰」的辨析，可參邵磊：《冶山存稿——南京文物考古論叢》，第 155 頁。

〔註45〕 南京市博物館：《南京西善橋南朝墓》，《文物》1993 年第 11 期；王素：《陳黃法氍墓誌校證》，《文物》1993 年第 11 期。

合袝銘並序》云：「古之葬者無銘誌，起自魏時，繆襲乃施之嗣子。」〔註46〕唐封演《封氏聞見記》卷六引王儉《喪禮》云：「魏侍中繆襲改葬父母，製墓下題版文。原此旨，將以千載之後，陵谷遷變，欲後人有所聞知。其人若無殊才異德者，但紀姓名、歷官、祖父、姻媾而已。若有德業，則爲銘文。」〔註47〕前者謂施之嗣子，後者云改葬父母，一事而傳聞異辭，但繆襲「製墓下題版文」當可信。繆襲所製「墓下題版文」，內容究竟如何，無從得知，但從王儉的記敘來看，其功能應屬墓誌一類。由此，雖不能肯定繆襲所製嗣子或父母的墓誌由其本人所書刻，但撰者爲其本人當可斷定。

清顧炎武《金石文字記》卷二「滎澤令常醜奴墓誌」云：「梁任昉撰《文章緣起》，謂誌墓始殷仲文。」四庫本《文章緣起》云：「墓誌，晉東陽太守殷仲文作從弟墓誌。」〔註48〕殷仲文「善屬文，爲世所重，謝靈運嘗云：『若殷仲文讀書半袁豹，則文才不減班固。』言其文多而見書少也。」事見《晉書》卷九九本傳。另《隋書・經籍志》著錄「晉東陽太守《殷仲文集》七卷（梁五卷）」，早佚，殷仲文所作從弟墓誌業已無從窺見。蕭梁時人任昉去晉世不遠，則殷仲文作從弟墓誌當實有其事，只是尚無法確定其從弟爲何人。據《晉書》本傳，殷仲文於義熙三年（407）被劉裕誅殺，則該誌當撰成於此年之前。由此，則東晉時由親屬撰寫墓誌的情況是肯定存在的〔註49〕。再者，聯繫東晉墓誌較南朝墓誌相對簡單，所知均不含「銘文」，故轉而延請名家撰寫的可能性並不大。

至於南朝墓誌的撰者，根據文獻記載和出土實物資料可以略知一二，但撰者的身份相對東晉墓誌更爲複雜。南朝劉宋大明（457～464）以前不含「銘」文的墓誌，或如謝珫、宋乞等世系繁複的墓誌，或如蔡冰、黃天等簡略之極的墓誌，其撰人的情況應當與東晉墓誌類同，基本爲墓主親屬所撰。然而大明（457～464）以後，墓誌中「銘」文出現，且於「誌」文敘事中夾以韻文，注重辭藻的遣造和修飾，開始用典，較之此前東晉及劉宋初期敘事簡單、行

〔註46〕 周紹良、趙超編：《唐代墓誌彙編》，上海古籍出版社，1992年，第2164頁。
〔註47〕 （唐）封演撰，趙貞信校注：《封氏聞見記校注》，第56頁。
〔註48〕 （梁）任昉撰，（明）陳茂仁注，（清）方熊補注：《文章緣起》，文淵閣四庫全書本。
〔註49〕 郭沫若《由王謝墓誌的出土論到蘭亭序的眞僞》曾從墓誌稱謂出發，如稱王興之爲「君」，稱王興之妻爲「命婦」，稱王彬爲「先考」，考訂王興之夫婦墓誌的作者爲王興之的胞兄弟，「即當於彭之、彪之、翹之三人中求之」。郭氏將撰者混同書人的做法，顯然有誤，但其對墓誌撰者的考訂還是頗有道理的。

文樸實的墓誌來說，無疑更具文采。考諸文獻記載和出土實物，這些墓誌的撰寫，除墓主親屬外，尚有非親屬的文人或名士參與其中。

　　前引劉宋大明二年（458），宋孝武帝親自爲建平宣簡王劉宏撰寫「墓誌銘並序」事〔註50〕，孝武帝與劉宏爲同父異母的兄弟，雖爲九五之尊，然「自爲墓誌銘並序」，是爲墓主親屬所撰之例證〔註51〕。

　　此外，南朝墓誌尚存在由墓主友人撰寫的情況。《文選》卷五九「墓誌」李善注引吳均《齊春秋》云：「王儉曰：石誌不出禮典，起宋元嘉，顏延之爲王琳石誌。」宋高承《事物紀原》卷九「墓誌」引《炙轂子》曰：「齊王儉云，石誌不出禮經，起宋元嘉中顏延之爲王球作墓誌，以其無名誄，故以紀行，自此遂相祖習。」〔註52〕《宋書》卷七三《顏延之傳》云：「中書令王球名公子，遺務事外，延之慕焉，球亦愛其材，情好甚款。延之居常罄匱，球輒贍之。」同書卷五八《王球傳》，亦謂球「頗好文義，唯與琅邪顏延之相善。」劉宋無王琳，《文選注》所引「王琳」當是「王球」之誤。據《宋書》本傳，王球卒於元嘉十八年（441），時年四十九，顏延之爲之撰寫墓誌，當在此時或稍後〔註53〕。王儉卒於齊永明七年（489），時年三十八〔註54〕，生年當在宋大明五年（451），距王球、顏延之之世甚近，故顏延之爲王球撰寫墓誌一事，當屬實。

　　齊梁以後，皇室貴族墓誌一般都由名家撰寫，當時的文學大家如：沈約、謝脁、鮑行卿、任昉、王暕、徐勉、江總、顧野王等，都撰寫過墓誌。然而因爲南朝墓誌又存在「序」、「銘」由二人分撰，而後合爲一篇完整墓誌文的情況〔註55〕，故墓主親屬參與墓誌撰寫的情況還是存在的。如江蘇蘇州出

〔註50〕　《宋書》卷七二《建平宣簡王宏傳》。

〔註51〕　孝武帝所撰「故侍中司徒建平王宏墓誌」，《藝文類聚》卷四八收錄，然僅爲四言銘文，不及序（誌）文，與「墓誌銘並序」稱名不符。

〔註52〕　《南齊書》卷十《禮志下》亦云：「有司奏：大明故事，太子妃玄宮中有石誌。參議墓銘不出禮典。近宋元嘉中，顏延（之）作王球石誌。素族無碑策，故以紀德。自爾以來，王公以下，咸共遵用。儲妃之重，禮殊恒列，既有哀策，謂不須石誌。」，參以《齊春秋》與《炙轂子》二書，可知此議即出自王儉。宋王應麟《困學紀聞》卷十三引《南齊書》，「參議」二字即作「儉議」。

〔註53〕　顏延之長於哀誄之作，現存《陶徵士誄》、《陽給事誄》、《宋文皇帝元皇后哀策文》等作品，《文選》皆有收錄，其文辭甚是可觀。顏延之爲好友王球所撰寫的墓誌，今已無從窺見，想必亦是情辭兼美，哀感動人。

〔註54〕　《南齊書》卷二三《王儉傳》。

〔註55〕　邵磊《冶山存稿——南京文物考古論叢》第 153～154 頁對此有所論述。另，

土梁普通七年（526）陸倕墓誌，宋陳思《寶刻叢編》卷十四「兩浙西路蘇州」引王厚之《復齋碑錄》云：「梁太常卿陸倕墓誌，從子襄序，湘東王蕭繹銘。」同一方墓誌，分別由陸倕從子陸襄寫「序」〔註56〕，湘東野王蕭繹撰「銘」〔註57〕。由此，則南朝「序」、「銘」俱全的高門權貴墓誌，「序」文仍為墓主親屬所作〔註58〕，「銘」文則由當朝顯貴或文學名家撰寫〔註59〕。這種現象在東晉及南朝初年是見不到的。文人名士介入墓誌的撰寫活動，使得南朝墓誌發生了由俗轉雅、由野轉文的質變，表明南朝時人較東晉時期對墓誌的設置更加重視。個中原因，當與東晉、南朝社會政治環境的變動有關。「永嘉喪亂以來，胡漢分治，南渡士族引頸北望，但自晉末劉宋以來，由於北伐屢次失利，兼以第一、二代南渡士族相繼故去，庶族寒門紛紛登上政治舞臺，統治者偏安江左，耽於逸樂，再無克復中原、歸葬祖塋的願望。在這一歷史背景下，士大夫們對於終制愈發重視，墓誌的設置亦愈加鄭重其事，以至延請名家撰作誌文競成一時風尚。」〔註60〕

（二）東晉南朝墓誌的書人與刻工

墓誌刊刻的最後一道工序是交由刻工鐫刻，當無疑問。然在工匠鐫刻之

近年出土之梁蕭子恪墓誌首題後有「五兵尚書南昌縣開國侯琅玡王規□」和「仁威將軍晉陵太守陳郡謝舉製銘」兩列題名，亦證實其墓誌由王規與謝舉二人合作而成，詳參邵磊《南京靈山梁代蕭子恪墓的發現與研究》。

〔註56〕 陸倕、陸襄傳，均見《南史》卷四八。

〔註57〕 湘東野王蕭繹即梁元帝，在位四年（552～555），年號「承聖」。《藝文類聚》卷四九收錄有梁元帝「太常卿陸倕墓誌銘」，而不及陸襄所撰的「序」文。結合以上劉宋孝武帝所撰「建平宣簡王劉宏墓誌銘並序」，可知《藝文類聚》在收錄南朝墓誌時通常僅節取「銘」文部份，並非完整的墓誌文。

〔註58〕 如天監十三年（514）王慕韶墓誌，序文由「吏部尚書領國子祭酒王暕造」，序文後的四言銘文則出自梁武帝蕭衍之手。考諸《世說新語・人名譜》等文獻，王暕父儉、祖僧綽、曾祖曇首、高祖王珣；王慕韶父僧聰、祖深、曾祖虞、高祖珣，王暕、王慕韶二人同出琅邪臨沂王氏，為王珣四世孫，是未出「五服」的平輩。另，前揭梁蕭子恪墓誌由王規負責序文，謝舉製銘辭，而蘭陵蕭氏係齊、梁帝室，與琅玡王氏多有聯姻，王規與蕭子恪雖然姻親情況不顯，然為通家之好，存有姻親關聯也不無可能。

〔註59〕 南京西善橋出土「陳故司空義陽郡公黃法氍墓誌銘」，題名署「左民尚書江總製、太子率更令領大著作東宮舍人顧野王撰」，邵磊以為此誌由江總與顧野王分撰「序」、「銘」，筆者以為「左民尚書江總製」意同蕭憺神道碑之「前正員將軍吳郡張法明監作」，「製」為「監製」、「監作」之意，黃法氍墓誌銘仍為顧野王所撰，且可能仍僅為「銘」文部分。

〔註60〕 邵磊：《冶山存稿——南京文物考古論叢》，第153頁。

先，是否存在由他人或工匠本人先行書丹於磚石的情況呢？出土實物中，東晉、南朝墓誌絕大部分不及書人，僅陳黃法氍墓誌有「冠軍長史謝眾書」的題名，而刻工的相關記載更是沒有〔註 61〕。則黃法氍墓誌以外的其他東晉南朝墓誌，刊刻之先是否曾有書丹？無法定奪。

　　從東晉南朝墓誌的刊刻情況看，那些鐫刻工整、字間劃界格或豎線欄的墓誌，如東晉謝鯤、張鎮、王興之夫婦、王建之及其妻劉媚子、王閩之、溫嶠、李摹、李緝、李纂妻武氏、高崧及其夫人謝氏墓誌，以及雖無界格然分行佈白規整的南朝中晚期大部分墓誌，在鐫刻之前書丹很有可能；而那些鐫刻隨意草率，不講究佈局，內容簡單僅數字的墓誌，如卞氏王夫人、顏謙婦劉氏、李纂妻何氏、干德光墓誌等，書丹的可能性很小，恐怕多由工匠直接奏刀刊刻〔註 62〕。後者未經書丹的墓誌書法價值如何，由工匠書法素養的高低與鐫刻工藝的熟練程度直接決定；而前者既經書丹的墓誌書法價值如何，則不僅取決於工匠的書法素養與鐫刻工藝，還取決於書丹者的書法水平。由此，對東晉、南朝墓誌書人身份的界定，因直接影響到墓誌書法價值的評價，無疑顯得非常重要。前人關於東晉、南朝墓誌書人身份的辨析與討論，已如前所述。筆者現就前人論述中值得商榷之處，再作討論。

　　筆者同意邵磊對「造」是否為「撰並書」的質疑，及其依據蕭憺神道碑與黃法氍墓誌銘的撰者、書人題名，而得出南朝墓誌可能多出自名不經傳、身份不高的書吏之手的觀點〔註 63〕。然稱之為「當時的一種制度使然」，「從出土東晉墓誌概未見題書人亦可推知東晉墓誌的書人身份可能更低」〔註 64〕，則筆者不敢苟同。從現有材料來看，東晉及南朝中前期墓誌均未見書人題名，如同撰者亦不作題名，應是當時墓誌的通行體例〔註 65〕，並不能就此斷

〔註 61〕 這可能是因為工匠身份低微而不夠資格題名，或因制度使然。

〔註 62〕 丁文雋《書法精論》云：「庸夫愚婦造像之記，武夫悍卒誌墓之文，豈能盡由文人撰句，學士書丹，亦不過由田夫石匠，率爾操觚而已。」（（北京）中國書店，1983 年，第 47 頁）所言甚是。

〔註 63〕 邵磊：《南朝墓誌書人身份辨析》；《冶山存稿——南京文物考古論叢》，第 125～127 頁。

〔註 64〕 王志高：《六朝墓誌及買地券書法述略》。

〔註 65〕 王瑤曾指出：「（魏晉時期）有許多文章的寫作動機，最初也許是為了設身處地的思古之情，也許是為了摹習屬文的試作，也許僅只是為了抒遣個人的感懷，初無傳於久遠之意，自然也就並不一定要強調自己作的了。」（王瑤：《擬古與作偽》，《中古文學史論》，北京大學出版社，1986 年，第 208～209 頁）墓誌不題撰著者之名，可能與此相通。再者，聯繫東晉及南朝中前期墓

定東晉墓誌的書人身份較南朝更低。

而華人德的觀點：「東晉墓誌因僅僅是臨時埋設而作爲遷葬時辨認棺木用的記識，不可能有書法家參與書寫，而是任由民間石匠書刻」，「故刊刻的刀法十分簡單，甚至粗率」。亦值得商榷。如果說東晉北方士族南渡之初尚有「假葬」之意，某些粗簡墓誌爲「臨時埋設而作爲遷葬時辨認棺木用的記識」，可行。然考之張鎭、高崧等南土舊姓墓誌，王建之、劉媚子、謝球等第二代「流寓貴族」子弟墓誌中「舊墓」、「安厝」等措辭〔註66〕，以及刊刻工整、謀篇佈局甚是講究等情況，「遷葬」之說恐難以成立。有無書家參與墓誌的撰寫，恐怕也無法據此斷定。至於其「南朝墓誌『視同碑策』，撰文者往往爲皇帝、太子、諸王及大臣，故相應的書寫亦必是好手」的論斷，從其由撰者推及書人身份的論證方法來看，根本站不住腳〔註67〕。

王元軍提出：「六朝尤其是東晉時期，士人的門閥觀念相當濃厚。他們視尺牘書法爲展現風流的藝術，而對於技藝性的碑誌書法卻不屑一顧。」王興之墓誌等六朝墓誌「刻工極爲粗劣」，「它的出土只證明當時對墓誌書法並不重視，決非像王羲之這樣的名流所書」，而是「出自平民之手的民間書法」〔註68〕。其結論與華人德所謂「像王、謝等豪門親戚子弟中的書法好手是不會爲這種暫設的埋幽標記親自書丹的，而是讓工匠鑿刻」，並無二致。雖然文獻記載與出土實物，均無法證明東晉墓誌存在延請書法名家書丹的情況，但也不能一概否定有王、謝等豪門親戚子弟中的書法好手參與其中。

六朝士人即便確如王元軍所言他們「門閥觀念相當濃厚。他們視尺牘書法爲展現風流的藝術，而對於技藝性的碑誌書法卻不屑一顧」，不屑於替他人或權貴書寫碑誌，但不一定不參與自己親屬族人的碑誌書寫。據《晉書》卷八〇《王羲之傳》，王羲之曾爲山陰道士寫經以換鵝，又曾爲一老嫗書寫

誌均不含「銘」文，僅記墓主姓名、職官、世系、婚姻等，較爲粗簡，且行文樸實無華，幾無文采可言，名家的介入可能性不大，不屬撰者題名也很自然。書人問題亦類此，延請名家書丹而留名，在當時恐怕還不大可能。

〔註66〕 關於「假葬」與「舊墓」的措辭含義，可參前揭張學鋒：《南京象山東晉王氏家族墓誌研究》，牟發松主編《社會與國家關係視野下的漢唐歷史變遷》，第319～336頁。

〔註67〕 對此，王元軍《從六朝士人不屑碑誌看「蘭亭論辯」的失誤》也有詳細駁難，可參。

〔註68〕 其實，郭沫若《由王謝墓誌的出土論到蘭亭序的眞僞》，也明確指出「（王興之夫婦）墓誌非王羲之所書則是可以斷定的」。

竹扇，「書罷籠鵝去，何曾別主人」的飄逸之趣頓顯無遺。由此，就情理言，王、謝子弟爲同族成員甚或親屬書寫墓誌，恐怕也不會影響其風流聲名吧〔註69〕。

　　所以有必要區別對待高門家族墓誌書法與普通士族墓誌書法。如琅邪王氏、陳郡謝氏等高門的家族墓誌，雖無確證表明有其族人參與墓誌的書寫，但也不能一概斥之「六朝士人不屑碑誌」，否認有士人參與墓誌書寫的可能，特別是王興之夫婦、王建之夫婦等書刻均十分精湛的墓誌，王氏族人參與書寫的可能性還是存在的。

　　就東晉、南朝墓誌的書人問題而論，筆者以爲，在目前尚無確鑿的例證能證明書法名家或所謂「士人」名流是否介入墓誌書寫的情況下，還是付之闕如，不作爭論。而品評東晉、南朝墓誌書法，可就書法論書法，撇開基本的書刻技藝不談，對作品的推崇或貶抑，是「風神爽俊，意境高遠」，還是「拙劣不堪」，無甚藝術價值可言，根據個人的書法審美情趣而定奪，亦無不可。至於刻工的情況，雖然因其個人鐫刻技藝的高低對墓誌書法有所影響，但不存在總體身份的差異，故不作討論。

二、墓誌書法的「類化」〔註70〕

　　在分析東晉南朝墓誌書法的體態類型及其演變時，筆者注意到某些東晉

〔註69〕　王元軍《從六朝士人不屑碑誌看「蘭亭論辯」的失誤》曾引《世說新語・巧藝第二十一》韋誕爲宮殿題名，及《世說新語・方正第五》注引宋明帝之《文章志》王獻之不欲爲新宮題榜之事，說明「六朝士人不屑碑誌」。其實，僅就韋誕、王獻之二事言，因其不願爲權門役使而拒書，此可謂六朝士人清流心態的正常表現，若出於自願書寫碑誌恐怕另當別論。如唐人徐浩《論書》中雖云：「區區碑石之間，矻矻几案之上，亦古人所恥，吾豈忘情耶？」（徐浩此語亦曾爲王元軍文引用，以證「魏晉以來書家之不屑碑版影響十分深遠」），然卻有其所書遒健腴潤的隸書體張庭珪墓誌（伊川縣人民文化館：《河南省伊川縣出土徐浩書張庭珪墓誌》，《文物》1980年第3期）存世，徐氏言行不一，顯見。時代不同，然心態無異，可證。

〔註70〕　劉濤《中國書法史・魏晉南北朝卷》第八章第二節「由家族墓誌看東晉隸書的『分化』與『類化』」，注意到東晉家族墓誌書法存在一定的特殊性，將東晉家族墓誌的隸書類型的一致性現象稱爲「類化」，而將同一家族墓誌中出現不同書體的現象稱爲「分化」。然細察某些家族墓誌的書體，已脫離了隸書的範疇，如謝溫等4方墓誌均爲楷書，故將家族墓誌的「類化」現象定格於隸書範疇的做法，值得商榷。筆者借鑒劉濤提出的「類化」概念，在其研究基礎上，對東晉家族墓誌書法的特點，及其與當時墓誌書法的總體格局的關係，試作進一步的闡述與探討。

家族墓誌書體在類型上具有高度的一致性,「類化」現象甚是明顯。這些家族墓誌書法,一方面與當時流行的墓誌書法的總體面貌相符,另一方面又具有各自家族的特點,互不相同。在現有東晉南朝墓誌材料中,琅邪王氏、陳郡謝氏、廣平李氏三個家族出土墓誌數量相對較多,以下即圍繞此三個家族的出土墓誌書法作番闡釋。

琅邪王氏家族墓誌,目前所知有文字可識者 10 方,依據墓誌書法的體態,大體可分爲三類:方筆隸書,6 方,分別是王興之夫婦墓誌(340)、王閩之墓誌(358)、王丹虎墓誌(359)、王建之妻劉媚子墓誌(371,2 方,1 石1 磚)、王建之墓誌(372),墓誌刻寫雖然因人因時不同而略有差異,但總體書法特點基本相同;草率的隸書,3 方,爲王康之(356)、王康之妻何法登(389)、王仚之墓誌(368),其中王康之墓誌仍保留了比較濃厚的方筆隸書意味;草率的楷書,僅夏金虎墓誌(392)1 方,從其書刻都比較草率來看,似爲應急而用,因「臨事從宜」而未採用墓誌通行的隸書體,或在當時以楷書刻寫墓誌已常見。可見,在東晉中期的公元 340 年至公元 372 年的三十餘年間,琅邪王氏墓誌書法以方筆隸書爲主流,而在東晉後期則趨向於楷書。

廣平李氏家族墓誌,共 5 方。其中李緝、李纂妻武氏、李摹等 3 方墓誌均刻於升平元年(357)十二月廿日,製作方法相同,磚表磨光,字間設界格並塡塗硃砂,書體基本一致,隸式波挑明顯,繼承了曹魏、西晉隸法傳統,古樸之氣濃厚,可能出自同一刻工之手;李纂墓誌(375)與李纂妻何氏墓誌,均爲草率的隸書,書刻相對隨意,夾雜楷、行書筆意。

陳郡謝氏家族墓誌,6 方,除東晉初年謝鯤墓誌(323)爲古質莊重的隸書外,餘 5 方均爲單刀衝刻的草率楷書。5 方楷書墓誌中,謝琰墓誌(396)出自江蘇溧陽,所出陳郡謝氏支系不明;謝溫等 4 方墓誌出土於南京司家山,屬謝奕之子謝攸一支,分別刻寫於東晉晚期至南朝初年,文字大小參差,字體的間架結構和筆畫隨意性較強,通篇書體看上去有一種漫不經心的感覺,但在分行布白上顯得比較自如,無造作的痕迹。

三個家族的墓誌書法呈現出各自不同的面貌,家族墓誌書體的「類化」特徵比較明顯,即每一個家族在一定的時段之內採用同一種類型的書體,表現出高度的一致性。東晉是典型的「門閥政治」時代,家族墓誌書法類型的一致性,在某種程度上也透露出高門士族的門戶意識。家族墓誌書法「類化」

現象的出現，可能與這些家族對墓誌書體有各自的偏愛與要求，以及為他們提供喪葬服務的工匠對某種書體的掌握程度有關，同時，這些工匠與不同家族也可能存在某種固定的聯繫或隸屬關係。

再者，當時寄籍江左的王、謝子弟與名門望族中有不少人在書法上具有高深的造詣，而且還造就了一代書家，如王羲之、王獻之、謝安、庾翼等。他們雖然都以書貼聞名於世，甚或因「不屑碑誌」而沒有直接參與墓誌的書寫，但其家族書風的興盛與對某種書體的偏好，對家族成員墓誌書法風格的形成，還是有可能存在一定影響的。考慮到王、謝等門閥士族的社會地位與影響，這些東晉家族墓誌書法對當時其他人士的墓誌書法，及後來南朝墓誌書法格局的最終形成，可能也起到了一定的導向作用〔註 71〕。

三、墓誌書法的特殊性

劉宋羊欣《採古來能書人名》述曹魏著名書家鍾繇所善三體書云〔註 72〕：

> 鍾有三體：一曰銘石之書，最妙者也；二曰章程書，傳秘書、教小學者也；三曰行狎書，相聞者也。三法皆世人所善。

蕭齊王僧虔《論書》述鍾書三體〔註 73〕，略有出入：

> 鍾公（繇）之書謂之盡妙，鍾有三體：一曰銘石書，最妙者也；二曰章程書，世傳秘書，教小學者也；三曰行狎書，行書是也。三法皆世人所善。

「銘石書」，學界一般認為是指書寫碑版的書體，「漢魏之際的銘石書，有篆書，有隸書」〔註 74〕；「章程書」，即正書，「章程兩字的合音，正字（平聲），後世把章程書讀快了，就變在正書，又變成真書。」〔註 75〕「行狎書」，用於尺牘書信往來，故羊欣解釋為「相聞者也」，王僧虔以行書釋之，則指這種書法體態不如隸書、正書那樣規整，又不若草書那樣簡率、放任〔註 76〕。顯然，

〔註 71〕鎮江出土的東晉劉剋墓誌（357）亦作方筆隸書，而東海劉氏在東晉時的社會地位與影響力遠不及琅邪王氏，故在某種程度上可以說，琅邪王氏等高門士族墓誌書法確實起到了「引領潮流」的導向作用。

〔註 72〕上海書畫出版社、華東師範大學古籍整理研究室選編：《歷代書法論文選》（上冊），上海書畫出版社，1979 年，第 46 頁。

〔註 73〕上海書畫出版社、華東師範大學古籍整理研究室選編：《歷代書法論文選》（上冊），第 61 頁。

〔註 74〕劉濤：《中國書法史·魏晉南北朝卷》，第 73 頁。

〔註 75〕唐蘭：《中國文字學》，上海古籍出版社，1979 年，第 178 頁。

〔註 76〕劉濤：《中國書法史·魏晉南北朝卷》，第 74 頁。

鍾繇所善三種書體，分別用於三種不同場合。

被陳寅恪尊爲「近世通儒」的沈曾植，也曾提到：「南朝書習，可分三體。寫書爲一體，碑碣爲一體，簡牘爲一體。……碑碣南北大同，大較於楷法中猶時沿隸法。簡牘爲行草之宗，然行草用於寫書與用於簡牘者，亦自成兩體。」〔註77〕

可見，魏晉南北朝時期不同書體的運用，是根據其不同用途來選擇的，其藝術風格的形成也更多取決於日常功用。呂思勉云：「視書法爲藝事之風，降而益甚。……統觀晉、南北朝諸史，善隸草者最多，工楷法者已少，古篆則幾於絕無矣。此可見雖云藝事，仍不能不受實用之牽率也。」〔註78〕

就墓誌而言，其功用可以說是「誌人」與「誌墓」的雙重結合，即除了標示墓葬位置所在外，更主要的是爲了「誌人」，將死者的姓名、籍貫、生平、事迹銘刻在石（磚、瓦）上，追悼死者、慰藉生者及告慰地下神靈。因此，與葬事相關的墓誌書法往往追求一種肅穆鄭重的感覺。東晉墓誌多採用古樸淳厚的隸書刻寫，可能即出於這種考慮。

從書法載體與書刻方式來看，墓誌、神道碑、神道石柱、摩崖石刻、墓銘磚等刻石（磚）等書刻自屬「銘石書」類。然因書法載體的質材、功用，書刻者的書法修養及鑴刻技巧的不同，不僅同屬「銘石書」類的各種書法之間也存在著明顯差異，風格迥異〔註79〕；而且因埋設目的的不同，即使墓誌與墓誌之間，其書法面貌也有所區別，各具特點。

東晉南朝墓誌書法的體態類型，已如前所述。其書法面貌呈現多樣化特點的原因，恐怕與墓誌埋設目的也存在一定聯繫。東晉墓誌的埋設目的，大體可以歸納爲三點。王利器《顏氏家訓集解·終制》注引盧文弨云〔註80〕：

> 《釋名》：「碑，被也。此本葬時所設，施其轆轤，以繩被其上以引棺也。臣子追述君父之功美以書其上，後人因焉。無故建於道陌之頭，顯見之處，名其文，就謂之碑也。」

〔註77〕 沈曾植撰，錢仲聯輯：《海日樓箚叢》卷八「南朝書分三體」，中華書局，1962年，第324頁。

〔註78〕 呂思勉：《兩晉南北朝史》，上海古籍出版社，2005年，第1271頁。

〔註79〕 關於墓誌、買地券、碑刻、神道石柱、摩崖石刻、文字磚等不同「銘石書」之間的風格差異，羅宗眞、王志高《六朝文物》第七章《銘刻書法類文物》第六節「書法演變的實物依據」有詳細論述，可參。

〔註80〕 上海古籍出版社，1980年，第539頁。

王氏對此作案語云：

> 誌墓起於後世，蓋納於壙中，使後人誤發掘者從而掩之耳。然
> 能如此者百不一二，今金石文字中所載諸誌銘甚多，未聞有復掩於
> 故土者，則亦無益之舉而已。

盧文弨所言及王利器的案語，在一定程度上指出了碑與誌的不同功用：樹碑銘辭是爲了頌美死者，而墓中設誌乃是希望死者免遭掘墓的侵擾。關於後者，張鎭墓誌有「千世邂逅，有見此者，牽愍焉」語，可爲證。此其一。其二，在親族墓葬群中，設誌還是確認親屬埋葬位置的標識，以便後人明辨區分。如王興之夫婦墓誌載興之葬於乃父墓之左側，「故刻石爲識」；王閩之墓誌載其卒「葬於舊墓，在贛令塋之後，故刻磚爲識」；王丹虎墓誌載其「葬於白石，在彬之墓右，刻磚爲識」。其三，晉室南渡之初，部分南來之北方士人希望死後能歸葬祖塋，遂簡易設誌，以備日後遷葬。如謝鯤墓誌云：「假葬建康縣石子崗，在陽大家墓東北（四）丈」。墓誌埋設目的的不同，也表明對墓誌重視程度有所區別，從而導致東晉墓誌書法風格面貌各異，既有書刻工整，如謝鯤墓誌等沿襲曹魏、西晉隸法傳統的規整隸書，張鎭墓誌等方直厚重、棱角分明的方筆隸書，飽含端莊肅重之感；也有書刻隨意草率，如王康之、夏金虎墓誌等草率的隸書與楷書，不無樸拙率眞之趣。

　　相對東晉比較簡易的墓誌而言，南朝埋設墓誌的目的更多在於紀德。《南齊書》卷十《禮志下》云：「有司奏：大明故事，太子妃玄宮中有石誌。參議墓銘不出禮典。近宋元嘉中，顏延（之）作王球石誌。素族無碑策，故以紀德。自爾以來，王公以下，咸共遵用。儲妃之重，禮殊恒列，既有哀策，謂不須石誌。」參以出土實物，南朝尤其是劉宋大明以後含有「銘文」的墓誌，紀贊墓主德行的意圖甚是明顯。從書法體態來看，南朝墓誌基本爲書刻工整的楷體，僅因人、因時、因地之異而在藝術風格上有所差別。